"二十五史"经典故事课丛书

ERSHIWUSHI JINGDIAN
GUSHIKE CONGSHU

大风起兮

DAFENG QIXI

先秦经典故事课

XIANQIN JINGDIAN GUSHIKE

汪高鑫 编著

人民出版社

目　录

一、炎黄二帝战阪泉　　// 2

二、帝尧求贤行禅让　　// 10

三、禹过家门而不入　　// 17

四、伊尹放逐帝太甲　　// 24

五、周文王乱世受命　　// 31

六、周武王牧野伐纣　　// 40

七、周公旦摄政当国　　// 49

八、周厉王姬胡弭谤　　// 59

九、幽王烽火戏诸侯　　// 65

十、郑庄公掘地见母　　// 72

十一、鲁文姜淫乱宫闱　　// 78

十二、虞与虢唇亡齿寒　　// 85

十三、管仲相齐成霸业　　// 92

十四、宋襄公小国图霸　　// 101

十五、晋重耳历经劫难　　// 108

十六、秦穆公招贤纳士　　// 117

十七、楚庄王一鸣惊人　　// 124

十八、矮晏子名显诸侯　　// 128

十九、孔圣人删编六经　　// 135

二十、孙武孙膑论兵法　　// 143

二十一、越勾践卧薪尝胆　　// 150

二十二、智范蠡功成身退　　// 159

二十三、神医扁鹊断生死　　// 165

二十四、商鞅立木树信誉　　// 170

二十五、庄子崇尚逍遥游　　// 177

二十六、屈原忠贞遭放逐　　// 186

二十七、田单大摆火牛阵　　// 193

二十八、蔺相如完璧归赵　　// 199

二十九、纸上谈兵陷长平　　// 207

三十、毛遂自荐使强楚　　// 212

三十一、信陵君窃符救赵　　// 218

三十二、鲁仲连义不帝秦　　// 224

三十三、吕不韦计归子楚　　// 230

三十四、嫪毐伪腐乱秦宫　　// 236

三十五、荆轲图穷匕首见　　// 243

附录：

三十六、李斯崇老鼠哲学　　// 253

三十七、阉赵高指鹿为马　　// 262

三十八、陈胜大泽乡起义　　// 271

三十九、楚霸王四面楚歌　　// 277

先秦经典故事课，讲述了39个重要历史事件。其中包含的秦朝4个经典故事，则是出于归类的考虑，以"附录"的形式接续其后的。这些经典故事的讲述原则是，必须全部出自《史记》的记载，同时结合相关文献进行叙述。故事之后标列"前事后鉴"与"相关链接"两部分，前者是对先秦各经典故事所作出的评论，后者则是对与先秦经典故事相关的典故、著作、成语、诗词、制度、释词和人文景点等作出的相关知识点链接。

一、炎黄二帝战阪泉

炎帝欲侵陵诸侯，诸侯咸归轩辕。轩辕乃修德振兵，治五气，蓺五种，抚万民，度四方，教熊罴貔貅䝙虎，以与炎帝战于阪泉之野。三战，然后得其志。

——《史记·五帝本纪》

黄帝和炎帝是传说时代的英雄人物，被奉为中华民族的人文始祖。

相传大约在原始社会的后期，我们的历史进入了英雄时代。先民们在不断地与大自然进行抗争的过程中，逐渐地形成了一种崇拜英雄的社会意识。这些最初受到崇拜的英雄，当然是人，却又不尽是人，他们带有很多虚构的、人神混杂的成分。像燧人氏、有巢氏、女娲、伏羲氏等，便是这样的英雄人物。人们之所以会崇拜他们，是因为他们为开创文明作出了贡献。

而随着此后部落界限的逐渐被打破，又出现了另一类关于战争时代的英雄传说，他们主要是一些军事征服者，或者是不屈不挠、虽败犹荣的豪杰志士，其代表人物便是炎帝、黄帝、蚩尤等人。作为即将迈入文明门槛的乱世时代的英雄，他们普遍地受到了人们的崇拜。

根据《国语·晋语》的历史记载，炎帝兴起于姜水，所以以姜为姓；黄帝兴起于姬水，所以以姬为姓。炎、黄两族是从两个相互通婚的氏族集团有蟜氏和少典氏繁衍而来的，两族之间又成为异姓互相通婚的不同氏族与部落，并在以后的不断迁徙与发展中成为有亲缘关系又具有共同文化特点的两大部落集团，最终经过炎、黄大战而完成两大部落的融合。

炎帝部落的发祥地在渭水上游一带，即今天陕西境内；而黄帝得姓的姬水，则在渭水发源地，即今天甘肃天水地区。炎、黄两个地域相近、有亲缘关系的部落兴起之后，都开始往东迁徙。黄帝一族迁徙的路线偏北，他们从渭水向东，渡过黄河以后，沿着中条山、太行山的山边地带，东北向直抵今天河北省北部，即从甘、陕发展到燕山地区，而陕北地区和燕山地区是黄帝部族两大主要活动区域。

黄帝一族的迁徙路线由陕北而达燕山地区，与春秋以前黄河中下游的流向是有关系的。那个时候的黄河不是由河南流经山东入海，而是自河南中部偏北的浚县一带向北转入河北，穿过冀中平原东北，流经天津一带入渤海。黄帝一族正是顺着黄河流向进入到了燕山地区。

炎帝一族的迁徙路线则偏南，他们顺着渭水和黄河两岸，向河南、河北南部、山东东北部一带发展。从炎、黄这两个古老的部族的大规模的迁徙可知，他们从一开始就成为文明传播的使者，正是他们的不断向东发展，从而形成了黄河流域中心文明区域。

据说炎、黄二族在向东逐渐迁徙的过程中，势力发展很快，迅速从众多部落中崛起，成为最有影响力的两大部落。其中炎帝一族常常侵凌周边各诸侯，企图争夺盟主的地位，结果导致众诸侯归向黄帝，两大亲缘部落间的争斗变得不可避免。

为了打败炎帝部落，黄帝首先必须得到诸侯们的强有力的支持和拥护，因此，他很重视安抚四方诸侯，对他们以仁德相待；同时，黄帝更重视修炼内功，他深知要得到诸侯们的拥戴，取得未来战争的胜利，最关键的还是要靠自身的实力。因此，黄帝非常重视加强部落内的军事训练，教导人民种植五谷，以加强部落的军事和经济实力。

　　经过一番努力，黄帝部落的实力很快就超过了炎帝部落，对炎帝进行战争的时机已经成熟了。于是，黄帝集中了他的精锐部队——熊、罴、貔、貅、貙、虎，这是黄帝部落六个最为强悍的氏族，黄帝率领他们与炎帝部落在阪泉展开了决战。他们遭到了来自炎帝部落的顽强抵抗，经过三次大战，最终打败了炎帝。阪泉大战打败炎帝后，黄帝成为合而为一的新的炎、黄集团的共主。

　　黄帝战败炎帝、实现两大部落的融合之后，向东发展而与东方蚩尤部落发生了冲突，这实际上是从西北发展起来的农耕文化与从东南方崛起的渔猎畜牧文化的冲突。由于蚩尤部落的东面是大海，他们不得不向西发展，于是乎，炎黄与蚩尤之间的一场大战不可避免。据说

炎黄大战图

这场战争不但持续的时间很长，而且战争场面也异常惨烈。蚩尤不但拥有先进的武器，而且还特别骁勇善战。先是黄帝派应龙蓄水，企图与蚩尤进行水战，结果蚩尤部落冲破了应龙的水阵。然而蚩尤却被一时的胜利冲昏了头脑，他主动放弃适宜水战和渔猎的环境，而大举向冀中平原地区进军，从而使炎黄部落取得了地利。双方在冀中平原浴血奋战，最后决战于涿鹿之野，蚩尤战败被杀，炎黄部落取得了一场决定性战争的胜利，从而牢牢地控制了黄河流域地区。蚩尤虽然被擒杀，不过他的英勇善战还是得到后人的称颂，人们尊他为战神、创设军法之神，因此，他不失为一个虽败犹荣的悲剧英雄。

而在部落对外战争取得重大胜利的同时，由炎、黄二部组成的新的集团内部的争夺统治权的斗争也时有发生，当然，最后的胜利者总是出自黄帝一系。在诸多权力斗争中，其中最富神话色彩的当属颛顼与共工的战争。颛顼为黄帝的曾孙，他的部落共主的地位，是经过与出自炎帝部落的共工的一番大战之后才取得的。据说这个共工是炎帝部落的一个杰出人物，曾经通过修筑堤坝来消除水患。后来他与颛顼争夺帝位失败以后，怒触不周山，结果天柱折断，天从西北倾斜，连日月星辰都移了位；地从东南下陷，洪水卷着泥沙向那里奔涌。可见失败者共工，有着何等的英雄气概！颛顼与共工的战争，从某种意义上讲，它是炎、黄二帝战争的一种继续。

炎黄大战的结果，使黄帝成为新的联盟中的共主、号令各部落的最高酋长和天帝的化身。人们颂扬黄帝，因为他是胜利者，由此他也成了衣服、舟车、文字、历法等等的发明创造者的化身。不过，人们并没有以胜者为王败者寇的心理来审视历史。作为战争的失败者，炎帝同样也受到了人们的赞美和崇敬。而且炎帝部落英雄辈出，像怒触不周山的共工、追逐太阳的夸父、被奉为火神的祝融、不屈不挠的刑天、化作精卫鸟执着于填海的女娃，等等，他们代表着一种力量和精神，不断地鼓舞着后人，同时他们的事迹也一直被后人传颂着。

炎黄大战的另一个结果，是打破了原有部落的界限，促进了各部落氏族的分化与改组。黄帝共有 25 子，得姓 14 人，为 12 姓，分别是姬、酉、祁、纪、己、滕、任、荀、僖、姞、儇、衣，其中仅有姬、祁、任、己、姞等姓的后裔见有封国。姬姓最突出，被视为黄帝的嫡系；祁姓祖帝尧，有唐、杜、房等国；己姓有苏、温、顾、昆吾等国；姞姓有南燕、巢、密须诸国；任姓祖奚仲，有薛、铸、挚、畴等国。姬姓以外的小国，除极少数在今山东与河南南部，大多都在陕豫晋接壤地区和太行山东麓。炎帝被打败后，他的后裔被分割，如共工一支主要活动在河南西部的伊、洛二水；四岳据说是共工的后代，姜姓的祖神，其后裔在西周时有申、吕、齐、许等国；祝融八部最初以河南中、南部为中心，其后裔散居于河、汉和江、汉流域以及淮河下游鲁豫皖接壤地区。当然，还有被黄帝战败的蚩尤部落，大多被融入炎黄部落，极少数仍保留着他们的固有文化传统。

【前事后鉴】

崇拜英雄，这是自古以来人类的一种普遍的心理特征。在人类即将迈向文明的门槛之时，最先意识到的是人对自然的征服力，所以人们赞美那些为文明奠基的人；而随着部落的壮大与大规模的迁徙，原有的部落界限被打破，人们又开始崇拜征服的力量、崇拜英雄，颂扬那些征服战争中的强者，历史进入了一个英雄的时代。

阪泉大战，便是英雄时代发生在炎帝与黄帝两大部落之间的一场非同寻常的部落战争。黄帝战败炎帝后，将黄河流域两个本来就有着亲缘关系的强大的部落联合为一体，它标志着中国古代黄河流域中心文化区域的形成。黄帝成为新的联盟的共主后，其实也就成为黄河流域的主宰者。司马迁作《史记·五帝本纪》，列黄帝为五帝之首，而黄帝之后的四帝都是黄帝的后代，其中颛顼和帝喾都是黄帝的曾孙，帝尧为帝喾的儿子；帝舜是颛顼的后代瞽叟的儿子。又说夏王朝的开创者大禹也是黄帝之后，颛顼的曾孙。司马迁所叙述的这一帝王世系是否符合历史实际姑且不论，不过这种帝王同祖于黄帝的思想，却是对阪泉大战后黄帝成为新形成的大联盟的象征的一种真实反映；同时以黄帝及其与他有血缘关系的后代帝王所代表的政治统绪，也得到了后人的公认，成为中华民族治统之源。

炎、黄两大部落通过战争实现联合后，也加速了部落间的分化与改组。首先是黄河流域地区通过民族杂居与通婚，实现了以炎、黄部落为主体的民族融合，从而奠定了华夏民族的基础。与此同时，炎、黄的后裔也有成为戎狄部族的。如在黄帝的后裔中，直到春秋时仍然还有姬姓之戎活动在晋陕之间；而炎帝的后裔中，氐羌便是其中的一大支系。由此来看，炎、黄的后裔，既有在诸夏的，也有在戎狄的，这就是说，炎、黄二帝不仅是历史上华夏族的祖先，也是戎狄的祖先，因而是今天中华民族的共同祖先。

中华文化源远流长，数千年一脉相承，成为当今世界上唯一没有中断的文明系统。我们的文明之所以能数千年一系，我们的国家之所以能长期大一统，与我们中华民族有着共同崇奉的祖先——炎黄二帝是密切相关的。正是这种炎黄子孙的身份，成为我们维系中华民族统一的纽带，赋予我们捍卫中华民族独立的责任，激励着我们创造光辉灿烂的文明。历史使我们确信，当今任何阻挠中华民族统一和强大的企图都是徒劳的。

【相关链接】

典故：

炎帝名号——炎帝与黄帝并为中华民族始祖。炎帝为神农氏，姓姜。母亲名叫任姒，为有蟜氏女，嫁与少典为妃，游华阳，遇有神龙首，感孕而生炎帝。炎帝人身牛首，长于姜水，有圣德，以火德为王，所以号炎帝。又称魁隗氏、连山氏、列山氏。（《史记·五帝本纪》张守节《正义》引《帝王世纪》）

黄帝名号——司马迁作《史记》，以黄帝为五帝之首，黄帝也因此成为中华人文始祖。黄帝，姓公孙，后又以姬为姓，名轩辕。关于黄帝名号的由来，张守节《史记正义》说，黄帝为古代有熊国君，是国君少典的次子，故号有熊氏，又号缙云氏、帝鸿氏、帝轩氏。相传黄帝的母亲于野外见大雷电光绕北斗枢星，感而怀孕，24个月后生下他。黄帝出生时，日角龙颜，有景云之瑞，以土德为王，故为黄帝。又《吕氏春秋·应同》记载邹衍五德终始说，以为黄帝之时，天现大螾大蝼，土气盛，而土色黄，所以为土德而称黄帝。（《史记·五帝本纪》张守节《正义》、《吕氏春秋·应同》）

风后力牧——指黄帝依梦占得大臣之事。据说，黄帝代炎帝为天子后，朝诸侯，祭鬼神山川，终究没有得到善于治民的大臣，他终日为此而感到忧愁。后来他先后两次做梦，一次梦见大风吹走尘垢，一次梦见有人执千钧之弩驱赶数万群羊。于是依据两梦占卜，而得到风

后和力牧两位贤才为相和将，二人尽心治民，推广黄帝之德。(《史记·五帝本纪》张守节《正义》引《帝王世纪》)

人文景点：

炎帝陵——又名天子坟。位于湖南酃县西南 15 公里。据晋朝皇甫谧《帝王世纪》记载，炎帝死后，葬于长沙。明朝人吴道南于 1620 年撰碑记事：宋太祖登基，遍访古陵不得，忽梦一神指点，才于茶乡觅见炎帝陵。炎帝陵原来建有规模宏大的祠、坊、"天使行馆"等。陵侧面有明、清时代御祭碑数方。

黄帝陵——又名黄陵、桥陵。位于陕西省黄陵县西北桥山。相传汉武帝征朔方，路经此地，始建祭台，以后历代皆有修葺。陵高 3.6 米，周长 48 米，墓前立有碑亭，内置"桥陵龙驭"碑，前置"古轩辕黄帝桥陵"碑，为清乾隆四十一年（1776）陕西巡抚毕沅立。陵南侧有汉武仙台，立碑记载汉武帝在此筑台祈仙情况。山麓有黄帝庙，庙中有山门、殿庑等建筑。

二、帝尧求贤行禅让

尧曰："嗟！四岳：朕在位七十载，汝能庸命，践朕位？"
岳应曰："鄙德忝帝位。"尧曰："悉举贵戚及疏远隐匿者。"
众皆言于尧曰："有矜在民间，曰虞舜。"

——《史记·五帝本纪》

帝尧为五帝之一，相传他开创了中国古代王位传贤的禅让制度。

尧是黄帝的曾孙帝喾的儿子，姓祁，名放勋，号陶唐。据史书记载，尧的母亲庆都怀胎14个月才生下他。尧自小就气度不凡，眉有八彩，天庭饱满，下颌宽广。15岁时就辅佐他的异母哥哥帝挚治理国家，被封作唐侯，成为一方诸侯。20岁时因德行受到诸侯拥戴，接替他哥哥帝挚登上了帝位。帝尧是一个品德高尚、宽厚仁慈、恭敬有礼的人，同时又是一个能洞悉一切、明察秋毫、才智无比的人。在他的统治下，百姓九族和睦，诸侯万邦协和，国泰民安。

帝尧深知圣人不可独治，需要贤人辅佐的道理，于是他任命重黎的后代羲氏、和氏掌管天地，羲仲治理东方，羲叔治理南方，和仲治理西方，和叔治理北方。帝尧特别能慧眼识才，他让后稷为天畴，夔为乐正，倕为工师，伯益为秩宗，皋陶为大理，这些人都是不可多得的专才，尧却使他们能够各尽其才。
帝尧的心胸特别宽阔，他深知兼听则
明的道理，重视听取各方面的意见。
帝尧为能听到各种意见，还专门在他
的王宫前安装一个制作精美的木架
子，上面放置着一根响木，称作"诽
谤之木"，谁有什么意见，便可以敲
响这根诽谤之木，尧听到响声，便会
走出王宫来听取意见。据说后来王宫

帝尧画像

前的华表，就是起源于帝尧的诽谤之木。

帝尧这种治理国家的民主作风，实际上是经过英雄时代以后，以
往那种平等原则和民主传统在新时期得到了重新恢复。帝尧通过民主
治理，很好地调整了部落联盟中人与人之间的关系，解决了各部落之
间以及联盟首领与各方诸侯之间的矛盾，从而营造出了一种和谐的社
会氛围，造就了一个国泰民安的盛世统治。

帝尧的这种民主作风与重贤意识，以及因此而成就的政治业绩，
促使他作出了一个要将自己的帝王之位传给一位有贤德的人的决定，
从而开创了中国古帝王求贤行禅位的禅让制度。帝尧开创的这种禅让
制度，它与氏族、部落时代民主推举首领的推举制不同，也与英雄时
代依靠武力夺取帝位的做法不同，它是由深孚众望的现帝王自己提
出，经过民主协商之后，再把帝位让给一个他能相信的、大家也认可
的贤德之人。由帝尧开创的这种禅让制度，后来被儒家视为古代政治
的楷模，对中国历史特别是政治史产生了深远的影响。

据说帝尧在选择传位对象的时候，由于这是一种新的创制，起初很多人并不相信，乜不被大家所理解和接受，因而颇经过了一番周折。

最初，帝尧听说隐士巢父有贤德，便准备将帝位传给他，谁知巢父并不领情，断然拒绝了他。于是尧又想将帝王传给另一位隐士许由。据说许由是一个正直仗义、邪席不坐、邪膳不食的人，因不愿做官，才隐身于大泽之中的。帝尧找到了他，诚心诚意地要将帝位传给他。许由回答说："您治理天下，已经使天下得到大治，却要我来代替您，我难道是那种有名无实的人吗？鹪鹩在深林中筑巢，它能占据的不过是其中的一枝；鼹鼠到大河里喝水，只不过是填饱肚子而已；您把整个天下给我，我拿它又有什么用呢？"他也拒绝了帝尧。为了怕帝尧不死心回头还来找，许由干脆逃到了箕山之下，过着隐居农耕的生活。后来尧确实又找到了他，改请他担任九州长，许由认为尧的话玷污了他的耳朵，便到山南颍水边去洗耳朵。正巧他的好友巢父牵着一头牛来饮水，看到许由在洗耳朵，便问他这是怎么回事。许由说："尧邀请我去做九州长，我讨厌听到这种让我做官的声音，所以来洗耳朵。"巢父说："你若是居住在人间不通的深山里，谁又怎么能找到你呢？你故意到处浮游，还不是想听到这样的话，好沽名钓誉？你到河里洗耳，是要把我的牛犊也给污染了。"于是巢父把牛牵到上游去饮水。据说许由后来老死在箕山，葬于箕山之巅，终身没有出来做官。许由不受天下，也许确有其事，汉代还有人在箕山上看到过许由的墓，而司马迁《史记·伯夷列传》也记载了这个传说。

后来帝尧征求百官的意见，看谁合适继承他的帝位。有个叫放齐的人说丹朱开明通达，可以继承大业。丹朱是帝尧的儿子，此人好与人争斗，一旦即位，一定不能维持联盟的团结，所以帝尧认为他不合适。其实放齐之所以推荐丹朱，是估计帝尧一定会像他父亲帝喾那样将帝位传给自己的儿子，可见他并不明白帝尧的真心。

过了些日子，帝尧对四岳——即部落联盟里四位首领说："四岳啊，我在位都已经七十年了，希望你们能听从我的意见，继承我的帝位，如何呀？"四岳一同回答说："我们的品德卑劣，会玷污了这崇高的帝位，实在是不能接受啊！"又过了一阵子，帝尧见主动禅位于四岳不行，就又对四岳："你们不愿意继承帝位，希望你们能尽心为我推荐有贤德的人来继承帝位。你们推举贤德之人，不要区分尊贵卑贱和亲疏远近。"

四岳看到帝尧几次三番地要主动禅位，终于相信他是真心要禅位于有德的人了，便向帝尧推荐了出身民间的虞舜。帝尧问："我也听说过这个人，他怎么样啊？"四岳说："他是乐官瞽叟的儿子。他的父亲心术不正，后母说话不诚实，弟弟象傲慢无礼，舜却能用自己的孝德感化他们，同他们和睦相处，而使自己不流于邪恶。"于是帝尧答应先考察考察他，便将自己的两个女儿嫁给舜，以便观察舜的言行。三年期间，舜经受住了帝尧对他的种种考验，帝尧认为他的德行可以继承帝位，便决定将帝位传给他。然而舜却认为应该将帝位传给更有德行的人，婉言谢绝了帝尧的好意。于是帝尧决定让舜先当摄政王，再继续观察上天的旨意。舜便遵命，代帝尧主持政务，一干就是28年。在这期间，帝尧始终没有改变禅位的初衷，而舜也没有辜负帝尧对他的期望，赢得了大家对他的信任。

帝尧死后，舜并没有立即即位，而是将帝位让给丹朱，自己准备隐居起来。然而帝尧的禅让用心让众诸侯敬佩，而舜的显赫政绩使他取得了很高的威望，在这种情况下，诸侯们都去朝觐舜而不去朝觐丹

帝舜画像

朱，打官司的也是去找舜而不找丹朱，人们赞美舜而不去颂扬丹朱。舜无限感慨地说："这是天意啊！"于是正式即帝位。

舜之所以能即帝位，除了他有德行外，更重要的是帝尧的一手扶持，给他造就了水到渠成之势。当然，贤德的舜在接过帝尧的帝位的同时，也继续执行了他的禅让制度。如同当年帝尧没有将自己的帝位传给不肖之子丹朱一样，帝舜也没有将自己的帝位传给不肖之子商均，而是传给了有崇高德行和伟大功业的治水英雄大禹。

【前事后鉴】

禅让制度，是古代帝王传位于贤德之人的一种王位继承制度。相传这一制度为帝尧所开创，尧传位于舜、舜传位于禹，都是实行禅让制。尧舜行禅让，得到后代儒家的极力推崇，认为这是中国古代政治制度的一大创举，是王位继承制度的一种理想模式，是圣王们公天下的一种体现。

儒家之所以祖述尧舜，颂扬禅让，是因为这种禅让体制所蕴含的重视贤德的思想，与后代儒家所宣扬的政治理念是一致的。儒家的政治观是一种尚贤崇德的政治观，重视帝王修德，以德治国，任贤使能。而相传的古代禅让制度，行禅让的人都是德高望重、有赫赫功业的人，像尧、舜，他们不但有崇高的品德，而且还有无量的功业；同时他们要禅位的对象，也必须是有贤德的人。而是否贤德，还必须要得到大家的普遍认可和民主推举，同时也要为圣王本人所接受。

毫无疑问，尧舜曾经推行过的这种禅让制度，在很大程度上是被后代儒家理想化了。不过，儒家过鼓吹尧舜禅让，是为了宣扬古代圣王的德行、德政，以此表达儒家的贤能政治观，这在一定程度上对于家天下体制下的封建政治是有积极影响的。今天，我们的人才观念的具体内涵已经发生了很大变化，但是，重视人才的基本思想不仅要保持，还要提高到战略高度，因为 21 世纪的竞争，从一定程度而言就是对人才的竞争。我们要通过不断地完善社会主义制度，从而真正实现人尽其才的理想。

【相关链接】

典故：

让辟丹朱——说的是舜先让位于丹朱，后又顺从天意即帝位之事。据说帝尧执意要行禅让，在他在位 70 年时得到贤臣舜，便让他代行天子之政。28 年后帝尧去世，授天下于舜。然而舜却让辟丹朱，即让位于帝尧的儿子丹朱。然而诸侯不朝觐丹朱而朝觐舜，诉讼不找丹朱而找舜，颂歌不唱丹朱而唱舜，舜感叹说："天也夫！"于是顺天意即帝位。（《史记·五帝本纪》）

尧惩四罪——说的是帝尧听舜言惩罚罪人以服天下之事。帝尧时，驩兜向尧举荐共工，尧认为他不可，就试着让他做工师，共工果然淫乱邪僻。四岳举荐鲧治水，尧以为不可，而众人都要求让他试试，结果历时九年而无功。三苗多次作乱于江淮、荆州。舜看到这种情况后，向尧谈了自己的看法。于是帝尧流共工于幽陵，以变北狄；

殛鲧于羽山，以变东夷；放驩兜于崇山，以变南蛮；迁三苗于三危，以变西戎。四凶服罪而天下归心。(《史记·五帝本纪》)

舜流四凶——说的是帝舜放逐四大恶徒之事。帝鸿氏有恶子，阴险凶狠，人称混沌。少昊氏有恶子，背信弃义，人称穷奇。颛顼氏有恶子，不可教训，人称梼杌。天下人忧虑这三个凶人，帝尧没有能除掉他们。缙云氏有恶子，贪食多占，人称饕餮，比之于三凶。帝舜将四凶流放到边地，从此凶人绝迹。(《史记·五帝本纪》)

三、禹过家门而不入

禹伤先人父鲧功之不成受诛，乃劳身焦思，居外十三年，过家门不敢入。

——《史记·夏本纪》

相传帝尧统治时期，九州各地经常洪水泛滥。滔滔的河水，无情地淹没了田地、庄稼、牲畜和房屋，逼着人们逃到高岗之上，山洞成了人们的避难所，大树成了人们的栖息地。于是，帝尧在部落联盟会议上郑重地提出了这个问题，他说："四岳啊，现在浩浩荡荡的洪水，掀起了滔天的巨浪，都快要淹没到山顶了，这将会给老百姓带来灭顶之灾，这些忧心如焚的老百姓将怎样生活下去呀？你们看谁能治理洪水呢？"四岳说："鲧是最好的人选，还是让他去吧。"帝尧认为鲧不合适，没有同意。四岳却坚持让他试试，于是帝尧听从了四岳的话，让鲧去治理水患。

鲧是黄帝的后代，为夏部落的酋长，被帝尧封于崇（今河南登封崇山附近），赐姓姒，故称崇伯鲧。鲧生性桀骜不驯，耿直倔强，不太合群，人们因此指责他的品德不好。不过他干练有力，还是得到四岳的公认，所以举荐他来治水。

据《世本》说，"鲧作城郭"，是一个建筑师。因此善于填土筑堤，修墙围城。当他受命治水以后，也就按这套办法来做。他命令人们从高的地方取土石，来填高低洼之地，通过这种办法来将水围住，不让它随意横流。其实用这种办法治水，从前共工氏就用过，结果是大水冲破了土围。鲧认为共工的失败不在于围堵方法本身，而在于围堵的范围太小，堤坝筑得太低，所以才没有堵住水。他对于围堵的治水方法还是很有信心的。鲧带领人们日夜操劳，因工程过于浩大，一干竟是9年，不少人为此而丧命，可是结果并没有堵住洪水。由于堤高围大，蓄水也就更多，一旦冲毁堤坝，大水更是以凶猛的力量一泻千里，从而造成更大的危害。尽管鲧筑起了很多堤坝，却是堵东西溃，围南北毁，始终无法降伏凶猛的洪水，最终以失败而告终。于是在舜的建议下，帝尧殛鲧于羽山，以变东夷。

舜继承帝位后，凶猛的洪水依然肆虐为患。于是在部落联盟会议上，帝舜又问四岳："谁能够治理水患，以成就伟大的帝尧的功德呢？"四岳回答说："让伯禹担任司空，负责治水，一定能够完成这个任务。"伯禹是鲧的儿子，帝舜颇为感慨地对他说："由你去治理九州的水患，努力为之吧！"

帝舜任命伯禹为司空负责治水时，他当时只是个20岁的年轻人，他的父亲又因治水失败而由舜建议帝尧殛之于羽山，由此可见帝舜不但慧眼识人，而且用贤不避恩仇，后人因此称颂帝舜。而伯禹确实没有辜负帝舜对他的信任，终于成功地制服了水患，他的治水功绩被后人代代传颂，人们称他为大禹，亦即伟大的禹。

伯禹受命之初，觉得自己的才能和德行还不够，便谦让于契、后稷和皋陶，于是帝舜对这三人说："你们一同去协助他吧！"后来伯禹又邀请了伯益参加治水。伯禹请求这些人一同参加治水，不仅因为他们都是部落酋长，而且还各有专长，如契是后来商族的始祖，当时任掌管教化的司徒；后稷是后来周族的始祖，当时任农官；皋陶是少昊氏的后代，当时任狱官；伯益是后来秦国的祖先，当时任掌管山泽的虞官。有他们共同参加治水，有利于调动各部落的积极性，有助于协调各方面的关系。在伯禹看来，他的父亲治水失败，也许与他不合群的性格，从而得不到各部落和各方面的支持有关系。

伯禹特别在具体治水方法上，认真总结了鲧的失败教训，从而制定出了一个"疏川导滞，钟水丰物"的变水害为水利的全新方案。"疏川导滞"，即是要疏通河川，开挖阻滞的河坝，让水顺畅地流入大江、大河、大海；"钟水丰物"，则是利用洼地池泽将水蓄积起来，以备干旱时灌溉之用。这就将排水与灌溉相结合，变水患为水利，也就是史书上所说的，"尽力乎沟洫"。

伯禹治水，其足迹踏遍了九州，也就是当时的中国。《尚书·禹贡》说："禹别九州，随山浚川，任土作贡。"《左传》也说："茫茫禹迹，划为九州。"二书记载的九州，是指冀州、兖州、青州、徐州、扬州、荆州、豫州、梁州和雍州，其中冀州在今晋、辽西、冀西北、豫北和内蒙古中部一带，兖州括鲁西北、冀东南、豫东地区，青州括鲁北、辽东、朝

大禹治水

鲜西部，徐州括鲁南、苏皖北部，扬州括浙、赣、苏皖南部、鄂东、粤北，荆州括湘、鄂西南、粤西北、川黔东、滇北，豫州括豫、陕甘南部，梁州东至华山、南至长江、北接雍州，雍州括宁、甘、陕北、内蒙古西、青海大部。而当时被伯禹治理过的河流主要有：今天陕西境内的沣水、渭水，山西境内的汾水、漳水，河南境内的伊水、洛水，山东境内的沮水，西南的澜沧江，以及长江、黄河与淮河等。当然，伯禹在有限的时间里不一定对这些河流都疏导过，也许只是其中的一部分而已。而伯禹开九州，也主要因为疏导治水是顺着山势、地势和水势而行，结果河流山脉也就成了自然区划的界限。

"茫茫禹迹，划为九州"，它道出了伯禹治水的艰辛。据说伯禹为了制服水患，不但踏遍九州的山山水水，而且日夜操劳，不辞劳苦。他为了急于治理好水患，在外奔波 13 年，曾经三次经过自己的家门口，都没来得及回家看一眼，总是来去匆匆。他出家门时，儿子启还没有出生，等到他治水成功回到家中，儿子都已经 13 岁了。"三过家门而不入"，成为一段感人至深的历史佳话。

经过长期不懈的努力，滔滔的洪水终于被制服了。为了表彰禹的功绩，帝舜召开了隆重的庆功会，并将用黑色玉石琢磨成的上尖下方的礼器——玄圭赐予禹，作为他建立丰功伟绩的象征。由于大禹治水造福万民，功德无量，帝舜晚年便将帝位传于他。据说大禹登位 10 年，东巡，死于会稽。

大禹治水的丰功伟绩，也被后人永远铭记。孔子说："禹啊！我简直就找不到可以非议他的地方。他吃得很差，穿得很素，住得很陋，尽力平治水土，开挖沟洫，鼓励农耕，禹实在是了不起啊！"周景王的臣子刘定公也说："如果没有大禹治水，我们大家可能都变成鱼了。"这些言语，表达了人们对于大禹的感激之情和由衷的赞颂。

【前事后鉴】

儒家传统历史观是一种"法先王""崇先圣"的历史观，因此三皇五帝时代常常被说成是天下大治、国泰民安的时代，所谓"黄帝、尧、舜垂衣裳而天下治"。其实这不过是儒者心中的一种理想，它并不完全是历史的真实。

大禹治水的故事告诉我们，历史上尧舜禹时代还只是一个洪荒时代，那个时代先民们的生存环境是极其恶劣的，每天都要与大自然进行抗争，因为毒蛇猛兽、疾病饥荒、水患火灾等等，总是不停地向他们袭来，威胁着他们的生命。洪水泛滥成灾，也许是当时对人类生存的最大威胁，所以才留下了一个个关于洪水的传说。

大禹治水，造福九州，这是一个千古流传而又感人至深的故事。大禹的伟大，首先是他的聪明才智。从联合各部落首领群策群力、共同治水，到改鲧的围堵为疏导的治水新方案的提出，说明他是认真总结和吸取了他的父亲鲧治水失败的教训，也充分认识到治水任务的艰巨性。其次是他的奉献精神。他常年在外治水，劳神苦形，三过家门而不入，这是一种公而忘私的奉献精神。

千百年来，大禹的功德一直被人们颂扬，因为他的治水成功，从而救人民于水难之中，从此以后，九州不再有水患，人民耕种于田野，过上了安居乐业的生活。千百年来，大禹的精神更是激励着我们一代又一代的炎黄子孙，成为我们中华民族积极向上的动力。中华民族之所以以其勤劳勇敢、自强不息的精神屹立于世界民族之林，与大禹治水精神的代代延续是分不开的。

【相关链接】

典故：

禹辟商均——说的是夏禹先让位商均后得天下之事。商均为帝舜的儿子，相传他没有德行。伯禹治水成功后，帝舜赞赏他的能力与品德，决定将帝位传给他。经过多次对伯禹的德行进行考察，帝舜年老将死时，便正式将帝位传于他。舜三年丧期结束后，伯禹却主动让位给商均，自己退居阳城。然而诸侯都离开商均而朝觐伯禹，于是禹便顺应民意而即天子位，定国号为夏。（《史记·夏本纪》）

禹定五服——说的是大禹德服天下之事。禹平九州后，又定五服制度，规定：天子之国以外五百里为甸服，依次贡纳粟米等赋税；甸服以外五百里为侯服，听令天子，服任王事；侯服以外五百里为绥服，负文教、武卫之责；绥服以外五百里为要服，或守平常之教，或受王者之法；要服以外五百里为荒服，因其俗而治。于是东到大海，西至沙漠，天子的声教达于四海。（《史记·夏本纪》）

著作：

《尚书》——原称《书》，战国以来儒家尊称为《书经》，西汉始称《尚书》，为"六经"之一。学者认为经过孔子删编。汉以后有《今文尚书》与《古文尚书》。该书系中国上古历史文件和部分追述古代事迹著作的汇编，是研究我国上古历史的重要资料。如《尧典》篇记述了尧、舜、禹禅让的故事；《禹贡》记述了我国最早的历史地理面貌等。

《左传》——亦称《春秋左氏传》或《左氏春秋》，中国第一部比较完备的编年体史书，相传为春秋时人左丘明作。该书多用事实解释《春秋》，与《公羊传》《穀梁传》完全以义理解释《春秋》不同。书中保存了大量古代史料，为中国古代史学名著。

人文景点：

禹庙——在浙江绍兴市东南。该庙始建于南朝梁初，屡毁屡建。现存大殿建筑为 1934 年重建。主要建筑有午门、祭厅、正殿等。正殿高 24 米，巨梁朱柱，书金字楹联："江淮河汉思明德；精一危微见道心"。殿内立大禹像，高数丈，正襟而立。午门前有岣嵝亭，内设明代翻刻的湖南衡山岣嵝碑。庙东有窆石亭，中立 2 米高窆石一块，相传为大禹下葬时用过之石，窆石上原有许多古人刻字。禹庙旁有禹陵，相传为夏禹陵墓。

禹王宫——别称禹王庙、涂山祠。位于安徽怀远县东南涂山之巅。《左传》记载大禹曾会诸侯于涂山，一般认为就是指此地。后人为了纪念大禹的功德，在此建庙。庙始建时间不详，大概在唐以前。原有三进，现尚存二进。主要建筑有禹王殿和启母殿。庙西南有启母石，又名望夫石，如女子正襟危坐眺望远方。据说大禹为治水，13 年在外，三过家门而不入，他的妻子涂山女，也就是启的母亲，每天都到山坡上眺望远方，等待丈夫的归来，竟然变成了一块石头。由于禹王庙名声远播，招徕历代文人，留下了众多诗篇，有曹丕的《浮淮赋》、苏轼的《濠州七绝·涂山》等。

四、伊尹放逐帝太甲

　　帝太甲既立三年，不明，暴虐，不遵汤法，乱德，于是伊尹放之于桐宫。三年，伊尹摄行政当国，以朝诸侯。帝太甲居桐宫三年，悔过自责，反善，于是伊尹乃迎帝太甲而授之政。

　　　　　　　　　　　　　　——《史记·殷本纪》

　　相传在夏朝末年的某一天，有一个有莘氏部落的采桑女去采桑，在一棵长空了的桑树树干的空洞里捡到了一个婴儿，就把他献给了有莘部落的首领，部落首领又把他交给庖人（即厨师）抚养。原来这个婴儿的母亲家住伊水河畔，有一天她梦见神灵告诉她，如果看到石臼里往外冒水，就赶紧往东方跑，千万不要回头。第二天，她果真看到石臼突然向外冒水，于是赶紧告诉村里人往东跑。她一口气跑了十多里，因怀有身孕，实在跑不动了，便想停下歇息一下，不经意间回头看了一下，只见远处的村庄早已被洪水淹没，而她这一望，自己也瞬间变成了一株空桑，她的小孩因此生在了空桑的空洞中。由于婴儿的母亲家居伊水边，这个婴儿便以伊为姓，他就是后来辅佐商朝成汤、太甲两朝的一代贤臣伊尹。

关于伊尹的出生，只不过是一个美丽的神话传说。根据史书记载，伊尹是有莘氏部落的一个奴隶，少年时代经历过许多磨难。长大以后做了有莘国君身边的一名厨师，国君发现他很有才干，就让他管理膳食。

伊尹是一个足智多谋而又抱负远大的人，他看到夏桀如此残暴，置百姓于水火之中，便想在各诸侯国中寻求能够辅佐的贤君，来

伊尹画像

推翻夏桀的统治。有莘国君应该说还算是清明，只是有莘部落太小，力量单薄，又与夏桀同姓，伊尹认为其难担此任。他听说经常与有莘氏部落有来往的殷商部落不但势力强大，而且它的国君成汤很贤明，觉得这正是他想要辅佐的人。而成汤在与有莘的交往过程中，也早就听说有莘部落有一个才能非凡的厨师，只是他是个奴隶，不便造访。正好此时，成汤为了加强与有莘部落的联合，要娶有莘氏女为妃，伊尹便主动要求作为有莘氏女陪嫁的媵臣，这样就可以来到成汤的身边了。

伊尹来到殷商部落，仍然还是以奴隶的身份做着厨师，每天利用侍奉成汤进食的机会，与他谈论古代尧舜禹王道政治。成汤觉得伊尹很有政治见解，是一个不可多得的人才。心想这莫非是上天派他来辅佐我，成就灭夏的事业？于是成汤免去伊尹的奴隶身份，让他做右相，委之以军国大事。与伊尹一同辅佐成汤的还有一个人叫仲虺，他任左相。仲虺是贵族出身，他的祖先奚仲是大禹的车正，这是一个管理制造车子的官。成汤在两位贤臣的尽心辅佐下，把殷商部族治理得井井有条，力量日益强大；各诸侯国都认为成汤有德行，于是纷纷离开残暴的夏桀而归顺成汤。到了这时，成汤认为灭夏的时机已到，于是率领各路诸侯，兴师讨伐夏桀，夏桀败逃到鸣条（今河南封丘县东），历时 471 年之久的夏王朝灭亡了。

成汤灭夏桀后，便登上了天子的宝座，君临天下。商王朝建立后，伊尹和仲虺继续协助成汤治理国家。成汤勤勉政事，伊尹和仲虺尽心辅佐，新王朝的统治得到了诸侯们的拥护。过了 13 年，成汤病死。太子太丁还没来得及即位，就先于成汤死去。于是伊尹和仲虺便拥立太丁的弟弟外丙登大位。谁知外丙才即位两年就去世了，便又立外丙的弟弟仲壬。仲壬即位才四年也死了，这时仲虺已经病死，于是伊尹拥立太丁的儿子太甲即位为商王。

太甲是成汤的嫡长孙。为了教导太甲，使他成为一代贤君，伊尹特作《伊训》《肆命》和《徂后》。就在太甲元年十二月的一天，伊尹在祭祀成汤的仪式上，对太甲和各位君长、百官详细讲述了成汤之德，其用意是为了教导太甲。伊尹说："古代夏王大禹勤修其德，所以山川鬼神为之安宁，鸟兽鱼鳖安闲自在。后世子孙不遵从他的德行，所以皇天降下灾祸，假借我们的先王成汤之手，在鸣条严惩了夏桀。我们的商王用宽厚的仁德代替那贪婪与暴虐，天下百姓感怀于他。现在的商王应该要继承先王这种美德，树立仁爱要从亲近的人开始，树立虔敬要从年长的开始，先从家邦做起，最终达于天下。"接着，伊尹还历述了先王虚心纳谏、严于律己、求用贤才等等美德，以及先王力戒巫觋之风、邪恶之风和乱世之风的教诲，并希望后代君臣念念不忘先王的美德，时刻警醒着自己。

伊尹的训导是有先见之明的。果不其然，太甲即位才三年，昏庸、暴虐、乱德、不遵汤王之法等等劣迹都暴露出来了。伊尹看在眼里，痛在心里，眼见成汤打下的商朝基业就要断送在太甲的手里。为了商朝的基业，伊尹毅然决定放逐太甲，将他安置到成汤的墓地桐宫，进行反省，由他自己摄政。

太甲居桐宫三年，对自己的所作所为，确实做了深刻反省和认真忏悔，并且有了痛改前非的决心。其间，太甲看到伊尹帮助他将天下治理得诸侯宾服、百官敬仰、上下同心、百姓拥戴，从内心深处产生了对这位老臣的无限敬意。

伊尹对于太甲的思想变化，是看在眼里，喜在心头，他觉得是该到了让太甲回来执政的时候了。于是伊尹亲自带着帝王的礼帽礼服，到桐宫来迎接太甲回到国都亳，并作《太甲》三篇。伊尹说："人民没有君主，就不能相互救助生存；君主没有人民，就不能拥有天下。皇天眷顾我们商朝，让我们的继君能够修善积德，这是关乎千秋万代的喜事。"太甲赶紧拱手叩头道："我昏庸无德，没有品级；放纵情欲败坏法度，藐视了礼制。天作孽，还能躲避；自作孽，则不能免祸。过去我违背了您的训导，还望有赖于您匡正救助的恩德，使我能得到一个好的结局。"伊尹拱手叩头说："注重自身的修养，靠德行赢得人们归服，这是英明的君主。先王爱护贫穷的民众，就如同爱护自己的儿女一样，这样老百姓就没有会违抗命令、不心悦诚服的。当商王还是与邻国一样的诸侯时，诸侯们就说：等待我们的商王，商王来了我们就摆脱惩罚了。所以大王一定要像先祖那样修德，一刻也不能懒惰。尊奉祖先自然会想到孝顺，接近臣民自然会态度谦恭；心明眼亮才能目光远大，听从有贤德之人的规劝自然会耳聪目明。你只要继承先王的美德，自然不会被抛弃。"

太甲通过三年思过，以及伊尹的不断教导，重新回来执政后，确实有效法成汤、励精图治的愿望。他重视修养自己的德行，推行德政，四方诸侯都归顺商王，百姓安居乐业。

这时的伊尹年事已高，加上已经归政于太甲，觉得自己应该告老退隐封地了。然而他又担心太甲能否坚持修德，便作《咸有一德》一篇，告诉太甲不断修德的重要性。伊尹说："天命无常，要想巩固天下，就得持之以恒地修德。夏桀失德，所以皇天保佑不了他，诸侯也背弃他，而拥戴德行纯一的汤王。这不是上天特别眷顾我们殷商，只是皇天保佑德行纯一的人；不是商王要招求百姓，而是百姓愿意归服有德行的人。德行专一，事无不吉；德行无常，行动遭凶。现在您新即位为王，应该不断修德，要专心修德，日日更新。德无常师，要以善为师；善无定行，要始终如一。等到天下的人都说：'伟大啊，君王的话。''纯一啊，君王的心。'这样就能守住先王的事业，使老百姓生活幸福了。"

太甲没有辜负伊尹的期望，他一共做了 12 年商王，修德安民，使商王朝的统治更加稳定。太甲死后，他的儿子沃丁继承王位。几年以后，伊尹病死，享年百岁。为了褒奖伊尹对商朝的功劳，沃丁用天子之礼将他安葬在都城亳。

【前事后鉴】

本篇故事依据的历史资料是《史记·殷本纪》和《尚书》中《伊训》《太甲》和《咸有一德》诸篇。从中可知，作为殷商第一名臣，伊尹辅佐成汤，为灭夏建商立下卓越功勋；成汤死后，他又扶立外丙、中壬，教诲太甲改过自新，使得商王朝的统治得以稳定。

不过，对于伊尹放逐太甲之事，《竹书纪年》却有不同的说法。该书认为伊尹放逐太甲，是为了篡夺商的王权。伊尹做了七年的王，却并没有得到众诸侯的拥戴。后来太甲乘机从桐宫逃回王都，杀了伊尹，又重新夺取了商的王位。

两种不同的说法，会使人们据此对伊尹作出不同的评价。不过我们从后世商王对于伊尹的尊崇可以看出，前一种说法可能更接近于历史事实。甲骨卜辞有所谓"侑伊尹五示""十立伊又九"的记载，说的是以伊尹为首的五位老臣及伊尹与其他九位老臣的享祭情况，这说明伊尹在后世商王的各种祭祀先臣的礼仪中，总是被排在老臣中第一位的。有时伊尹也与商王成汤一同享祭。正是因为伊尹对于商王朝有着突出的贡献，他才能在后世商王的祭祀中享有如此崇高的地位。此外，灭夏建商初期，商族应该还保留着原始民族制度的遗风，由伊尹这样的德高权重的大臣对昏庸的新王以某种形式加以教导，在那个王权尚未强化的时代也是合乎情理的。

对于伊尹放逐太甲之事，传统的观点认为，这是非常时期所采用的一种解决统治阶级内部矛盾的非常方式，它对于商王朝统治的长期稳定起到了重要作用。能采取如此方式来解决矛盾的，也只有像伊尹这样德高望重、功勋卓著的大臣才能做得到。所以当有人问孟子："臣贤君不贤，则一定要像伊尹那样放逐自己的君主吗？"孟子的回答是："有伊尹那样的心志，那么就可以；没有伊尹那样的心志，就是篡权。"这就是说，能否采取这样的非常手段，要看有没有纤毫不取的心志。我们知道，儒家讲君臣等级，儒家更崇尚德政。在儒家看来，残暴无德的统治者只是独夫民贼，人民完全可以起来推翻他，所以他们宣扬"汤武革命"。志高德厚的伊尹放逐太甲，是因为太甲无德，伊尹希望通过放逐，能让他改过自新，重新做一个贤德的商王。也正因此，在后人看来，伊尹的放逐，是为了商王朝的江山社稷，而不是他的一己之私，所以他才得到后世商王的尊崇，也得到后人的普遍敬仰。

【相关链接】

典故：

网去三面——说的是商汤行仁泽及野兽、从而赢得诸侯归心之事。商汤出去打猎，看到野外四处布下罗网，张网的人祈祷说："但愿天下四方来的野兽都能进入我的网中。"商汤说："哎呀，那样就会将天下野兽打尽了。"于是命令去掉三面之网，说："想往左去的野兽，就向左；想向右去的野兽，就向右。命中该尽的，就落入我网中。"诸侯们听说此事后，都说："汤的恩德太大了，连野兽都能受到其德。"（《史记·殷本纪》）

著作：

《竹书纪年》——中国古代编年体史书，因原书写于竹简而得名。晋咸宁五年（279）在汲郡的战国魏墓中发现。共12篇，叙夏、商、西周、春秋时晋国和战国时魏国史事。所记"太甲杀伊尹"等，皆异于传统记载。此书宋时散佚，今有辑本。

释词：

媵臣——指古代诸侯的女儿出嫁时，随嫁或陪嫁的人。如伊尹为有莘氏媵臣。（《史记·殷本纪》）

五、周文王乱世受命

　　西伯曰文王，遵后稷、公刘之业，则古公、公季之法，
笃仁，敬老，慈少。礼下贤者，日中不暇食以待士，士以此
多归之。伯夷、叔齐在孤竹，闻西伯善养老，盍往归之。太
颠、闳夭、散宜生、鬻子、辛甲大夫之徒皆往归之。

——《史记·周本纪》

　　周文王是周朝杰出的先王，使周族崛起的关键人物。正是他的努
力，赢得"三分天下有其二"的局面，从而为周武王灭商奠定了坚实
的基础。

　　周文王是西伯姬昌死后的尊
称。周文王出自周族，这也是一
个与夏、商一样，有着悠久历史
的古老部族。周的始祖后稷，是
帝尧时期的农官，曾经协助过大
禹治水，因此周是一个农耕部
族。后稷的曾孙公刘，将部落从
西戎之地迁往渭水之滨豳地，这

周文王画像

是一个山水相依、沃野广阔的适宜农耕的地方，周族在公刘的统治下，迅速发展起来。公刘之后九代是古公亶父，他因周族受戎狄所逼而带领部落的人迁到岐山（今陕西岐山县东北）之下，这又是一块平原沃土，因周族迁居此地而得名"周原"。在古公亶父的治理下，周原很快成为远近闻名的富庶之地，就连一直还居住在豳地的老百姓听说后，也都纷纷来投奔他。从古公亶父开始，周族正式设官统治，主要有司徒、司马、司空、司徒、司寇等五官有司，人们都说周朝的王业是由古公亶父开创的。

古公亶父有三个儿子，长子太伯，次子虞仲，三子季历。季历的妻子太妊，聪明贤惠，他们的儿子诞生时，正好有一只长着红羽毛的鸟飞到窗前鸣叫，非常悦耳，好像是专门来为这个婴儿的诞生唱喜歌的。古公亶父很高兴，认为这是瑞象，便给这个婴儿取名叫昌，说："我们周族将来能兴旺昌盛的话，一定就是因为这个昌了！"这个姓姬名昌的婴儿，就是后来大名鼎鼎的周文王。

姬昌能够继任周族首领，与他的母亲太妊的端庄贤淑是分不开的。据说太妊身怀姬昌时，眼睛不看邪恶之人、丑恶之事，耳朵不听淫荡的声音，口中从来不出恶语，为的是让姬昌有一个很好的胎教。有如此精心的胎教，生下的姬昌果然聪明伶俐。据说他的母亲教一，他就能知百。古公亶父特别喜欢这个聪明绝顶的孙子，很想传位于他。然而，姬昌的父亲季历是古公亶父的少子，按照嫡长子继承体制，继任者应该依次是太伯、虞仲，往下才轮到季历。太伯、虞仲都是贤明的公子，为了满足父亲想传位于姬昌的心愿，同时也是为了周族的繁荣昌盛，他们决定离开周原，到远方去开创自己的事业。后来他们在东南的吴地建立了国家，成为吴国的始祖。于是，古公亶父死后，周族首领的位置后来就由季历再传给了姬昌。

经过古公亶父和季历两代的发展，到周文王姬昌即位时，周已经成为颇有影响的一方诸侯了。这时，商王帝乙为了缓和与周的矛盾（当年帝乙的父亲商王文丁无端将季历囚禁起来，致使季历气愤而死于商都，姬昌一直准备积蓄力量为父报仇），决定将自己美丽端庄的妹妹嫁给姬昌，并让他继封为西伯，位列三公。商周联姻，和受封西伯，不但缓解了商周两族之间的矛盾，而且也着实抬高了周在诸侯当中的地位和身价。如果说姬昌即位是天意的话，那么这两件事则是周族兴起的又一重要契机。

这时，贤明的商王帝乙死了，由纣即位为王。这个商纣王身材魁梧，是个天资聪明、勇力过人的人。据说他能赤手空拳与猛兽搏斗，能将九头牛拽得往后退，甚至能用手托住宫殿的大梁，让人从容地换掉柱子。不过，商纣是一个王权至上论者，他深信拥有王权的人，是可以为所欲为的。其实像商朝早期的君王，都是敬畏天地鬼神、敬畏祖宗百姓的，他们重视以德服众，为政总是战战兢兢，生怕做错了事触犯神灵、招致民怨，所以他们大多能善始善终。商纣却不然，他崇奉王权，蔑视神权，所以他要反其道而行之。

据史书记载，纣王的生活是极其奢侈无度的。他觉得仅有商都帝宫还不够，便在商都以南的朝歌（今河南淇县）修建离宫别都，在商都以北的沙丘（今河北平乡县东北）修建林苑，经常带着歌女和近臣往来于朝歌和沙丘之间。据说沙丘的林苑很大，里面养着许多珍奇异兽。他还修建了一个方圆三里、高过千尺的鹿台，用以储藏搜刮来的天下钱财。又建了一个叫钜桥的仓库，用以储藏从天下搜刮来的粮食。他的离宫别馆里还有酒池、肉林，日夜纵情狂欢于其中。

纣王又好强逞威，动不动就找各种借口征讨诸侯。这时，他不但要各方诸侯出兵协助，还要趁此机会向诸侯们征收军费，一旦哪个诸侯交不上，他就派兵征讨。弱小的有苏氏就是因为交不起军费，为了免除兵祸，不得不献上美女妲己以求平安的。而纣王为了征讨东夷，居然还动用了象队，东夷惊恐败降。

纣王性情残暴，他喜欢使用助纣为虐的人，而肆意残害忠良。据说常在纣王身边的有四个小人，他们是善于阿谀奉承、贪赃枉法的费仲，百般顺从的忠实走狗蜚廉，善于造谣生事、诋毁他人的恶来，好打小报告的忠实耳目崇侯虎。而对待忠良，纣王却非常残忍。如有个叫梅伯的诸侯因屡次劝谏，而被纣王剁成肉酱分赏给诸侯们吃。九侯、鄂侯和西伯是纣王时期的三公，位极人臣。九侯曾经被迫将自己的女儿献给纣王，纣王后来听信妲己之言杀掉九侯女，并迁怒于九侯，将其剁成肉酱；鄂侯觉得九侯死得太冤，只是申辩几句，也被纣王做成了肉干；西伯姬昌听说此事后，不禁长叹了一声，结果也被崇侯虎报告了纣王，被囚到羑里的监狱中。

西伯姬昌遭囚禁后，西伯手下的大臣闳夭、散宜生等人非常着急，他们商量着，觉得纣王身边的小人中，费仲最会阿谀奉承，便决定从有莘国选一个美女，在西戎选一些骏马，再到各地置办各种珍奇宝物，通过费仲，向纣王说情。纣王见到有莘氏女如此美丽，又看到如此众多的宝物，便高兴地说："光是美女这一件宝物，就足以让我放掉西伯了，何况还有这么多好东西呢！"于是不但把西伯放了，还赐给他弓矢斧钺等兵器，授命他征讨四方，并对西伯说："当初说你坏话的是崇侯虎。"西伯姬昌被放后，提出愿意献出洛水以西的地方，以请求纣王废除炮烙之刑，纣王也同意了。纣王三公中，只有西伯活了下来，并且获得在西部的征讨大权，也许这也是天意吧！

西伯姬昌这次死里逃生，一方面藏起锋芒，表面上极力维护商王；一方面不再像他父亲季历那样四处征伐，而是注意笼络诸侯，收买人心。西伯的这些做法，很快取得了成效，诸侯们都敬重他，有什么事情都跑来找他解决；四方的贤士也都纷纷慕名而来，投奔于他。

就在西伯积蓄力量、四方贤士人心思归的时候，引来了一位足智多谋的人物，他就是后来辅佐周王灭商建周的一代名臣姜尚。

姜尚，字子牙。祖先曾是尧舜时期四岳之一，因帮助大禹治水有功而被封于吕，故又以地为氏称吕尚。姜家到了姜尚这一代，早已是沦落为贫民之家，所以姜尚年轻时为了生计，曾经到朝歌做过屠夫，宰牛卖肉。后来又到孟津开过酒店，靠卖酒度日。可是，这位为谋生而混迹于市井之人，却是位满腹经纶、怀才不遇的大贤士。随着时光的流逝，他的头发也渐渐花白了，却还是无法施展他的才华，实现他的理想。他听说西伯姬昌是个胸有大志的贤德之人，此时正在招纳贤才，觉得自己多年的期盼总算看到了希望。不过姜尚不愿主动去结交西伯，他希望西伯能发现他的才华而重用他。为了让西伯能发现自己，他来到了岐山脚下渭水河畔，他知道西伯姬昌早晚要来到这里。于是，姜尚就在渭水河畔垂钓，不过他用的鱼钩是直的，因为他根本就没有想钓鱼，而是为等西伯姬昌的到来摆摆样子。

果不其然，有一天，西伯姬昌又要出门打猎了，只是与往常不一样，这次他出门前卜的一卦，说的不是他能打到什么珍奇异兽，而是能得到一位能辅佐他成就霸业的奇才。当西伯来到渭水河畔时，遇到了早已在那儿等候多日的姜尚，两人一见如故，谈得很投机，西伯料定此人就是他卜卦所得之人，不禁说道："我的爷爷古公亶父曾经说

姜太公垂钓

过，当有圣人来到我们周原的时候，我们大周便会兴旺起来。您就是这位圣人，我们的太公早就盼望您来了。"从此以后，姜尚又称"太公望"。这就是民间传说的"姜太公钓鱼，愿者上钩"的故事。姜太公在西伯最需要的时候出来辅佐他，这又是天意使然。

在姜太公的辅佐下，羽翼已丰的周文王姬昌便开始大举征伐，兼并了一个个小的诸侯国。他最难忘怀的是当年说他坏话的崇侯虎，这个恶人差点让他丢了性命。更重要的是，崇是个进一步发展势力的战略要地。当西伯灭掉崇后，便在沣水西岸修建了新的城邑，取名叫丰（今陕西西安西北），将国都从周原迁到此地。周迁丰之后，叛商归周的人越来越多，周很快取得了"三分天下有其二"的局面。

迁丰第二年，周文王姬昌病死于新都，在位凡 50 年。太子姬发即位，是为周武王。

【前事后鉴】

周是一个历史悠久而又神奇的部族，在它的不断发展过程中，有几个人物起了非常关键的作用。像周的始祖后稷，他的出生就很神奇，他的母亲姜嫄因"履大人迹"而有孕生了他。像太公古公亶父，正是他将部落迁往岐山之下，才有了日后周族的繁荣昌盛。而周文王姬昌，他是取得"三分天下周有其二"成就的人，使灭商建周形成水到渠成之势。姬昌生当乱世，是一位乱世受命之君，他一生有数次机缘，使得他或得天助、或逢凶化吉，最终成就了一番大事业。不过，透过机缘命运的表面，还蕴含着一种历史的必然，这是周文王乱世受命的故事给我们的启迪和感悟。

首先，成就大事，要善于把握机会。如当商王帝乙为缓和与周的矛盾，而将自己的妹妹嫁与姬昌时，姬昌便抓住了这样一个抬高自己身价和地位的机会。他将婚事办得极其隆重，这既讨好了商王，也在诸侯中间造成广泛的影响，而周族的百姓更是以自己的首领能与大邦天子之妹联姻而感到荣耀。当纣即位为商王后，这个历史上臭名昭著的暴君，蔑视一切，为所欲为，致使民怨沸腾，诸侯背叛，天下人离心离德。而这时的姬昌却注意反其道而行之，他对内注意修德，重用人才；对外注重笼络诸侯，收买人心。其结果是境内民风淳朴，百姓礼让和睦；境外诸侯归心，四方贤人慕名而至。在这一暴一仁之间，商周的实力对比发生了重大变化。

其次，成就大事，必须依靠人才。与商纣目空一切、刚愎自用的性格特点不同，文王姬昌深知没有人才辅佐，灭商大业是不可能完成的。所以他重视修德，礼下贤者，以此网罗各方人才。四方贤士看到胸有大志、足智多谋的姬昌能如此礼遇人才、重用人才，也都闻风而至。当时的贤士如太颠、闳夭、散宜生、鬻子等，都纷纷投奔姬昌而来；而孤竹国伯夷、叔齐听说西伯善待老人，也前来周地；甚至连商朝老臣辛甲也因屡次劝谏纣王不听，而弃纣投周。当然，最著名的事迹，莫过于文王姬昌请姜尚出山，在日后的剪商过程中，姜太公起了非常重要的作用。

最后，成就大事，有时需要隐藏机锋。文王姬昌与商纣同时并世，一个是小邦周首领，一个是不可一世的大邦天子，他们的力量对比是显而易见的。当力量弱小，又被对手关注的时候，要懂得隐藏机锋，保护自己。足智多谋的姬昌是深谙此道的。当三公中九侯、鄂侯相继被纣王处死后，已被囚禁在牢狱之中的姬昌很明白自己的处境，他要想活着出去，就得装出一副忠心于纣王的样子。所以当他的大儿子伯邑考被纣王杀了，并做成肉汤送给姬昌喝的时候，他尽管心如刀割，还是装得若无其事一样喝着肉汤。纣王知道后说："谁说西伯足智多谋、未卜先知？他喝了用自己儿子的肉做的肉汤怎么都不知道？"由此觉得姬昌不过是一个平庸之辈。其实姬昌是在麻痹纣王，他是不会忘记杀子之仇的。当姬昌出狱后获得纣王给予的征伐大权时，更是表现得对纣王忠心耿耿的样子，尽力为纣王守护着西方，其实他正在暗中招揽人才、收买人心呢。姬昌正是以这种隐忍不露，骗过了纣王，从而不断地发展自己的势力，最终战胜对手的。

【相关链接】

典故：

酒池肉林——说的是商纣王荒淫酒色之事。商纣王骄奢淫逸，不但整日歌舞游猎，还想着法子放纵自己。在他的离宫别馆里，池中注

满了酒、树上挂满了熟肉，人们可以随便饮酒、食肉，成群的男女，赤身裸体地日夜纵情狂欢于酒池肉林之中。（《史记·殷本纪》）

西伯演易——说的是周文王狱中推演八卦之事。周文王被商纣王囚禁于羑里（今河南汤阴县北），在囚室之中，他将古人流传下来的易经八卦加以推演，遂成八八六十四卦，从此有了《周易》这部经典，为儒家"六经"之一。（《史记·周本纪》）

成语：

助纣为虐——商纣王以残暴著称，而他的残暴，与他身边围着一群助他为暴的小人分不开。像费仲、蜚廉、恶来、崇侯虎，就是纣王身边善于奉谀诋毁、贪赃枉法之徒。助纣为虐，比喻帮助坏人干坏事。（《史记·周本纪》《史记·秦本纪》）

太公钓鱼，愿者上钩——太公，即姜太公，名尚，字子牙，又称吕尚，西周初年功臣。相传姜太公在渭水边，用无饵直钩在离水面三尺高的地方钓鱼，还说："负命者上钩来。"比喻心甘情愿地上圈套。（《史记·齐太公世家》）

六、周武王牧野伐纣

周武王于是遂率诸侯伐纣。纣亦发兵距之牧野。甲子日，纣兵败。纣走入，登鹿台，衣其宝玉衣，赴火而死。

——《史记·殷本纪》

周文王去世后，他的儿子姬发即位，是为周武王。此时的周已经取得了对商的优势，不但"三分天下周有其二"，而且武王麾下人才济济，姜子牙、周公旦、召公、毕公等一班贤臣尽心辅佐，灭商已是指日可待。

武王即位第九年，观兵孟津（今河南孟津），试探商纣王的反应，也算作伐纣前的一次军事预演。既然是军事行动，当然要慎重。出发前，周武王对主兵事的毕星进行了祭祀。然后，在军中供奉起他父亲的牌位，自称太子发，表示是奉父亲文王之命进行讨伐，而非自己擅自出兵。随后大军一路向东，浩浩荡荡来到黄河边。正当兵船渡河到河中间时，一条银白色的大鱼跃入武王的船里，武王捡起鱼对大家说："殷人崇尚白色，有白鱼入我船，这预示着殷人要被我大周灭亡了。"船继续行驶，才刚刚靠岸，又有一颗流星划破天空，直坠武王的屋顶，化作一只赤鸟。这赤鸟的出现，预示着火德就要代替金德建立新朝了。

听说周武王观兵于孟津，四方诸侯不约而同纷纷前来，到孟津会师时，共有八百诸侯参加了大会。诸侯们纷纷数落着纣王的种种罪状，认为该是讨伐纣王的时候了。周武王看到有如此多的诸侯拥护他，心中高兴，对讨伐纣王的成算如何，心里更有底了。不过纣王毕竟是天下共主，民意已如此，尚不知天命如何。于是他对众诸侯说："还不知道天命怎样，现在讨伐还不可以。"便率军返回了。

周武王观兵孟津的消息传到商都后，纣王不但没有引起重视，反而比过去更加昏乱暴虐。不论大臣们如何劝谏，他都听不进去。他的庶兄、贤明的微子眼看着商朝就要灭亡了，整日忧愁、悲愤，却又无可奈何。有一天，他和朝中父师、少师商量着说："父师、少师啊，现在四方诸侯叛乱，商朝已经无法治理天下了。尽管先祖有成法，可是纣王沉醉于酒色，败坏了先人的美德，致使商朝大小臣民也都不遵守法度。有罪者得不到惩罚，百姓相与为敌。现在商朝的衰败，就好像在大水中漂流的船，已经找不到渡口了。父师、少师啊，我该怎么办呢？请你们指点我吧！"父师说："王子啊！老天降下大灾要亡我殷商，而我们的君臣还沉醉于酒色，却不怕天命，不听老臣之言。现在商朝百姓偷盗祭祀天地神灵的牺牲，都不受惩罚。老天可是一直在监视着商民呢！商朝遭受灾祸，我们都会蒙难；商朝灭亡，我们都会成为奴仆。是留是走，王子还是自己拿主意吧！我不准备逃走。"微子听说之后，便离开了商都。

贤臣箕子的心情跟微子是一样的，他既不忍心看到商朝就这样灭亡，又知道进谏必遭横祸，左右都不是，便干脆装疯卖傻。哪知就算这样纣王也不放过，把他囚禁了起来。

微子走了，箕子被囚了，纣王的叔叔比干感慨不已，他不赞成微子出走和箕子装疯卖傻的做法，而是决心以死进谏，认为这才是做臣子的本分。于是他到纣王那里，苦苦劝谏了三天，结果不但没有使纣王回心转意，纣王反而暴跳如雷，愤恨地说："我听说绝顶聪明的人，他的心都是与众不同的，我今天倒要看看你比干的心是如何长的，要不你怎敢如此大胆！"于是对比干施以剖心酷刑。

　　比干因劝谏而被剖心，在商朝朝野引起的震动很大，人们看到纣王如此不可救药，都确实意识到商朝的气数已到尽头。就连原先不想逃走的父师、少师，这时也悄悄地将宗庙祭器和各种乐器收拾起来，准备作为见面礼去投奔周国了。

　　商纣王如此残暴无道，终于导致众叛亲离。于是武王遍告各方诸侯，说："殷商有如此重大罪恶，我们不得不祭祀毕星，准备讨伐了。"便亲自率领战车300辆、虎贲3000、甲士45000人，向东讨伐商纣王。这一年，是周武王十一年。当年十二月戊午日，大军渡过孟津，庸、蜀、羌、髳、微、卢、彭、濮等各路诸侯从四面八方一起前来会合。于是周武王举行誓师典礼，他对各路诸侯说：

　　"我友好邦国的君主和各位官员，你们仔细听着！天地是万物的父母，人是万物的灵长。君主应当耳聪目明，为人父母，养育万物。如今商纣王不敬奉上天，降灾于下民。他沉溺于酒色，荒淫奢侈，昏乱残暴，残害万民，焚炙忠良，孕妇剖肚。他的行为使皇天为之震怒，所以命令我的先父文王，来严惩这个无道之君，以重振天威。

　　"从前我姬发和你们这些友好邦君，都是亲眼看到商君荒政的。而纣王至今也没有悔改之心，还是那么傲慢无礼，不事奉上帝神祇，不祭祀已被遗忘的宗庙。他还厚颜无耻地说：'我拥有民众，我受命于天。'上天一定会保佑民众，重新为民众立君、立师，以辅佐上天来安抚四方。有罪上天会惩罚，无罪上天会赦免，我怎敢违背上天的意志呢？

"纣王有臣亿万，却有亿万条心；我有臣三千，却都是一条心。商纣王恶贯满盈，上天命令诛灭他。我若不顺从天意，那我的罪行就同他相等了。我接受先父文王的命令，又卜问过上天，在土神、谷神面前占过，然后才率领你们大家，替上天惩罚商纣王。上天怜悯百姓，老百姓想得到的，上天一定会满足的。只要你们齐心帮助我，天下四海就一定会安宁，机不可失啊！"

接着，大军行进到黄河北岸停了下来，诸侯的队伍还在源源不断地从各地赶来。于是周武王又对这些队伍进行誓师动员，他说：

"从西方来的各路诸侯和民众，你们都听我说：我听说好人做善事，总觉得日子不够；恶人干坏事，也整天做不够。如今商王坏事干尽，不守法度，离弃老臣，亲近罪人，酗酒、放纵、暴虐。臣下也都跟他学，弄得朝廷朋党作仇、相互倾轧，无辜受害者呼天抢地。

"上天是恩惠百姓的，君主必须奉承天意。当年夏桀违背天命，祸害百姓，上天便佑助成汤代替无道的夏桀。现在商纣的罪恶有过于夏桀，驱逐元老大臣，残害进谏大臣，说自己有天命保佑，却不敬上天；说祭祀没有益处，暴虐也不会自伤。上天将百姓交给了我，我的梦与我的卜兆是相吻合的，它们都是吉祥的，因此伐商一定会取得胜利。

"我们的队伍威武雄壮、斗志昂扬，我们突入商的境界，一定能擒拿凶残的商纣。我们队伍征伐的声势，比商汤征夏桀时更加浩大。

勉励吧，我的将士们！你们要勇敢地进攻，不要漏掉了敌人。我们应该同心同德，建立功业，让永世安宁。"

第二天天刚亮，周武王又大规模巡视六师将士，再次申明号令：

"我西方诸侯将士们，天道已明，我们应该去彰显它！如今商王纣轻慢侮辱五常之理，懈怠政事，不敬祖宗神灵，自绝于天，结怨于民。他斩断冬天涉水者的脚胫，剖开贤人的心，如此作威杀戮、伤害天下之人。他崇信奸邪，放逐大臣，摒弃刑典，囚禁君子，不祭天地，不祭祖宗，制作奇技淫巧来取悦妇人。上帝不允许他胡作非为，降下对他的惩罚。你们要努力奋斗，听从我一个人的命令，来恭敬地行使上天对他的惩罚。

"古人说：'抚养我们的就是君主，虐待我们的就是仇敌。'商纣这个受天宏恩却作威作福的恶人，就是你们的世仇。建德务滋，除恶务尽。我来率领你们众将士，去歼灭你们的仇敌。众将士一定要果敢坚毅，来成就君主的大业。"

周武王孟津誓师，也就是《尚书》中的《泰誓》三篇，它向各路诸侯申明了讨伐纣王之义，作了战前动员，从而公开举起了讨伐商纣王的大旗。到了第二年二月甲子日，周武王统率的大军进至牧野（今河南淇县南），其中有各路诸侯的兵车4000乘。在两军

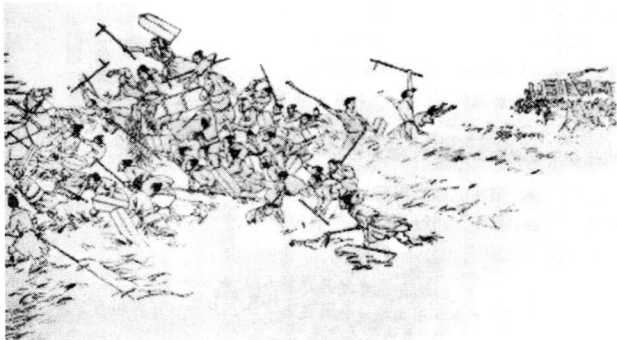

牧野大战

正式交战前，武王左手拿着明晃晃的大钺，右手拿着指挥大军的白毛旗，面对自己的大军，再次进行战前誓师动员。他说：

"辛苦了，我西方远道而来的将士们，友好盟邦的首领们，司徒、司马、司空、亚旅、师氏、千夫长、百夫长们，以及来自庸、蜀、羌、髳、微、卢、彭、濮的人们，举起你们的戈，排好你们的盾牌，竖起你们的长矛，让我们一起宣誓：

"古人说：'母鸡早晨打鸣，这家就要败落。'现在商纣王听信妇人的话，所以为商朝招来祸殃。纣王废弃对祖宗的祭祀而不闻不问，将王室宗亲放在一边而使用罪人逃犯，让他们肆意暴虐百姓。所以我现在要执行上天对他的惩罚。

"今天交战，每移六七步，就要注意保持整齐的队形。每次冲刺时，不超过四、五、六、七下，也要注意保持整齐的队形。勉励吧，将士们！你们一定要像虎、貔、熊、罴那样勇猛，不要拒绝投奔我们的商朝将士，让他们来帮助我们。勉励吧，将士们！如果有人胆敢退缩，我将立即杀死他。"

牧野誓师后，周武王的军队与商纣王的军队便摆开了决战的架势。当时商纣王发兵 70 万，来迎击周武王的军队。然而，周的军队虽然人数少，却纪律严明，战阵整齐，斗志昂扬。纣王的军队人数虽多，却是离心离德，没有战斗的决心，甚至巴不得武王的军队早点取胜。结果两军一交战，纣王的军队便纷纷倒戈，周的军队乘胜追击，直捣纣的老巢朝歌。商纣王看到大势已去，便爬到鹿台之上，将珍宝玉衣披在身上，然后自焚而死。

周武王率诸侯及众将士进入朝歌，商朝的贵族官吏跪拜以迎，武王也对他们回礼。到了鹿台下，武王对准鹿台射了三箭，又拿出剑对之挥舞三下，然后用黄钺砍下纣王的头颅挂在白旗上。纣王的宠妃妲己等人都已自杀，武王也一样射三箭、剑舞三下、砍其头颅挂在白旗上。武王此举，是为了平息天下人的怨怒，也是为他祖父及父兄报了仇。

第二天，周武王举行了隆重的祭祀活动，昭示天下，周已受天命革除殷商，统治天下。从此商朝灭亡，周朝建立。

【前事后鉴】

商纣与夏桀都是历史上以残暴著称的君主，他们的名字与暴君是同义词。

商纣的残暴，是根基于他对王权的迷信。在殷商时代的前期，商王们都是普遍地敬畏天地鬼神、敬畏祖宗的。在他们看来，夏桀的灭亡，是因为违背天意，所以成汤受命于天，替天行道，讨伐并剪除了夏桀。既然殷商的王命受自于天，就必须要按照天的意志行事。所以他们总是谨慎修行，不敢贪图享乐；主动纳谏，检讨自己的言行。然而，随着王位传子而非传贤制度的日趋严格，王权逐渐强化，使得原来各种制约王权的力量如神权力量、贤臣的劝谏等等，渐渐被王权所突破。这种现象在商朝武乙时期已经显示出来。武乙是纣王的曾祖父，他的信条就是武力征服。他不相信天神的力量，所以他竟然敢鞭笞用木头制作的天神，用弓箭射穿用于祭祀天神的注满牛羊血的皮革袋。当然，与其曾祖父相比，纣王更是有过之而无不及。他好大喜功，经常征讨诸侯；他生活奢侈，整日饮酒作乐；他残忍好杀，作炮烙之刑，肆意草菅人命，残害忠良贤臣。在商纣看来，王权是至高无上的，因此"顺我者昌，逆我者亡"。

武王灭纣的故事再次证明了这样一个道理：得人心者得天下，失人心者失天下。历史上的商纣王是一个天资聪慧、勇力过人的人，而商朝又有数百年大邦根基，他之所以失天下，是因为他为所欲为，残暴至极，结果导致人神共愤，众叛亲离，终于落得个自焚而死的下场。反之，周之所以能从文王"三分天下有其二"，到武王最终克商，赢就赢在一个得人心上。周文王扩展势力不靠征伐，靠的是礼贤下士和文德教化，所以四方贤士都主动来投奔他，诸侯们都愿意请他调解矛盾。周武王第一次孟津观兵，竟有八百诸侯自动从各地赶来会师；而牧野大战时，各路诸侯的兵车多达4000乘。诸侯们自觉前来助战，当然还有纣王的军队阵前倒戈，这种人心的向背，便是曾经不可一世的商纣王最终覆灭的原因所在。

【相关链接】

典故：

殷有三仁——为孔子语，指的是商纣王时期微子、箕子、比干三位贤臣。由于商纣王残暴无道，不但听不进任何劝谏，而且进谏的大臣都遭横祸，于是微子便离他而去；箕子装疯卖傻以求自保，结果还是被纣王囚禁起来；而比干苦苦地劝谏，却被纣王剖了心。在孔子看来，商朝三位贤臣尽忠的方式虽然不一样，但都遵循了"仁义"二字。（《论语·微子》）

箕子作《洪范》——指箕子言定国安民之道。周武王灭商后，请教箕子商朝灭亡之因。箕子不忍心讲故国之事，便作《洪范》，向武王言定国安民之道。认为为政应当顺从天意，而使洪范九等有序而行。这九等便是：一曰五行，水、火、木、金、土；二曰五事，貌、

言、视、听、思;三曰八政,食、货、祀、司空、司徒、司寇、宾、师;四曰五纪,岁、日、月、星辰、历数;五曰皇极;六曰三德,正直、刚克、柔克;七曰稽疑;八曰庶征;九曰向用五服,威用六极。于是武王封箕子于朝鲜,不以他为臣子。(《史记·周本纪》)

伯夷叔齐饿死首阳山——说的是伯夷、叔齐保守名节之事。伯夷、叔齐是周文王时孤竹国的王子,孤竹国王生前想立叔齐,他死后,叔齐主动让位于伯夷,伯夷为避位而逃走,叔齐也不肯自立而随之逃走,于是国人立中子为王。伯夷、叔齐听说周文王善待老人,便一同投奔他来。他们到时,文王已死,正赶上武王率大军伐纣,伯夷、叔齐便挡道进谏说:"父亲死了不去安葬,却要兴兵征伐,这能称得上孝顺吗?以臣弑君,犯上作乱,这能称得上仁义吗?"左右的人想杀他们,姜太公说:"此乃义士!"便扶起他们让其远去。等到武王灭商建周后,伯夷、叔齐义不食周粟,隐居于首阳山(今山西永济南),靠采集野菜充饥,后来饿死于山中。(《史记·伯夷列传》)

七、周公旦摄政当国

> 成王少，周初定天下，周公恐诸侯畔周，公乃摄行政当国。……周公行政七年，成王长，周公反政成王，北面就群臣之位。
>
> ——《史记·周本纪》

周公姓姬名旦，为中国历史上著名的贤臣，杰出的思想家。他辅佐周武王灭商，又在武王去世后担负起摄政安国的大任，对建立和巩固周朝数百年基业做出了重要贡献；他的"制礼作乐"，文明创制，对中国政治史和政治思想史产生了重要影响。

"周公旦摄政当国"的故事发生在周武王灭商的第二年。

这一年，周武王因常年积劳成疾，竟大病不起。当时商王朝虽然已经推翻，可天下并没有安定，而太子姬诵还年少，所以大臣们都非常担心。太公、召公想为武王占卜吉凶，周公说，还是让我先向我们的祖先祷告吧。

周公先在一块被清扫过的空地上筑起三座祭坛，然后在祭坛的南面筑了一个台子，他自己北面而立，放上玉璧，手里拿着玉圭，向太王、王季和文王祷告，说："你们的长孙姬发得了凶险的恶病，假如你们三位先王在天上保佑的话，就让我姬旦来代替姬发（生病）吧！我仁厚多才，一定能侍奉好鬼神；长孙姬发不如我，他不能侍奉好鬼神。他刚被上帝授命镇抚四方，能安定你们的子孙，天下的百姓没有不敬畏他的。现在我就来听命于大龟，倘若允许我的请求，我就拿着璧和圭回去等待你们的命令；倘若不允许我的请求，我就收藏起圭不敢再请求了。"周公一连卜了三次，都是吉兆；又打开锁钥匙看书，也都是吉言。周公说："依据兆相，武王没有生命之忧。我刚向三位先王祷告，只是想求得大周的国运长远。现在我期待着先王能让我去侍奉鬼神。"周公回去后，史官将记录下来的周公的祷告放进金属匣子里。第二天，武王的病就好了。

可是不久之后，周武王还是因疾病不治而死，太子姬诵即位，这便是周成王。由于当时周的统治还非常不稳，成王又年少，便由周公代替成王执政，历史上称为"周公摄政"。

周公摄政当国，引起了人们的各种猜测，特别是周公的弟弟管叔、蔡叔等人很不满，他们说周公的做法将会对成王不利。于是周公对太公、召公表明心迹，说："我们的祖先历经千辛万苦创下的基业，如果到我们手里葬送了，我们将没有脸面去见九泉之下的先王。我这样做也是迫不得已，是为了大周的江山社稷啊！"二位贤臣当然知道当时局势的严峻和周公的用心，他们都支持周公摄政。周公又作诗一首，取名《鸱鸮》，送给成王。成王不敢责备周公，却也不满意周公的做法。

事实证明周公和太公、召公对于局势的担忧，以及周公摄政当国的做法是正确的。就在武王病死不久，商纣王的儿子武庚便利用周朝新王即位、管叔和蔡叔对周公不满之机，联合管叔、蔡叔一道发动了叛乱，东方的一些原殷商属国如徐、奄、熊、盈、薄姑等，也跟着起来叛乱，一时间局势非常紧张。

面对这种局面，周公决定亲自率军东征。他调集军队，出征前召开誓师大会，对众邦君和将士们说："上天保佑我文王，使我小邦周得以兴盛起来。现在有十位贤人来辅佐我，他们都是知道上帝的命意的。那些发动叛乱的大恶人，竟然要勾结殷人，同室操戈。可是上天要灭亡商朝，就如同农夫应该种田一样，我怎么能不去做呢？上天要保佑我们的先王，我怎么能放弃占卜呢？我又怎敢不去率领你们重新去巡视文王开辟的疆土呢？今天的占卜是吉兆，所以我要率领你们去东征。天命是不能改变的，必须遵从。"

这次东征，用了三年多的时间。战争分两个阶段，第一阶段是平定武庚、管叔和蔡叔的叛乱，将武庚和管叔杀了，将蔡叔等人流放。

周公摄政

第二个阶段是继续剿灭那些响应武庚叛乱的东方各诸侯国，结果一举灭掉了徐、奄、熊、盈、薄姑等国。东征的胜利，是周朝建立之后一次攸关生死的胜利，它铲除了商王朝的复辟势力，巩固了周对于东方地区的统治；同时管叔和蔡叔势力被除，也巩固了周公本人的摄政地位，从而更有利于周朝政令的推行。也正因此，周公东征，在周初的铭文中多有记载。

为了更有效地行使对东方的统治，东征之后，周公又开始主持营建洛邑。其实，早在武王灭商之初，武王就深深感到以镐京为都城，非常不便于对广大东方殷商之地的统治。他曾经就假想伊洛地区为其"天室"，建立起一个控制东方的据点，只是尚未来得及实施，他就病死了。武庚和东方五个诸侯国的叛乱，再次证明了在伊洛地区兴建新都的必要性。所以东征结束后，周公便决定按照武王的意愿营建洛邑。

兴建新都这样重大的事情，当然要得到祖先的庇护。先是召公随周成王一道到丰邑文王的宗庙去祷告，然后召公又受命到洛邑"相宅"，他经过占卜，得到吉兆，便在武王当初规划的基础上再进行实地测量，确定修建宗庙、宫室的位置，然后返回报告了成王。之后，周公再受命到洛邑具体落实修建工作。周公到洛邑后，再次进行了占卜，得到的仍是吉兆。于是，他迁来大批"殷顽民"作为营建洛邑的苦工，依旁着洛水，修建了宗庙、宫室以及居民区，很快，在洛水之滨迅速崛起了一座与镐京遥相呼应的新都，周人将镐京称作宗周，而称洛邑为成周，也叫东都。

新都洛邑建成后，周公希望成王迁都洛邑。他教导成王说："王啊，你可要振奋啊！那燃烧的火，不能让它熄灭，应该让它熊熊燃烧起来。你要率领镐京的大臣到洛邑去，让他们各尽其职，建功立业。你要像我一样督促你的大臣，使他们不敢违抗你的命令。我们的公卿百官，要奋发努力，教导好百姓，远方的百姓才会归附我们。王啊！你到新邑去，可要谨慎啊！"

然而，成王却主张要周公治理东都，他继续留在镐京。他对周公说："周公啊！我要返回镐京就位，请您留下来治理洛邑吧。现在四方尚未安定，仍需治理教导。您善于教导扶持臣民，要继续督促官员，安定好文王、武王所接受的殷民，做好我的辅佐大臣。"

周公看到成王决意要他留下来治理洛邑，便对成王说："王命令我留在洛邑，继续保护好先王所接受的殷民，我一定会注意优待他们，治理好四方之民，以实现武王的遗愿，光大文王的美德。"

戊辰这一天，成王在洛邑举行了冬祭，宣读祭祷册文，报告文王、武王，周公将继续治理洛邑，然后告谕天下。

周公接受成王的命令，继续治理洛邑。他为了加强对殷民的控制，便将大批的殷民迁到洛邑。这些殷民因留恋故土，对周公的做法多有怨恨。于是周公发布诰令，向殷民说明为何要迁徙他们的原因，他说："纣王不敬上天，所以才把灾祸降给殷商。我将你们迁往西方，不是我秉性好动，而是天命不可违背。我是在执行天命，你们不要怨恨我。你们迁到洛邑，可以保有你们的土地，过上安宁的生活。如果你们不谨慎恭敬，你们不但得不到土地，我还会将上天的惩罚降临给你们。你们要好好地住在洛邑，过你们的安宁生活，你们的子孙也会兴旺发达。你们要顺从我，只有这样，你们才能长久安居。"

为了稳定洛邑的统治，周公还在此驻扎了重兵。据历史记载，当时洛邑共有八个师的兵力。这"成周八师"，就是为了对付随时可能出现的各种反叛活动。

　　毫无疑问，周公营建洛邑以及对洛邑的治理，对加强周朝对东方殷民区域的统治，起了至关重要的作用，从而也巩固了新兴的周政权的统治。

　　周公在位期间，还对礼乐制度的创建做出了重要贡献，也就是历史上所称赞的周公的"制礼作乐"。这里所谓"制礼作乐"，应该从广义来理解，它包括礼法、政法两方面的制度。从礼法来讲，周礼是由宗伯执掌的，主要是吉、凶、宾、军、嘉五大礼，其中吉礼有 12 项，主要是对上帝、日、月、星、辰、风、雨、社稷、五岳、山林川泽、四方之物以及先王的各种祭祀；凶礼共 5 项，括丧礼、荒礼、吊礼、袷礼和恤礼；宾礼有 8 项，春见曰朝、夏见曰宗、秋见曰觐、冬见曰遇、日见曰会、殷见曰同、时聘曰问、殷頫曰视。军礼有大师、大均、大田、大役和大封等 5 项；嘉礼共 6 项，括饮食、婚冠、宾射、飨燕、贺亲等。凡用礼皆作乐，周公之乐主要有六律、五音和八音等。

　　从政法来讲，则主要是指周公所创建的一套政治制度和政治理念。政治制度主要是指周朝推行的分封制度和宗法制度。武王灭商后，便开始大规模地分封宗室、功臣和先代贵族到各地做诸侯。周公摄政后，继续推行这种分封体制。分封制的核心是嫡长子继承制，它确定了宗主地位的永世不变性。这样，天子、诸侯、大夫、士之间就相互结成大小宗的关系。周天子便是依靠这样一种宗法制度，来维系大宗的地位和对天下的统治。政治理念的中心观念是尊天、敬德、保民。在周公看来，历史上夏、商、周的更替，说明天命可畏，天命是可以转移的，只有有德的人才能从上天那里得到受命。而天命、有德的实际内涵便是保民。所以周公一再强调要体察民情，要"知稼穑之艰难"，要"知小民之依"，"人无于水监，当于民监"，等等。周公的政治理念，是后来中国儒家治国思想的先导。

周公摄政一共七年时间，此时成王已长大，他便还政于成王。他临死时，要成王将他安葬在成周洛邑，表示自己不敢离开成王。他死后，成王则将他葬于毕，与文王在一起，以表示不敢将他当作臣子。

【前事后鉴】

周公摄政，是西周建国第二年出现的一种特殊的王权统治形式。当时武王病死，即位的成王年少，而新政权面临的形势十分严峻，被推翻的商王朝正伺机要恢复往日的统治。在这种情况下，周公在得到太公、召公的支持后，毅然出来摄政当国。

周公摄政，对于稳定西周初年政局，消除殷商复辟的危险，起了关键的作用。正是周公亲自率军经过三年艰苦的战争，才最终平定武庚与管、蔡等人的叛乱，灭了徐、奄、熊、盈、薄姑等商朝原来的东方属国，从而控制了混乱的局面；而周公通过营建和治理洛邑，将政治中心东移，从而有效地控制了广大的东方殷商地区。

周公摄政当国时期所进行的一系列创制，如完善分封制和宗法制，确立德治理念，这一切不但对姬周政权的巩固起了重要作用，而且对中国古代政治制度和政治思想的形成与发展，都产生了极其深远的影响。周公不愧为中国古代杰出的政治家、思想家。

然而，摄政这一举动本身，也使周公一时间受到了人们特别是武王诸弟的普遍怀疑，人们怀疑他的用意，管叔和蔡叔的言论和行为，便充分反映了这一点。即便是年少的成王，对于周公摄政也是不满的。然而成大事者，就需要有勇气和魄力，这是周公摄政的故事带给人们的启迪。周公为了周的江山社稷，他都愿意替生病的武王去侍奉鬼神，难道还害怕这些流言蜚语吗？成王也正是看到了被史官记录下来的周公的祷告词，才被他的一片真心所打动，而越发地相信和尊重他的。正是这种君臣一心，从而为周朝的数百年基业奠定了坚实的基础。

【相关链接】

典故：

桐叶为珪——指周成王封叔虞之事。叔虞为周武王之子、成王之弟。据说周武王与叔虞的母亲作合之时，曾梦见天帝对他说：你生下儿子要取名叫虞，让他据有唐地。果然叔虞出生时，手掌上有一个"虞"字，于是取名叫虞。成王即位后，帝尧的后代据唐作乱，周公灭了此国。有一次，周成王与他的弟弟叔虞做游戏，将一片桐叶削成珪的样子给叔虞，说是将其封给他。史官请周成王选择日子封立叔虞，成王说那只是游戏，不是真要封他。史官认为天子无戏言，出言就必须记载于史书。于是成王便将唐地封给叔虞。唐在黄河、汾水之东，方圆百里。叔虞死后，他的儿子燮迁居到晋水之畔，便改国号为晋。（《史记·晋世家》）

制度：

分封制度——中国古代帝王分封诸侯的制度。据说商朝已开始分封诸侯，有侯、伯等称号。周灭商后，大规模地以封地连同居民封赏给王室子弟、功臣和先王之后，诸侯在其封国内具有世袭特权，对天子有服从命令、定期朝贡和提供军赋、力役等责任。秦统一后，推行

郡县制度，但仍分封有"列侯""伦侯"；西汉以后历朝还有分封制，只是制度不尽相同。(《史记·周本纪》)

事件：

成康之治——指西周初年成王、康王时期的清明统治。周公创建周王朝的制度后，缓和了西周初年的社会矛盾。成王、康王都相继推行这种政策，加强了统治。旧史家夸称"成康之际，天下安宁，刑错四十余年不用。"(《史记·周本纪》)

成语：

周公吐哺——形容周公求贤若渴。周公摄政，日理万机。他深知用贤对于治国的重要性，为了赶紧接待天下贤士，以至吃饭来不及咽，吐出正咀嚼的食物。周公用至诚打动了天下贤人的心，使得他们纷纷投奔周朝，为其所用。三国曹操《短歌行》曰："周公吐哺，天下归心"。(《史记·鲁周公世家》《短歌行》)

一沐三捉发——也是说周公求贤殷切。这里"三"，表示多次；"捉"，握住。指周公洗一次头，居然要多次地停下来，握住头发去迎接四方远道而来的天下贤士。与"周公吐哺"一词意思相同。周公一沐三捉发、一饭三吐哺，为的是巩固新兴的西周政权。《淮南子·氾论训》说："一馈而十起，一沐而三捉发，以劳天下

周公一沐三捉发

之民。"(《史记·鲁周公世家》《淮南子·氾论训》)

释词：

三监——周武王灭商后，以商旧都封给纣王之子武庚，并以殷都以东为卫，由武王弟管叔监之；殷都以西为鄘，由武王弟蔡叔监之；殷都以北为邶，由武王弟霍叔监之，总称"三监"。一说武王以邶封武庚，以鄘封管叔，以卫封蔡叔，以监殷民，称为"三监"。(《史记·周本纪》)

人文景点：

周公庙——在今洛阳市老城西关外定鼎南路。初为隋朝王世充祭祀周公而建。洛阳古称洛邑，为周公所建。周公庙现存大殿、二殿、三殿和东西配房等建筑，其中大殿称定鼎堂，取周公定鼎洛邑之意，为明代建筑。

八、周厉王姬胡弭谤

（厉）王行暴虐侈傲，国人谤王。召公谏曰："民不堪命矣。"王怒，得卫巫，使监谤者，以告，则杀之。其谤鲜矣，诸侯不朝。三十四年，王益严，国人莫敢言，道路以目。

——《史记·周本纪》

西周后期，出了个历史上有名的暴君，他就是周厉王姬胡。

周厉王生性贪婪，好财贪利。为了将天下的财富都据为己有，他任用一个叫荣夷公的人，实行"专利"政策，宣布凡山林川泽所出物产，都归周天子所有。"专利"政策的宣布和执行，极大地侵害了广大平民的利益，他们因此不能到江河、湖泊中去打鱼、摸虾，也不能到上林中砍柴、打猎。因此，广大平民对周厉王的"专利"政策极度不满。

有一个叫芮良夫的大夫看到这种情况，心中着实为周的江山社稷担忧。他很清楚，如此与民争利，其结果必然会触犯众怒，从而危及周的统治。于是他向厉王进谏说：

"荣夷公如此专利，难道就不知道周室将要大难临头了吗？财利，为百物所生，天地所载，而实行专利，它的害处就太多了。既然是百物、天地所生所载之利，就应该是为人人所有，怎么可以为天子专有呢？您这样会触犯众怒的，众怒难犯，您不可以不戒备啊！现在荣夷公以专利的做法来投王所好，这样您的统治怎么能长久呢？

"大凡统治天下的人，都是给老百姓广开财路，把利布施于上下臣民的。要使上天所赐百物都能为百姓充分利用，就是这样，还日日担心，唯恐招来百姓的怨言。所以《诗经》的《颂》和《大雅》篇都说，自我们的先祖后稷以来，都是按照天意施惠布利于民的，所以百姓能一直拥戴至今。现在大王开始学着专利，这怎么可以呢？匹夫专利，会被人说成是盗贼；君王实行专利，实在是闻所未闻。如果大王重用荣夷公实行专利的话，周朝必然会衰败的。"

芮良夫的忠言，周厉王根本就听不进去。他还是继续任用荣夷公为卿士，来推行这种"专利"政策。

周厉王的傲慢与暴虐，激起国人普遍不满，他们纷纷指责厉王的暴政。大臣召公了解到这些情况后，便对厉王劝谏说："老百姓实在活不下去了。"厉王大怒，便派了一个卫国的巫师下去监视国人，下令凡是再发表谤言的，一律格杀勿论。这样一来，国人中批评朝政的声音就很少听到了，四方的诸侯也不来朝觐天子。此后，风声越来越紧，国人都不敢再说话了，熟人在路上碰到，也只能是相互使个眼色。这就是人们所称的"道路以目"。

听不到国人的批评，周厉王非常高兴，他把召公召来，对他说："我不是能够消弭谤言吗？你看他们都不敢再说了。"召公回答说："不是谤言没有了，而是您堵住了国人的嘴。我听说防民之口甚于防川，堤坝堵塞河水越多，一旦决堤死的人也更多，堵住老百姓的口，就如同堵住川流不息的江河之水一样。因此，善于治水的人，总是采取疏导的方法；治理百姓也是一样，要让他们讲出心里的话，将他们心中的怨愤发泄出来。过去天子听政，从公卿列士到百工庶人，大家都献计献策，畅所欲言，最后才由君王进行斟酌，所以凡事都不违背事理。老百姓有嘴，就如同大地有山川可生出财物器用，有湿地沃土可生出粮食一样。老百姓长着嘴就是为了说话的，就是要议论朝廷政治的好与坏。君主就是要行善备败，这样才能使国家富强，百姓富足。老百姓用心思虑，用嘴宣泄，形成善政而推行它。如果堵住百姓的嘴，这究竟又能堵得了多久呢？"

召公这一番旨在广开言路的"防民之口甚于防川"的大论，却并不能打动周厉王，他仍然继续一意孤行。于是，国人都不敢再说话了。

果然不出召公所料，三年后，也就是公元前 841 年，愤怒的国人

国人暴动

们实在忍无可忍，就像江河决堤一样，纷纷冲进了王宫。周厉王看到大势已去，便趁着混乱之际，仓皇出逃了。这个残暴的君主，后来逃到了一个叫彘（今山西霍县）的地方，14 年后，死于彘。这一场政治动乱，历史上称作"国人暴动"。

当初周厉王逃跑时，年幼的太子姬静没来得及一道逃走，他在混乱之中躲进了召公的家中。国人知道消息后，便包围了召公的家，要他交出太子。这使召公感到为难，他说："过去我多次劝谏过，大王根本不听，才有了今天的大难。现在如果交出太子，太子因此被杀，周王不就会认为是我恨他才这样做的吗？我待人从来是怨而不怒，何况是服侍君王呢？"于是把他自己的儿子作为太子交了出来，当了太子的替死鬼，而真正的太子便被保了下来。

周厉王逃走后，由周公、召公两位贤相来共同执政，历史上称作"共和行政"。到了"共和"十四年，周厉王死于彘，太子静已在召公家长大成人，便开始亲政，是为周宣王。历经这次劫难，周宣王在周公、召公两位贤臣的尽心辅佐下，政治又重新开始清明起来。

【前事后鉴】

周厉王的残暴，在历史上已是臭名昭著。然而凡事有因才有果，周厉王的残暴统治，自然有其本身的品性问题，却也与西周中期以来统治日益腐朽、礼法遭到践踏、社会矛盾不断激化有着密切的关系。

早在周恭王时，就发生了一件康公纳女导致密国被灭的事件。有一次，周恭王到泾水出游，在陪同的人当中，有密国的诸侯康公。他在陪同期间，弄到三个美女，就私自纳为己有了。他的母亲知道后，就劝康公说："一定要把她们献给大王。古人说，三兽为群，三人为众，三女为粲。君王打猎不敢取群，官府要为众人谋利，君王驾车不敢用一色的马匹。粲，是美好之物。这三个美丽的姑娘都归于你，你有什么德行去消受呢？君王都不敢这样，何况你这个小丑呢！你这么贪心，最终是会亡国的。"果不出料，由于康公不献美女，一年后密国就被周恭王灭了。这件事情说明，到了西周中期，无论是诸侯还是周天子，已经开始纵情享乐而不顾礼法了，周初的忧患意识已经被人们丢到了脑后。

到了周厉王的父亲周夷王时，随着礼法制度的日渐被破坏，一些诸侯开始对周天子不那么尊重了。就在夷王即位的第三年，有一次周夷王召集诸侯到镐京，齐哀公迟到了，就被周夷王扔进大鼎里活活烹杀了。周夷王这样做的目的，是要杀一儆百，树立天子的权威。而事件的本身既说明了周礼在日渐遭到践踏，同时也说明王权的日益暴虐。

不过，周厉王因"专利"和弭谤而导致"国人暴动"，最终自己落得个客死他乡的下场，这件事本身的政治教训是深刻的。首先是君民关系究竟应该如何处理？历史上大凡贤明的君主，都知道藏富于民对于稳定统治的重要性。周厉王通过"专利"的做法，则不仅仅是要与民争利，简直就是让老百姓没有活路。这样的做法，自然会激起民怨民愤。

其次是对待言路的态度是堵还是疏、禁还是开？召公的"防民之口甚于防川"的思想，代表了历史上开明的政治家对于这一问题的看法和态度。道理很简单，就如同召公所说的，老百姓有心，自然会用心思虑；老百姓有口，自然会宣泄他们的怨气。这不仅不是坏事，反而是好事，君王可以据此做出正确的判断，制定利国利民的决策。

周厉王是历史上一个很好的反面教材，每一个时代的当政者们都需要引以为戒。

【相关链接】

事件：

国人暴动——国人，为西周、春秋时期，对于居住在国都的人的一种统称。由于周厉王的"专利"政策和弭谤，致使国人忍无可忍，起来暴动，赶跑了暴君，开始了"共和行政"。这一年是公元前841年，也是中国历史上有明确纪年的开始。(《史记·周本纪》)

共和行政——说的是周厉王逃亡在外14年期间周朝的执政情况。公元前841年，周厉王的残暴统治激起了"国人暴动"，结果暴君被赶跑，周公、召公两位贤相共同执政，历史上称作"共和行政"。还有一种说法，是贵族们公推在诸侯中享有贤名的共伯和代行天子事，故而称之。(《史记·周本纪》)

典故：

召公舍子——说的是召公为保周厉王的太子姬静而舍弃自己亲生儿子的事。周厉王被国人赶跑后，太子姬静躲进了召公家，可是国人非要召公将太子交出来处死。召公认为臣子事君应该怨而不怒，为了保住太子，同时又得平息国人的怨恨，便只好将自己的儿子交出来。召公舍子救太子的义举，为后人所称颂。(《史记·周本纪》)

九、幽王烽火戏诸侯

褒姒不好笑，幽王欲其笑万方，故不笑。幽王为烽燧大
鼓，有寇至则举烽火。诸侯悉至，至而无寇，褒姒乃大笑。
幽王说之，为数举烽火。其后不信，诸侯益亦不至。

——《史记·周本纪》

幽王烽火戏诸侯，说的是西周末年昏庸的周幽王为了博得美貌的褒姒一笑，而点燃烽火戏弄诸侯的事情。说起这个被周幽王万般宠爱的褒姒，还颇有一个不同寻常的来历。故事还得从遥远的夏朝末年开始说起。

据说，在夏朝末年的某一天，有两条神龙飘然来到夏王的王庭中，说："我们是褒国的二位君长。"两条神龙的突如其来，震惊了夏朝的君臣。夏王经过占卜，说是杀掉它们、送走它们或者是制服它们，结果都不吉利。君臣们绞尽脑汁，想了一个又一个的办法，不断地进行验证，最后终于想到了一个办法，就是设法让两条神龙流出唾液，然后将这些唾液收藏起来，占卜的结果是吉利的。于是夏王命令摆上祭品，作好祭文，向上天祷告。这一招果然灵验，只见两条神龙飘然飞走了，留下了一摊口水。人们赶紧用一个精致的盒子，将这些

唾液收藏了起来。

夏朝灭亡后，这个小小的盒子传到了商朝。商朝灭亡后，盒子又传到了周朝。在这历经夏、商、周三代千年的漫长时间里，竟然没有一个人敢打开这个盒子。

到了周厉王末年，这个以残暴著称的君主胆大妄为，出于好奇，想看个究竟，便在朝堂之上打开了这个盒子。这一打开不要紧，盒子里腥臭难闻的唾液顿时流向宫廷四处，怎么擦洗也除不掉。周厉王突发奇想，他把宫女们全都叫来，让她们脱光了衣服，赤身裸体地大喊大叫，说是要以污秽来治污秽。说来也奇怪，这一招虽然滑稽，却很管用，不一会工夫，这些唾液化作一只乌龟，慌乱中冲进了周厉王的后宫。

当时后宫的人都被叫出来了，只有一个小宫女因还是个孩童而没出来，她见到突然闯进来的乌龟，慌乱中与它撞了一下。后来到周宣王时，这个宫女长大了，便因当时的一撞而有了身孕，生下了一个女婴。由于未婚生育，宫女害怕被怪罪，就偷偷地把女婴给丢了。

就在这时，流传起了一首童谣，大意是：山桑作强弓，箕木编箭袋，灭亡周国是祸害。古代人是很迷信的，他们认为这一定是某种暗示或征兆。周宣王自然不敢大意，于是下令在全国进行搜捕，看看谁家有这些东西。有一对夫妻正好是卖桑弓和箕木箭袋的，听到这个消息后，便赶紧逃命。有一天夜里，夫妻俩正赶着路，忽然听到路边有一个婴儿的啼哭声，这正是那个被宫女丢弃的女婴。这对善良的夫妻实在于心不忍，便抱走了这个被遗弃的女婴。他们一路逃亡，后来来到了褒国，这是周的一个小诸侯国。这个女婴便跟着她的养父母，在褒国一天天地长大，竟然出落得美艳绝伦。

周宣王死后，周幽王即位。有一个叫褒珦的大臣因向幽王进谏，被关了起来。褒人为了救他，就投幽王所好，将这个美丽的女子献给幽王，来为褒珦赎罪。因为她来自褒国，便被称为褒姒。周幽王得到貌如天仙一般的褒姒，可是万般地宠爱。后来她为幽王生了个儿子，取名叫伯服。于是幽王废掉申皇后和太子宜臼，正式册立褒姒为皇后，伯服为太子。

据说这个褒姒虽然长得美丽绝伦，却从来不开笑脸，是一个冷美人。为了博得褒姒的一笑，幽王煞费苦心，想了许多办法，都没有达到目的。有一天，周幽王心血来潮，突发奇想，竟要用点烽火来试试。于是，一场"烽火戏诸侯"的闹剧就这样上演了。

原来古代交通不便，传递信息极为困难，特别是遇到外敌入侵，稍不及时就会贻误军机。于是人们便发明了用狼烟报警的方法，其具体做法是：在山顶上修筑起高大的烽火台，上面预备好狼粪、火把之类的点火的东西，并派兵在台上驻守。一旦发现敌情，台上士兵便立即点燃起狼粪，一缕白烟便直冲云天，远处的烽火台见到白烟，也立即点起狼烟，这样便通过一个又一个烽火台，将敌情传入京城。如果是夜里发现敌情，台上的士兵便点起火把，远处见到火光冲天，便知道有敌情了。这就是说，烽火台是用来传递军情和紧急情况的，火光冲天或者狼烟四起，意味着国家处在危险之中。

这一天，周幽王带着褒姒来到骊山烽火台，命令士兵点燃了烽火。一时间，狼烟四起，烽火连天。各地诸侯看到烽火，以为犬戎要进攻镐京了，都带着兵马从四面八方赶到京城救驾。这些惊魂未定的诸侯们来到烽火台边，只见幽王正和褒姒在悠悠地饮酒作乐呢，哪有什么紧急军情？勤王的诸侯们发觉自己被愚弄了，个个是有气却无法发泄。褒姒看到诸侯们一个又一个地赶来，知道被骗后都是一脸的狼狈相，禁不住大笑不止。周幽王终于看到自己的美人笑了，心中别提有多高兴。

周幽王看到这个办法能够取悦褒姒，为了继续让她欢笑，便如法炮制。每次褒姒看到被戏弄的诸侯，都开怀大笑。不过，如此一来，勤王的诸侯也一次比一次来得少了。后来当幽王再点起烽火时，就再也没有诸侯理睬了。这就好比是那个"狼来了"的寓言故事一样，只是那是一个教育小孩不能撒谎的寓言，而这却是历史上活生生的事实。

周幽王为博得褒姒的一笑，屡屡戏弄在外的四方诸侯；而对内，则把管理朝政的大权交给一个叫虢石父的人。此人为人阴险狡诈，又贪图财货，却会对幽王百般地奉承，故而颇得幽王的欢心和信任。在他主政下，朝中大凡有才德的人，都遭到排挤、弃用，周朝的政治一天比一天昏暗，朝野上下离心离德。

烽火戏诸侯

周幽王的倒行逆施，特别是无端地将申后和太子宜臼废黜的做法，激起了申后的父亲申侯的愤怒。公元前 771 年，他联合缯国和犬戎，对周幽王公然兴师问罪。见到这种情景，周幽王赶紧命令点燃烽火，要天下诸侯前来勤王。由于诸侯们此前曾多次被幽王戏弄，这次当然也就没有再理睬。得不到诸侯军队的支援，镐京也就很快被攻破了。周幽王带着褒姒出逃，走到骊山脚下，被犬戎兵追上杀死，褒姒则成了他们的战利品，整个镐京城也被洗劫一空。

幽王被杀、镐京被劫掠，标志着历经 11 代 12 王 257 年之久的西周统治的结束。随后被申侯、鲁侯等众诸侯拥立为王的废太子宜臼，也就是周平王，面对残破的镐京城，还有强大的西戎，被迫于第二年迁都洛邑，由此开始了东周的历史。

【前事后鉴】

幽王烽火戏诸侯的故事，人物主角有两个，一个是周幽王，一个是褒姒。故事与其说主要是为了说明周幽王的荒政，倒不如说是为了宣扬褒姒的"女人祸水"更恰当。何以见得？

当周太史伯阳得知周幽王废黜申后与太子宜臼，以褒姒为后、褒姒与幽王所生子伯服为太子时，便脱口而出道："祸成矣，无可奈何！"意思是说，褒姒被立为王后，便宣告周要大祸临头了。太史伯阳为什么有这样一种看法呢？原来他通过读史书后，了解到周朝的灭亡，一定与一位出自褒氏的美女受到周王的宠爱有关。这个褒氏女可不是一般凡间女子，她是一个由千年污秽之物投胎的祸国精灵。太史伯阳曾经就此事与郑桓公进行过一次长谈，现在人们常说的"祸水"一词，就是源于他们这场谈话。

按照太史伯阳的说法，似乎西周王朝的灭亡与周幽王的荒淫无道没有关系，而是褒姒这个千年精灵作怪的结果。也就是说，周幽王之所以宠爱褒姒，不惜为博得她的一笑而烽火戏诸侯，最后因勤王军队不到而导致犬戎攻破镐京和西周的灭亡，这一切的发生都是天意，是姬周的劫数，罪魁祸首是这个褒姒。

自从周太史伯阳的"女人祸水"论问世以来，后代的帝王们、男人们似乎特别钟情于此论。在中国这个几千年一贯的男权社会里，男人们从中总算找到了一个很好的推卸责任的理由。从大的方面来说，人们总是将王朝的衰败与女人联系起来，根据史书记载，像历史上商朝的灭亡与妲己为祸有关系，西周的灭亡是亡于褒姒的一笑，春秋时期吴国的灭亡是吴王中了西施的美人计，唐代的安史之乱是因为杨贵妃受宠，明朝的灭亡是因为吴三桂"冲冠一怒为红颜（指陈圆圆）"，等等，似乎国家的灭亡都应该由这般女子来负责。从小处来讲也是这样，男人们如果遇到诸如家庭不和、家丁不旺、不能生子、财运不兴、官运不通等等，通常也都不从自身或其他方面去找原因，而是一股脑儿将责任归咎于女人。现在社会上甚至还有这样的腔调，说做官的男人们的腐败，大多也与女人的贪财有关系。如此等等，不一而足。

"女人祸水"论，说到底是男权时代的男人们因为自己的无能、失败，而怪罪、迁怒于弱女子的一种托词罢了，它显然是不客观，也不真实的。

【相关链接】

典故：

千金难买一笑——说的是周幽王为博得褒姒的一笑，而烽火戏诸侯之事。据说褒姒是一个冷美人，从来不笑。周幽王百般地宠爱褒姒，很想听到她的笑声，想了许多办法都没有用，后来终于想到点烽火来取悦她，褒姒看到诸侯们遭戏弄，终于笑了。由于褒姒的难得一笑，便有了"千金难买一笑"的典故。(《史记·周本纪》)

成语：

无可奈何——当周太史伯阳得知周幽王废黜申后与太子宜臼，以褒姒为后、褒姒与幽王所生子伯服为太子时，便脱口而出道："祸成矣，无可奈何！"后指对事情感到一点办法也没有，只能如此了。(《史记·周本纪》)

释词：

烽火——古时由烽火台的守兵点燃的边防报警的烟火。白天点燃狼粪，狼烟直上云天，这种狼烟就叫"烽"；晚上点燃火把，火光冲天，则叫"火"，也称"燧"。后来人们常用"狼烟""烽火"代指战争。

诗词：

恃宠娇多得自由，骊山举火戏诸侯。只知一笑倾人国，不觉胡尘满玉楼。(唐·胡曾《咏史诗·褒城》)

十、郑庄公掘地见母

于是庄公迁其母武姜于城颍，誓言曰："不至黄泉，无相见也。"居岁余，已悔，思母。颍谷之考叔有献于公，公赐食。考叔曰："臣有母，请君食赐臣母。"庄公曰："我甚思母，恶负盟，奈何？"考叔曰："穿地至黄泉，则相见矣。"于是遂从之，见母。

——《史记·郑世家》

郑庄公是春秋初年郑国颇有作为的一个国君，然而，他与自己生母的关系却非常紧张，以至发誓不到黄泉，不再相见；而与弟弟共叔段更是势不两立，最终兵戎相见，逼得共叔段逃亡在外。而这种家庭矛盾的最初起因，却是与郑庄公的出生有关。

郑庄公的母亲叫武姜，为申侯之女。嫁给郑武公后，生下了郑庄公和他的弟弟共叔段。武姜生庄公时难产，脚先头后，这使武姜备受折磨，惊恐万分，所以生下庄公后，便取名叫寤生，很不喜欢他。

武姜对小儿子共叔段却是百般宠爱。还在寤生做太子时，武姜就多次向郑武公请求立共叔段为太子，郑武公当然不愿随意破坏立长不立幼的规矩，因为这样的历史教训太多了，所以他拒绝了武姜一次又一次的请求。武姜尽管心生不满，却也无可奈何。

郑庄公即位后，武姜看到事已至此，便转而为共叔段请求封地。她先是要郑庄公将制邑（今河南荥阳东北）封给共叔段，此地便是以地势险要著称的虎牢关。制原来是虢叔的地盘，他自恃地势险要而桀骜不驯，与共叔段当属一类人。后来庄公的爷爷郑桓公灭了虢叔，夺得了这个地方。现在武姜要为共叔段求封此地，显然是有用意的。于是郑庄公也话中有话地说："制这个地方太险要了，当年虢叔就死在这里。如果要其他的地方，我一定听从母亲的。"武姜遭到庄公委婉的拒绝，心中自是不快。转而一想，既然其他地方都可以，也好。于是她又为共叔段求封京邑，这可是当时郑国的大邑。郑庄公由于有言在先，便不好再推托，只能将此地封给共叔段，共叔段因此号京城太叔。

共叔段来到京邑封地后，立即对城郭作了扩建。有一个叫祭仲的大夫对郑庄公说："大夫都邑围墙超过三百丈，便会构成对国家的祸害。先王规定的制度是大的都邑不能超过国都的三分之一，中等的不能超过五分之一，小的不能超过九分之一。现在的京邑违背了先王定下的规制，将会难以控制。"郑庄公说："姜氏想这样，我又怎么能躲避得了祸害呢？"祭仲说："姜氏怎么会有满足的时候呢？不如早点做打算，不要让她的欲望滋长蔓延。一旦蔓延了，再对付就困难了。蔓延的野草都难以对付，何况是您宠爱的弟弟呢？"郑庄公说："多行不义必自毙，你就暂且等待着吧！"

不久，共叔段下令将西部和北部的边境地区归属于自己。郑国大夫公子吕说："国家不能有二君，国君对之将有何打算？如果想让位于太叔，那么臣下请求去侍奉他；如果不愿让位，那就请求除掉他，不要让民众产生二心。"郑庄公说："用不着，他会自取其祸的。"此后，共叔段又将两个地方收为自己的封地，大夫子封说："可以了，再让他扩大地盘，就会得到众多百姓了。"郑庄公说："不义得众，是会分崩离析的。"

共叔段地广人众之后，就开始修缮武器，充实步兵、车兵，准备袭击都城，姜氏做好了内应准备，到时打开城门里应外合。郑庄公把这一切都看在眼里，当得知他们相约起兵的日期后，便对众亲信说："现在可以了。"于是命令子封率领兵车200乘进攻京邑。京邑的人平日里对共叔段多有不满，都乘机起来反对他。共叔段很快便战败，逃奔鄢地（今河南鄢陵县境）。郑庄公乘胜追击，攻打鄢地，共叔段没有办法，只好再逃到共邑（今河南辉县）。

解决了共叔段之后，郑庄公把姜氏安置到城颍，并发誓说："不到黄泉，不要再相见了。"不久又后悔了。有个叫颍考叔的人，他是个颍谷管理边界事务的小官。听说了这件事后，便找机会向郑庄公进

郑庄公与武姜母子相见图

献礼物。郑庄公赏赐颍考叔吃饭，他吃饭时却把肉留下来。庄公问他何故，颍考叔回答说："小人有母亲，她吃过我吃的东西，却还没有尝过国君您赐给的肉，请允许我将这些肉带回去。"郑庄公说："你有母亲可送，唯独我没有啊！"颍考叔说："我冒昧地问您，这是何缘故啊？"郑庄公把事情的原委跟他说了，并告诉他自己现在后悔了。颍考叔说："您有什么可忧虑的？如果深挖地下直到黄泉，在隧道中你们母子相见，又有谁说不是这样的呢？"郑庄公听从了颍考叔的意见，在隧道中见了母亲，高兴地赋诗道："大大的隧道里，真是其乐融融。"姜氏走出隧道，心情很愉悦，也赋诗道："大大的隧道外，真是快乐无比。"于是母子和好如初。

【前事后鉴】

郑庄公的故事，《春秋》的记载是说"郑伯克段于鄢"。为什么要如此记载，《左传》作者的理解是：兄弟相争，不像兄弟，所以没有点明他们的兄弟关系，倒是让人觉得他们是两位国君之间的权力斗争，所以用"克"字。而称郑庄公为"郑伯"，因为郑国仍为伯爵之国，因而运用了《春秋》的"与夺"书法，通过夺爵进行贬损。为什么要贬损郑庄公？因为从整个事件的发展过程来看，都是郑庄公蓄意安排的，他是要通过对共叔段和姜氏贪心的放纵，让他们多行不义之后，再给予狠狠的打击。作为兄长，郑庄公没有履行教诲自己弟弟的义务。

郑庄公与共叔段之间的斗争，当然是春秋初年郑国宗室内部的一场权力斗争，它最终以郑庄公的胜利而告一段落。然而，事件的发生是令人深思的，它说明了历史进入春秋之后，随着宗法制度遭到破坏，王权的争夺更加激烈了。如果说西周时期的王位或大宗地位的继承，还是明确规定为嫡长子的话，那么，通过姜氏一再为共叔段争立太子之事便可看出，王位继承已经没有以前那样固定化了，否则姜氏也就用不着去向郑武公请求了，而是要想方设法先废掉太子。郑庄公死后，他的八个儿子中竟有四个儿子参加了君位的争夺，也足以说明权力斗争的普遍性和激烈性。同时，权力斗争的后果往往是很严重的。就拿郑国来说，它本来是春秋初年实力较强的一个诸侯国，却由于郑庄公之后几个儿子争夺君位，而大大消耗了国家的实力，从而迅速地衰落了。

故事突出了一个"孝"字。"孝"是周礼的精髓之一，故事中的人物颖考叔是一个大孝子，他总是时时处处想到他的母亲。更可贵的是，他还将这份对母亲的爱推广到郑庄公的身上，最终让她们母子和好如初。因此，《左传》说颖考叔的孝是一种纯孝。不过，像这样的纯孝在春秋时期已经不多见了。我们通过郑庄公掘地见母的故事也能看出，春秋初年随着礼制的破坏，孝也渐渐失去了它的实质内涵，更多地表现出了一种虚伪和形式。像郑庄公的孝，便很虚伪。如果他真的孝敬他的母亲的话，就不会放纵他的母亲和弟弟的贪心，不会等到他们起来谋反时再给予致命一击，而是会在事情还没有严重之前主动劝说母亲、教诲弟弟。也就是说，他为什么一定要等到打败共叔段之后才想到去孝敬自己的母亲呢？其原因是不言而喻的。

【相关链接】

成语：

多行不义必自毙——当祭仲劝郑庄公不要让共叔段的势力像蔓草

一样蔓延滋长时，郑庄公回答说："多行不义必自毙，子姑待之。"意思是说，多做不合道义的事情，必然会自取灭亡，你就等着吧。(《左传·隐公元年》)

十一、鲁文姜淫乱宫闱

(鲁桓公)十八年春,公将有行,遂与夫人如齐。申繻谏止,公不听,遂如齐。齐襄公通桓公夫人,公怒夫人,夫人以告齐侯。夏四月丙子,齐襄公飨食,公醉,使公子彭生抱鲁桓公,因命彭生折其胁,公死于车。

——《史记·鲁周公世家》

春秋早年,齐国国君齐僖公养了两个国色天香的女儿,大的叫宣姜,小的叫文姜。后来,宣姜嫁给卫宣公做了卫国夫人,文姜嫁给鲁桓公做了鲁国夫人。然而,美丽的外表掩盖不住她们那丑陋的心灵。宣姜心狠手辣,为了让自己所生的儿子能继承君位,竟然谋划杀死了卫太子伋(一作急);而文姜则没有廉耻,淫乱宫闱,竟然与自己的异母哥哥齐襄公私通,而使自己的丈夫鲁桓公死于非命。

文姜从小就受到她父亲齐僖公的溺爱,娇生惯养。在鲁桓公与文姜成婚的那一天,文姜的父亲齐僖公亲自将女儿送到灌地。这种做法在当时是很不符合礼法的,因为按照周礼的规定,凡公室女子出嫁到同等级的国家,如果是国君的姊妹,就由上卿来护送,以表示对前代国君的尊重;如果是国君的女儿,则由下卿来护送。出嫁到大国，即使是国君的女儿，也由上卿来护送。嫁给天子，就由各位大臣去护送，国君不亲自去护送。出嫁到小国，就由上大夫护送。而文姜的父亲齐僖公亲自护送，便足以说明他对这个女儿一向是很溺爱的。而且这年冬天，他又因为文姜而专门派人来鲁国聘问。

文姜婚鲁

文姜来到鲁国三年后，生了个儿子，因为他的生日与鲁桓公相同，所以取名叫"同"，后来被立为鲁国的太子。

然而，文姜对于自己与鲁桓公的婚姻并不满意。鲁齐联姻，本来就有政治目的，鲁国希望与齐国这样的大国联姻，以使自己在诸侯争斗中有所依靠。当然这并不是最主要的原因，因为文姜作为一个女子，对于国家大事并没有太大的兴趣。导致文姜对婚姻不满的，主要是因为她的心中另有所爱。因为有两个在她看来非常出色的男子，已经完全占据了她的心扉，使她根本无法忘怀。

这第一个男人便是郑国太子忽。那还是在齐僖公二十五年（前706）时，北方山戎入侵齐国，齐国派人向郑国求救，郑国派太子忽前来救齐。这个太子忽不但长得一表人才，而且果敢有谋，正是他的及时出兵，帮助齐国打退了山戎的入侵。齐僖公看到太子忽年轻有为，十分喜欢，心中顿生一个念头：如此出色的青年，何不将自己心爱的小女文姜嫁给他呢？如此的美女英雄，不正好成就一段美满姻缘吗？想到这里，齐僖公将此意托人传达给了太子忽。没有想到的是，这个太子忽竟然婉言谢绝了齐僖公的好意。左右的人都很不理解，文姜如此美丽，又是大国国君的女儿，太子忽居然会谢绝，他们实在想不通。于是，太子忽便对他们说："郑国是一个小国，而齐国是一个大国，我们两个国家是不对等的。小国与大国联姻，人们会说我们是想借此依附于人家大国。再说我现在受国君之命率军来支援齐国，如果借机娶了齐国的妻子回去，利用战争来成就婚姻，老百姓又会怎样看我呢？"太子忽的作为，受到了人们普遍的赞誉，认为他是一个勇敢、自立和有志气的年轻人。然而，太子忽的婉言谢绝，却使对他已颇有爱慕之心的文姜心中十分难过，却又对此无可奈何，只是太子忽的形象已经烙在了她的心头，再也挥之不去了。

第二个男人便是文姜的异母哥哥诸儿，也就是后来的齐襄公。文姜姊妹都很漂亮，她们这个兄弟也是万里挑一的美男子。诸儿与文姜兄妹俩，从小就很要好。长大以后，这种亲情渐渐变成了一种男女之间的爱慕之情。文姜嫁到了鲁国，兄妹之间见面的机会少了。特别是自己现在的丈夫鲁桓公，无论是长相还是气度，都无法与诸儿相提并论，这使文姜愈加地思念起这位哥哥来。

鲁桓公十八年（前694）的春天，鲁桓公要到齐国去，文姜也想跟着去，桓公认为她可能是久居鲁国，想回娘家去散散心，也就答应了。有一个叫申繻的人就劝阻桓公，说："女人有丈夫，男人有妻子，不可以互相轻慢，这就叫有礼。不这样，必然会坏事。"申繻是话中有话的，原来文姜与她的哥哥齐襄公非同一般的兄妹关系，人们已是早有耳闻。申繻劝阻桓公带文姜去，也是希望桓公不要给他们兄妹这种见面的机会，免得做出违礼的事情来。另外，当时文姜的父母都已去世，按照礼数，她已经没有再回娘家的义务了。可是鲁桓公并没有听从申繻的劝告，还是带着文姜一同去了齐国。

鲁桓公夫妻俩一同到齐国后，此时的文姜与齐襄公已经分别数年，兄妹相见，满心欢喜。文姜看到如今已是做了国君的哥哥，俊美之余，又平添了几分威武，自是喜形于色；而齐襄公看到几年未见、如今已是少妇的妹妹文姜，不但美丽依然，而且更添了几分妖媚，想想自己身边的女人虽多，却又有哪一个能跟文姜相比呢？

在齐国的日子里，文姜总算与齐襄公有了单独相处的机会。这对相互爱慕已久的兄妹，再也关不住感情的闸门，做起了男欢女爱的苟且之事。谁知兄妹俩的通奸被鲁桓公发现了，再窝囊的男人遇到这种事，也是无法忍受的，桓公狠狠地怒责了文姜。文姜自小就受宠，本来就对自己的婚姻十分不满，被鲁桓公责骂后，心中觉得委屈，便一股脑儿都告诉了齐襄公。齐襄公知道妹妹受气，心中非常气愤，算计着怎样惩罚这个鲁桓公，表面上却装着什么事也没有发生。

四月初夏丙子日，鲁桓公夫妇要回去了，齐襄公为他们摆酒饯行。酒席间，鲁桓公被灌得大醉后，齐襄公让大力士彭生将鲁桓公抱上坐车，乘机将其肋骨折断，下车时，人已死了。鲁桓公这个当年杀兄（鲁隐公）登位的国君，就这样窝窝囊囊地死在了齐国。

鲁桓公死在齐国，鲁国人却不敢追究此事，只是派人告诉齐国说："我寡君畏惧君王的威严，不敢安居，前来贵国修好。事成之后人却没有返回，又没有地方追究罪责，在诸侯当中造成了恶劣影响。请处死彭生，以此来消除这种影响。"鲁国既然做出这样的卑微姿态，齐襄公也就乐得将彭生杀了了事。

鲁桓公死后，太子同即位，这便是鲁庄公。鲁庄公对于自己母亲做出如此淫乱宫闱之事，觉得实在有伤风化，便断绝了母子关系，在国都城外给文姜单独建造了行馆，文姜也不再被称为鲁国夫人。据说后来文姜与齐襄公还有数次约会通奸，因齐国强大，鲁国也奈何不了。

【前事后鉴】

鲁国夫人文姜与自己的哥哥通奸，如此淫乱之事，也许属于比较特殊的乱伦事例。但是，人们通过这一事例，多少能够感觉到春秋初年礼崩乐坏已成为一种现实。

我们从故事本身可以了解到，其实文姜的淫乱堕落，与她的父亲齐僖公是有很大关系的。其一，齐僖公不但不重视用礼法来教育自己的女儿，而是一味地溺爱，甚至带头破坏礼法规矩。像文姜出嫁鲁国时，齐僖公就是因为太溺爱自己的女儿，而不顾礼法，亲自将女儿送到灌地，又专门为了文姜而派人前来鲁国聘问。其二，齐僖公为了政治目的，先是想将文姜许配给郑国太子忽，谁知这个颇有政治主见的太子忽竟然不领他的情，拒绝了这门婚事。这件事对于文姜的打击是很大的，因为太子忽就是她心仪的那种英气勃发的如意郎君。更让她失望的是，后来鲁国为了攀附齐国，而向齐国求娶文姜，齐僖公当时正因被太子忽拒婚而气恼，便痛快地答应了鲁国的求亲，而这个鲁国郎君鲁桓公，无论是跟太子忽还是文姜的哥哥诸儿比，其形象、气质都是不能同日而语的。因此，文姜对自己的婚姻是非常不满意的。从某种程度而言，其实文姜也是这种政治婚姻的牺牲品，只是不能因此成为她肆意淫乱的借口罢了。

文姜的淫乱，也从一定程度上也反映出了春秋时代礼法遭到破坏后，贵族生活的腐朽和堕落情况。文姜与其哥哥齐襄公的相互爱慕，这种极不正常的乱伦行为，虽然与文姜失意的婚姻有一定的关系，主要还是肆意践踏礼法所致。正如申繻所说的，有家室的男女，不可以相互轻慢，这就叫有礼。可是这样的礼法，在齐襄公、文姜兄妹的眼里，却是可以视而不见的，所以他们才没有羞耻心。其实，在春秋时期的贵族生活中，淫乱宫闱、不拘礼法的现象是很普遍的，只是具体情形不尽相同而已。

从这个故事中，我们还可以看到春秋时期那个崇尚实力的大国政治特点。鲁国之所以愿意到齐国求亲，当然主要不是看到文姜的美丽，而是看到齐国的实力，想借联姻攀附于这个大国，从而抬高自己在诸侯国中的地位和身价。当鲁桓公发现文姜与齐襄公通奸之事时，虽然心中愤恨不已，却也只能将自己的满腔怒气全部撒在文姜的身上，而不敢奈何齐襄公。当鲁桓公被齐襄公指使彭生弄死后，鲁国人却不敢对齐国有丝毫的指责，而只是希望齐襄公能杀了彭生，以挽回鲁国仅有的一点脸面。鲁国如此这般地忍气吞声，说到底还是自己的实力不济，才不敢奈何齐国这样的大国。

【相关链接】

典故：

兄弟争死——齐僖公之女宣姜嫁给卫宣公，生了两个儿子，一个叫寿，一个叫朔。寿为人仁爱，朔则阴险狠毒。宣姜为了让自己的儿子能够继承君位，便与儿子朔图谋除掉太子伋（一作急）。他们计划让太子伋出使齐国，然后在半道上让人将他杀死。公子寿知道消息后，便告诉太子伋，让他赶紧逃掉。太子伋却说："背弃父命，逃到

他国去求生，这是不可以的。"便毅然决定出使齐国。公子寿诚心诚意要救太子，便在临行前将他灌醉，自己坐着太子的车出行，准备替太子去死。果然在半路上杀手将公子寿当作太子给杀了。等到太子伋酒醒后赶去，见到公子寿已经被杀，就对杀手说："你们要杀的是我，请把我杀了吧！"于是杀手又杀了太子伋。卫国的百姓听说两公子视死如归，争着去死，都非常感动，作诗传颂他们的事迹。(《史记·卫康叔世家》)

十二、虞与虢唇亡齿寒

　　是岁也，晋复假道于虞以伐虢。虞之大夫宫之奇谏虞君曰："晋不可假道也，是且灭虞。"虞君曰："晋我同姓，不宜伐我。"宫之奇曰："太伯、虞仲，太王之子也。太伯亡去，是以不嗣。虢仲、虢叔，王季之子也，为文王卿士，其记勋在王室，藏于盟府。将虢是灭，何爱于虞？且虞之亲能亲于桓、庄之族乎？桓、庄之族何罪，尽灭之。虞之与虢，唇之与齿，唇亡则齿寒。"虞公不听，遂许晋。宫之奇以其族去虞。其冬，晋灭虢，虢公丑奔周。还，袭灭虞，虏虞公及其大夫井伯百里奚以滕秦穆姬，而修虞祀。

——《史记·晋世家》

　　虞国和虢国是春秋初年的两个小诸侯国，位于大国晋国的南方。虞国在今山西平陆东北，虢国在今河南陕县东南。在那大鱼吃小鱼的诸侯争霸的年代里，两个国家都被强大的晋国给灭掉了。本来那个时候这种诸侯兼并是一种很正常的事情，然而虞与虢的被灭，却给后人带来深刻的启示。

　　那还是在鲁庄公三十二年（前662）的某一天，据说有神降临到虢国的莘地。消息传到了周惠王的耳朵里，他便问太史过："这是什么缘故？"太史过回答说："一个国家将要兴盛，神灵便会出现，来观察这个国家的德政；一个国家将要衰亡，神灵也会降临，来观察这个国家国君的残暴。所以有神灵降临而国家兴盛的，也有神灵降临而国家灭亡的。这种情况，自唐虞至夏、商、周各朝都有。"惠王急忙问："虢国出现的是什么神灵？"太史过说："臣听人说，政治清明而出现神灵，是得到了神灵的保佑；政治昏暗而出现神灵，则是要有灾祸降临。如今虢国政治昏暗，恐怕上天要灭亡虢国了。"惠王说："那我该怎么办？"太史过回答说："大王可以派人带着祭祀用的牛羊、五谷和玉帛等东西前往虢国的莘地，向神灵献上礼品，就可以避免灾祸了，千万不要向神灵祈求什么，那样会遭祸的。"于是周惠王按照太史过所说的，派人到莘地向神灵献祭，太史过也随从前往。

这班人一路来到虢国境内，正遇到虢公也派人在祈求神灵保佑并赐予土地呢！看到这种情况，太史过回去后颇生感慨，说："虢国必然要灭亡了！对老百姓暴虐，却要祈求神灵的保佑，扩大自己的土地，这怎么可以呢？"虢国的史嚚也说："虢国要灭亡了！我听说国家将要兴旺，国君听命于民；国家将要灭亡，则会听命于神。神灵是聪明正直、听从民意的。虢君无德，怎么可以祈求扩大自己的土地呢？"

虢公此人，是一个不修德政的贪婪之人，他平时对待虢国的百姓非常残暴，却还不顾小国民力、兵力困乏，经常向四邻挑起战争，参与周太子的征伐战争，甚至还两次派兵骚扰过北边强大的晋国，因此还是一个穷兵黩武、不自量力的国君。

有一天，虢公在庙中休息时，梦见一个脸上长满白毛、脚像虎爪一样、手里拿着铁钺的神，就站在庙里的墙下面，他被吓得魂不附体，仓皇逃跑。神却大声怒斥道："上帝已经下达命令了，派晋国军队来灭你虢国。"这一怒斥，将虢公给吓醒了，想到梦中的情景，心里十分害怕，就召来史官占卜，看看是福是祸。史官占卜后说："这个神是上帝宫廷中掌管刑法的蓐收，是福是祸，这已经很清楚了。"虢公听后，心中更是恐惧。为了掩饰，更是为了给自己壮胆，他竟然将史官囚禁起来，命令百官来朝贺自己。

大夫舟之桥知道内情后对族人说："人们都在传说虢国将要灭亡了，我现在知道它灭亡的原因了。国君不去对自己的残暴行为悔过自新，却要百官来祝贺他所做的自己国家被袭击的梦，真是荒唐至极！我听人说，大国有道，小国归附；小国无道，大国诛灭。现在虢国国君残暴、荒淫，国家上下早已是离心离德，昏庸的国君却要人们来祝贺他，看来上天真的是要把他引向绝路了。这种情形，一旦晋国发动进攻，谁还会去执行国君的命令进行抵抗呢？虢国就要大祸临头了。"后来，舟之桥便带着族人逃到晋国去了。

晋献公十九年（前658）的某一天，献公跟大臣们谈起了想要讨伐虢国的事。他说："早在我的先祖庄伯、武公时，虢国就常常来侵犯我族。近些年，虢国也几次骚扰我边地。虢国不除，将会遗祸于我们的子孙，这是我的一块心病呀！"大家都说："是该到教训虢国的时候了。"事后，献公将大夫荀息单独召到内宫密室商量此事，他说出了对讨伐虢国的担忧："我想攻打虢国，却担心虞国会救援；而攻打虞国，又怕虢国会救援，这如何是好？"荀息说："请王拿出屈地产的名马和垂棘产的美玉送给虞国，便可以向虞国借道去攻打虢国。"献公说："这些都是我们晋国的稀世珍宝，怎好随便送人？"荀息说："王尽管放心，如果虞国肯借道给我们，我们灭了虞国外面的虢国，虞国就处在了晋国的腹地。这样我们今天将这些宝物送给虞国，就好比是从内部仓库里取出东西放到外部仓库里去一样，王还有什么不放心的呢？"晋献公觉得荀息说得很有道理，转而一想，又有了疑问，说："这个办法虽好，然而虞国还有谋臣宫之奇啊！我听说此人足智多谋，难道不会识破我们的计划吗？"荀息回答说："宫之奇这个人我很了解，他虽然足智多谋，却生性懦弱，遇事不敢强谏，虞君虽然亲近他，却并不事事都听他的。况且虞君是个特别贪财好利的人，他得到我们的宝物，就根本听不进别人的劝告了。"于是，晋献公就派荀息带着宝物到虞国向虞国国君借道去了。

荀息来到虞国，献上宝物，然后对虞国国君借道说："当年冀国不讲道义，攻打你们虞国郫邑三门；后来冀国衰落了，也是国君您的功劳。现在虢国不讲道义，侵占我晋国的边地。因此我们晋国恳请贵国借道，以便我们向虢国兴师问罪。"虞君见到这些宝物，心中自然欢喜，便答应了荀息的请求。

宫之奇知道消息后，赶紧劝谏虞君，晓之以利害。虞君不但不听劝谏，还要派军队与晋国一同进攻虢国。这一年的夏天，晋国大夫里克、荀息率领晋军和虞国军队会合，一举攻占了虢国北部城邑夏阳。

晋献公二十二年（前655），晋国做好了灭虢的充分准备后，要向虞国再次借道，企图一举灭掉虢国。宫之奇很清楚这次晋国一定是来者不善，便决心要劝谏虞君，他对虞君说："上次借道给晋国已是错了，这次千万不能一错再错，还要借道给晋国了，那样是要灭亡虞国啊！"虞君说："晋国与我国是同姓，不会讨伐我们的。"宫之奇说："太伯、虞仲都是周太王的儿子，太伯逃走，所以没能继承王位。虢仲、虢叔是王季的儿子，文王的卿士，还对周王室建立了功勋，这些功勋都记录在档案上，保存在府库里。现在的晋国要灭亡虢国，又怎么会爱护虞国呢？况且虞国与晋国的亲近，能够胜过桓叔、庄伯二族与晋国的关系吗？桓叔、庄伯的后代族人有何罪过，晋国却将他们都灭了！现在虞国与虢国的关系，就好比是唇齿关系，唇齿相依，唇亡齿寒啊！"

　　宫之奇的苦苦相劝，还是不能说动虞君，他执意要借道给晋国。宫之奇很失望，只好带着族人离开虞国。他对族人说："虞国今冬就要亡国了，晋国借道消灭虢国，回来的时候一定会顺路灭了虞国。"

　　这年八月甲午日，晋国的军队包围了虢国国都上阳。晋献公问大夫卜偃："我这次能否成功？"卜偃回答说："一定能成功。"献公说："什么时候？"卜偃说："有一首童谣是这样唱的：'丙日的清晨看不见尾星，整齐一色的军装无比威武，灭虢大军的军旗迎风飘扬。鹑星光芒四射，天策星暗淡无光，火星升高之时出兵，虢公狼狈逃窜。'从星相

唇亡齿寒

来看，大概在九、十月之交吧！丙子日清晨的太阳在尾星附近，月亮在天策星周围，鹑星出现在正南方，这正是灭虢的时候。"

这一年冬天十二月丙子日，晋国大军一举灭掉虢国，虢公狼狈地逃往到周天子那里。晋国大军凯旋，途经虞国，突袭虞国，一举灭了虞国，俘虏了虞公和虞国大夫井伯百里奚。贪财好利、不修德行的虞君，到这时后悔也来不及了。

【前事后鉴】

我们从太史过与周天子谈论神灵降临与国家兴亡的关系可知：神灵的出现与政治兴衰并没有必然关系，政治清明有神灵出现，政治昏暗也有神灵降临。只是政治清明时出现神灵，那是来保佑这个国家和人民的；政治昏暗时神灵降临，那是预示着将有灾害降临到这个国家和人民。因此，国君要想求得神灵的保佑，不应该是直接去向神灵祈求，而是要重视修德，爱护人民，这样国家自然就兴旺发达。反之，国君不去修德，荒淫无度，对人民残暴，国家政治离心离德，却还想祈求神灵的保佑，其结果只能是灾祸随之而至。

太史过的政治见识非常深刻，虢国和虞国国君的所作所为，以及二国最终的自取灭亡，不正是这一政治见解的一个很好注脚吗？从历史记载可知，虢公可以说是一个贪婪好利、残忍好战集于一身的暴君。虢国本来是一个小国，国力有限，虢公不去修德行善、勤政爱民，却对内聚敛财富，对外连年兴兵，结果耗尽了百姓的资财，国家日益虚弱，人民离心离德。当太史给虢公析梦，说晋国将要袭击虢国了，他为了掩盖内心的恐惧，竟然命令百官来向他祝贺；当晋国联合虞国攻占了虢的夏阳时，他不去考虑如何收复失地，却还要对北边狄人发动进攻。这是何等的荒唐可笑！有这样的国君，虢国哪有不亡之理！

虞君的昏庸比起虢公是有过之而无不及。当他见到晋国送给的宝马和美玉后，便利令智昏，竟然不仅答应借道给晋国，而且还联合晋国一同进攻虢国。当宫之奇以唇亡齿寒的道理极力劝谏他时，这个昏庸的虞君迂腐至极，竟然相信虞与晋为同姓，因此晋国不会袭击虞国。其实他的迂腐，还是因为贪图晋国的财物，才有了这种侥幸的心理。

然而，宫之奇所说的唇亡齿寒的道理，昏庸的虞君听不进去，后代的统治者不也是屡屡会犯同样的错误吗？像战国后期东方六国对抗西边强秦，六国的国君不也总是经常中秦国的远交近攻之计吗？人们总是会犯同样的错误，从而使历史常常出现这种惊人的相似；而之所以会如此，恐怕大多都是利欲熏心而有了侥幸心理，也就是说是人性的弱点使然吧！

【相关链接】

成语：

唇亡齿寒——"亡"，为"无"的意思。宫之奇对虞君说："虞国与虢国的关系，就好比是唇与齿的关系，嘴唇没有了，牙齿就会感到寒冷。"比喻双方相互依存、缺一不可。（《史记·晋世家》）

十三、管仲相齐成霸业

管仲既用，任政于齐，齐桓公以霸，九合诸侯，一匡天下，管仲之谋也。

——《史记·管晏列传》

齐桓公之所以能成为春秋第一位霸主，得力于杰出的政治家管仲的辅佐，所以孔子说："齐桓公不靠武力而九次会盟诸侯，是管仲的功劳啊！"司马迁也称赞说："齐桓公九次会盟诸侯，称霸天下，是管仲的谋略啊！"

这位得到孔子和司马迁称赞的人物，究竟是何许人也？

管仲，名夷吾，颍上（今安徽颍上县）人氏。年轻时，有一个很要好的朋友叫鲍叔牙，此人很了解管仲，知道他才能非凡，将来一定会成就一番大事业。后来，两位好友一同来到齐国都城临淄（今山东淄博），齐僖公让他们做了自己两个儿子的师傅，鲍叔牙为公子小白的

管仲画像

师傅，管仲为公子纠的师傅。

齐僖公死后，两位公子的异母哥哥公子诸儿即位，他便是荒淫无道的齐襄公。齐襄公不但荒淫无耻，与自己的妹妹鲁国夫人文姜通奸，并因此害死了鲁桓公，而且残暴无比，不守信用。后来正是由于随意延长戍边时间，结果激起兵变，被杀身死。

在兵变尚未发生之前，齐国已经是民不聊生，危机四伏。在这种情况下，两位公子只好避难他国，其中鲍叔牙护着公子小白逃亡到莒国；管仲则与召忽一道护着公子纠逃到了公子纠母亲的娘家鲁国。后来杀死齐襄公自立为齐国国君的公孙无知也被国人杀了，一时间齐国没有了国君。这时，齐国贵族高氏和国氏便暗中派人到莒国，想迎接公子小白回国做国君；鲁国得知消息以后，更是急忙派军队护送公子纠回国，希望鲁国这个外甥能成为齐国新的国君。

为了确保自己能成为齐国国君，公子纠派管仲亲自率领一队人马，先期快速赶往莒国通往齐国的必经之路上，以便阻截公子小白的人马。管仲到达预定地点不一会儿工夫，公子小白的队伍就到了。说时迟，那时快，只见管仲用力拉满弓，对着公子小白的心窝就是一箭，小白大叫一声，倒在马车上。管仲以为公子小白已被射死，便将消息差人报告公子纠。那边公子纠和鲁国军队听说公子小白已死，也就不慌不忙地向齐国进发。他们走了六天，才来到临淄城下，哪里知道公子小白已经被拥立为齐国国君了。原来当时管仲那一箭，碰巧射中小白腰带的金属钩子上，机灵的他乘机假装着被射中的样子，管仲一行人就这样被他迷惑了，让他抢先赶到临淄做了齐国国君。公子小白做了齐国国君，他便是后来赫赫有名的齐桓公。

公子纠和管仲一行人只好无可奈何地随着鲁国的军队一同回到鲁

国。然而，无论是对于公子纠，还是对于鲁国来讲，对此次夺位的失败都心有不甘。不久，鲁国由鲁庄公亲自挂帅，派大军护送公子纠到齐国，准备强行赶走齐桓公，让公子纠做齐国国君。于是齐、鲁兵刃相见，双方大战于乾时（临淄西南），结果却是鲁国大败，鲁庄公仓皇而逃。

齐桓公既得君位，又大败鲁国，自然很得意。鲍叔牙却及时提醒他说："公子纠还在鲁国，又有管仲、召忽辅佐，鲁国相助，这是心腹之患啊！"齐桓公急忙问如何是好，鲍叔牙说："乾时一战，鲁国新败，鲁君为之胆寒。我们应趁此机会大军压境，让鲁国交出公子纠。"齐桓公觉得鲍叔牙说得在理。于是一面让鲍叔牙亲率大军进逼鲁国，一面由鲍叔牙修书一封派隰朋带给鲁庄公，大意是说："公子纠是齐君的兄弟，齐君不忍心亲自杀他，请你们鲁国杀了他；管仲和召忽是齐君的仇人，请将他们交出来，我们要在太庙中斩杀他们。"鲁庄公得到书信后，赶紧找谋臣施伯商量。施伯说："小白初立，就能重用贤才，又在乾时败我大军，现在大兵压境，我们不如杀了公子纠与他讲和。管仲乃天下奇才，返回齐国后必受重用，将来于我鲁国不利，不如一同将他杀了。"得此消息后，隰朋赶紧面见鲁庄公，说："管仲与齐君有射钩之仇，我们国君不亲自杀他不能解心头之恨，一定要把他活着带回去。"鲁庄公刚刚被齐国战败，惊魂未定，现在又见齐国大军正驻扎在鲁国边境上呢！只好按照齐国的意思，将公子纠杀死，将管仲交给鲍叔牙带回去。至于召忽，他是个节义之士，当初曾有誓言，如果他拥戴的公子纠不能成为齐国国君，他便不会苟且偷生地活下去。现在公子小白已经做了齐国国君，公子纠也死了，他便兑现自己当初的诺言，自刎而死。

这边鲍叔牙一得到管仲，生怕节外生枝，便赶紧马不停蹄地赶往齐国。齐桓公对于管仲，心中自然甚是愤恨，心想如果当初不是腰间带钩，自己早已命丧黄泉了，便准备等他被送回来，就将他杀了。鲍叔牙知道齐桓公的心思，便开导他说："人各为其主，当初射钩之时，他只知道有公子纠，而不知有国君您。如果国君您用了他，他会为您射天下的，何止是一个小小的带钩呢?"齐桓公毕竟气度不凡，于是他对鲍叔牙说："我就听你的，免他一死。"

齐桓公对各位拥立他为齐君的有功人员一一进行封赏，像高氏、国氏都增加了采邑。他准备任命鲍叔牙做齐国的上卿，也就是国相，鲍叔牙则婉言谢绝了齐桓公的好意，却极力推荐管仲。他说："国君您要是只想治理好齐国，那么有我鲍叔牙就足够了;如果您要称霸诸侯，则非管仲不可。管仲的长处是能够宽柔惠民、治国家不失权柄、忠信能取信于民、制礼义达于四方、使百姓冲锋陷阵，这五个方面我都远不如他。"齐桓公被鲍叔牙的言辞所打动，决定重用管仲。

为了表示对管仲的尊重，齐桓公还选了个黄道吉日，沐浴一番后，亲自屈驾到城郊迎接管仲入朝。精于治道的管仲对齐桓公说："治国之道，贱不能临贵，贫不能使富，疏不能制近。"于是，齐桓公拜管仲为上卿，以使他高贵;又将齐国市租收入赐予他，使他富裕;为表示与管仲亲密无间，齐桓公称他为仲父。管仲得此三者后，为了使齐国尽快富强起来，便首先进行了大刀阔斧的改革。

管仲的改革既广泛又深刻，具体来讲，有以下几个方面:其一，政治上实行"叁其国而伍其鄙"制度。这里"国"指都邑，"鄙"指都邑以外的广大乡村。"叁其国"是根据国人的职业和等级，将国划分为工、商、士三种乡共21个。"伍其鄙"是将乡村分为五个"属"，分别由五个大夫来管理。实行"叁其国而伍其鄙"制度的目的，是为了防止人民任意迁徙和流亡，加强国家对人民的控制，稳定齐国的社会秩序。

其二，军事上实行"作内政以寄军令"的兵民合一制度。意思是将军令寓于内政之中，使行政组织与军事组织统一起来。平时的行政组织，战时就是军事单位。这是一种寓兵于农、兵民合一的体制，它既保证了兵员，又因士兵相互间很了解而提高了战斗力。

其三，经济上实行"相地而衰征"的税制。规定对全国土地进行清查，根据所占土地的多寡与好坏，来决定应该缴纳贡赋的数量。此方法既调动了劳动者的积极性，又增加了国家的赋税收入。

其四，用人上推行"尊贤授德"的用人方针。管仲认为选贤任能是国家富强、社会稳定的重要保证，如何选贤任能？应该是德当其位、功当其禄、能当其官。在这样一种人才思想指导下，当时的齐国可以说是人才济济，荟萃一朝。

其五，教育上大力推行"四维"道德教化和"四民"分业教育。"四维"是指礼义廉耻，而最根本的是礼义。"四维"道德教化可以起到美化风俗的作用。"四民"指士农工商，根据他们的职业特点进行分业教育，便于为国家培养各方面需要的人才。

管仲对齐国政治、军事、经济、用人和教育诸方面进行全面改革后，齐国的国力迅速得到了增强，随后，便在诸侯之间展开了一系列争霸活动。

齐国打出的争霸旗号是"尊王攘夷"。所谓"尊王"，就是尊重周天子。春秋时，周天子失去了往日的权力，他名为天下共主，却无权号令天下。然而，周天子毕竟是天下宗主和正统所在。管仲深知，齐国要创建霸业，除了有强大的国力外，还必须借助于周天子的身份，以取得"挟天子以令诸侯"的政治和民心上的优势。所谓"攘夷"，就是抗击夷狄对中原的入侵。管仲深知，齐国称霸，也必须要得到中原诸侯国的拥护和承认。因此，当中原华夏民族遭受周边民族入侵时，齐国就必须扮演好华夏民族利益的维护者和保护者这个角色，在"攘夷"的旗号下建立起自己的霸主地位。

齐国创建霸业的第一步，是确立在中原诸侯国中的霸主地位。当时的中原诸侯国，较有实力的除齐国外，尚有鲁、郑、宋三国。郑国开始实力最强，但因郑庄公死后诸子争位，国势由此衰落了；宋国在与齐国联合抗鲁的斗争中，因遭受鲁国重创而导致内乱，结果国力大损。因此，所谓的中原争霸，主要是在齐、鲁之间展开。齐桓公登位之初，曾于乾时大败鲁国。一年后，也就是公元前 684 年，齐桓公在国内局势尚未稳定的情况下，不听从管仲的劝阻，兴师攻打鲁国，结果在长勺（今山东莱芜东北）被鲁国打败。在这之后，在管仲的治理下，齐国国力不断增强，先后对鲁国发动了三次战争，结果都取得了胜利，它成了齐、鲁实力消长的分水岭。

公元前 681 年，管仲借安定宋国内乱之机，由齐国出面主持了第一次诸侯会盟——北杏（今山东东阿）会盟，主要是观察诸侯国对齐国称霸的态度，结果只有宋、陈、蔡、邾等几国参加，齐桓公一怒之下，便灭了北杏附近应邀未到会的遂国，这是做给鲁国等未到会的诸侯国看的。随着齐国实力的不断强大，公元前 680 年，齐国邀请周天子主持了鄄城（今属山东）会盟，这进一步提高了齐国在诸侯国中的地位。随着鲁国实力的衰落和鲁、齐关系的改善，管仲感到齐国称霸中原的时机已经成熟，便于公元前 679 年举行第二次鄄城会盟，中原的诸侯都来参加大会，公推齐国为盟主。齐国称霸中原的任务至此完成。

郾城会盟后，一方面北狄屡屡犯边，构成对中原弱小诸侯国的威胁；一方面南方的楚国并不承认齐国的霸主地位。于是管仲为齐桓公制定了先安定中原、后经略南方的战略。公元前664年，齐国出兵帮助燕国打败山戎的入侵；此后又相继出兵打败狄人，安定邢国，光复卫国，史称"存邢救卫"。齐国这一系列的"攘夷"之举，使它在中原诸侯国中树立起了仗义之国的形象，从此中原各诸侯国更加信赖齐国了。

安定了中原，齐国便开始对楚国用兵，迫使它承认齐国的霸主地位。公元前656年，齐桓公和管仲率领中原鲁、宋等八国联军，开始南征楚国。两军相持数月，双方都不敢贸然进攻。楚国派使臣来讲和，管仲很清楚，此次出兵的目的是要楚国承认齐国的霸主地位，还没有能力消灭楚国，于是齐国也就顺水推舟，将联军后撤至召陵（今河南郾城东），齐、楚结盟修好。召陵之盟，稳定了齐国的霸主地位。

召陵之盟以后，齐桓公还进行了数次会盟。公元前651年，举行了历史上著名的葵丘（今河南兰考）会盟，中原诸侯国基本上都参加了。会上齐桓公代替周天子与各国订立盟约，规定结盟各国"既盟之后，言归于好，不再相互攻击"。并代替周天子向各国诸侯宣布了若干条禁令。葵丘会盟，标志着齐桓公的霸业达到了顶峰。

公元前645年，也就是葵丘会盟后的第六年，一代杰出的政治家管仲病故。再过三年，齐桓公被奸臣害死。齐国的霸业，随着管仲、齐桓公的去世，也就终结了。

【前事后鉴】

管仲相齐成霸业的故事，千百年来，一直作为一种政治典范为人们所传颂。

纵观齐桓公霸业的建成，其中有不少成功的政治经验是值得后人去总结和学习的。首先是鲍叔牙的慧眼识人和气度。作为公子小白的师傅、夺取君位的胜利者，同时又是位颇有才干的政治家，鲍叔牙被齐桓公拜为上卿、主持齐国国政是理所当然的事情。然而鲍叔牙却慧眼识人，他不但知道自己的好友管仲的治国才干要远在他之上，而且他还知道齐桓公是一位致力于霸业的非凡国君。在他看来，齐国要成就霸业，就必须由管仲来主政。当然，鲍叔牙的气度也是卓越不凡的。他力荐管仲，自己却甘为其下，这种不为红花、愿当绿叶的精神也是值得赞赏的。人说知己难求，而管仲却幸运地交上了鲍叔牙这样的朋友，从而成就了他的功业和齐国的霸业。

其次则是齐桓公的非凡胸襟和用人不疑。管仲与齐桓公有射钩之仇，当初若不是齐桓公腰间的带钩挡住了管仲射来的箭，成为齐国国君的将是公子纠了。然而在鲍叔牙的开导下，齐桓公很快就释怀了，不但不治管仲的罪，还让他做了上卿，主持齐国大政。这中间自然有鲍叔牙的劝导、举荐和让贤的功劳，却也与齐桓公的大度和非凡的胸襟分不开。齐桓公重用管仲以后，通过尊贵、富裕、亲近他，彻底放手，让他在齐国进行大刀阔斧的改革，从而使齐国很快富强起来，齐桓公也因此成为春秋以来第一位霸主。齐国霸业的建成，与齐桓公用人不疑、疑人不用的用人思想也是分不开的。

最后，齐国的霸业，总导演还是管仲。他深知建立霸业首先靠的是实力，为此，他通过推行一系列改革措施，从各个方面对齐国进行了整治。实践证明，正是这些行之有效的措施，使齐国很快富强起来。他也深知，建立霸业还要讲究策略，为此，他打出了"尊王攘夷"

的旗号，制定了先稳定中原、后经略南方的方针，终于建立起了"九合诸侯，一匡天下"的千古霸业。

齐国霸业的成功经验告诉我们，作为优秀的政治家，就应该具备志向远大、胸襟宽广、知人善任的优秀品质，和勇于改革、大胆实践的政治气魄。同时为政也应权衡轻重、讲究信用、懂得予取，这些都是政治治理的宝贵经验。

【相关链接】

典故：

管鲍之交——管仲年轻时家境贫寒，经常与鲍叔牙做一些小生意，每次他总是出的本钱少，拿的红利多，鲍叔牙知道他家里穷，所以并不认为他贪心；管仲几次出来做官都没有受到重用，鲍叔牙不认为他没有才干，而是知道他没有遇到好机会；管仲几次参加打战都当了逃兵，鲍叔牙不认为他是个胆小鬼，而是知道他家有老母亲需要赡养；管仲与召忽共同辅佐公子纠，公子纠夺位失败后，召忽自刎而死，管仲却受囚笼之辱回到齐国，鲍叔牙知道他是不羞小节而胸怀大志的人。所以晚年的管仲不无感慨地说："生我者父母，知我者鲍子也。"（《史记·管晏列传》）

著作：

《管子》——相传为春秋时齐国政治家管仲所著，经近人研究，多认为是战国秦汉时人假托之作。全书24卷，原为86篇，已佚10篇。该书虽非管仲本人所著，却大致反映了管子的思想，是研究管子思想的重要资料。

十四、宋襄公小国图霸

八年，齐桓公卒，宋欲为盟会。十二年春，宋襄公为鹿
上之盟，以求诸侯于楚，楚人许之。公子目夷谏曰："小国
争盟，祸也。"不听。

——《史记·宋微子世家》

在春秋争霸的历史舞台上，能够成为霸主的诸侯，一定都是以其
实力为基础的。正因此，后人总是将"霸政"与"力政"等称。可是
凡事总有例外现象，春秋前期的宋国只是一个小国，国力不强，然而
它的国君宋襄公却热心于争当霸主。只是与一般的诸侯靠实力争霸不
同，他靠的却是仁义和一种愿望，其结果是霸主没有做成，还断送了
卿卿性命。

宋襄公，名兹甫（《左传》作兹父）。他为人谦让，讲仁修义。做
太子时，就曾想将太子的位置让给自己的庶兄公子目夷，只是一直没
有找到合适的机会向父亲宋桓公表白。后来宋桓公得了重病，兹甫觉
得再不说就没有机会了，便跪在宋桓公的病床前，很诚恳地说："目
夷是兄长，又有仁德，请君父改立他为太子吧！"宋桓公觉得他说得
在理，又有诚意，便同意了他的请求。于是宋桓公派人将公子目夷召

来，把兹甫请求改立太子的事告诉了他。公子目夷坚决推辞，他说："能以国相让，这是何等的仁爱！我的修养不如他，况且我是庶出，名分也不正。"便离开宋国躲到卫国去了。

第二年，宋桓公死了，兹甫即位。宋襄公一即位，便立即召回他的哥哥公子目夷，让他做了宋国上卿，辅佐自己治理国家。这个公子目夷确实有才干，在他的治理下，小小的宋国倒也在诸侯中颇有一些名声。

宋襄公也是一个胸有大志的人，他很钦慕齐桓公的霸业。就在他刚即位的那一年（前651），正赶上齐桓公葵丘会盟。当时宋桓公死后还没有被安葬，宋襄公便前来参加了这次会盟。就在这次盟会期间，齐桓公托付宋襄公将来一定要帮助公子昭即位为君。宋襄公看到一代霸主齐桓公如此看得起自己，心中自是高兴，当然也就满口答应了。

宋襄公八年（前643），齐桓公被奸臣害死，齐国五个公子为争夺君位相互厮杀。由于有当年之约，公子昭逃到宋国，请求宋襄公帮助。宋襄公遵守当年的约定，通知各国诸侯前来协助公子昭回国即位。当时诸侯中只有几个国家响应，不过，这毕竟是遵行过去的霸主齐桓公的遗嘱，名正言顺，结果还是顺利地帮助公子昭做了齐国国君，这便是齐孝公。

这件事情大大抬高了宋襄公在诸侯当中的身价和地位，也使得他的心气更高了，妄想着有早一日能够步齐桓公的后尘，成为新一代的霸主。宋襄公十年（前641），整日里想着霸业的宋襄公决定再次会盟诸侯，又担心大国不会理睬，便先召集滕、曹、邾、鄫四个小国会盟于曹国之南。曹、邾两国国君按期赴约到会，滕君迟到，鄫君干脆就不来。看到这些小国都如此目中无人，宋襄公非常气愤，便将迟到的滕君给囚禁起来。鄫君听说后，知道鄫国还不是宋国的对手，便赶紧来赴会。公子荡劝宋襄公用鄫君做牺牲来祭神，以此威慑东方那些小国。上卿公子目夷认为万万不可，说："古代小事祭祀不用大的牺牲，是重视生命，何况是人呢！杀人来祈求人福，神灵是不会答应的。"宋襄公正在气头上，不听目夷的劝告，命令邾文公把鄫君烹杀了，以祭睢水之神。滕君向宋襄公求饶，得以释放。曹共公对于宋襄公的作为十分不满，没等结盟就回去了。宋襄公大怒，准备兴师伐曹。公子目夷劝说道："过去齐桓公会盟，总是厚往薄来，不杀不来的人，以情服人。现在曹君无礼，对您无损，何必要用兵呢？"宋襄公不听，发兵车300乘，由公子荡率领讨伐曹国，结果却久攻不下，狼狈而归。

宋襄公靠威胁小国称霸没有达到目的，转而又想依靠结交大国达到称霸的目的。当时的大国中，楚国的势力最大，宋襄公便派人去与楚国联络，请楚成王到宋国的鹿上（今山东曹县东北）与齐、宋会盟，楚国满口答应了宋国的请求。宋襄公十二年（前639）春，鹿上之盟举行，宋襄公以主盟自居，决定以爵位的高低定3人座次，据此，宋国是公爵，自当坐上第一把交椅，齐国侯爵为第二，楚国子爵排第三。楚成王心中很是不快，勉强与二国歃血为盟。宋襄公与二国约定，仿效齐桓公不用兵车的衣裳之会，于这年秋天在盂（今河南睢县盂亭）召开乘车大会。

对于鹿上之盟，齐孝公对宋襄公自以为有功于齐国而慢待他感到不快，楚成王对宋襄公的狂妄更是极其不满，宋国的公子目夷则为宋国忧心忡忡，他对宋襄公说："小国与大国争盟，这是祸患啊！"只有

宋襄公仁义之师

宋襄公一个人自鸣得意。

到了这年秋天，宋、楚等诸侯国会盟于盂，齐孝公因不满于宋襄公的慢待而没来，鲁僖公则不愿与楚国交往也没来。出发前，公子目夷提醒宋襄公说："楚国向来不讲信义，国君还是提防着点。不如让我带一些兵车驻扎在三里之外，以作防备。"宋襄公却不以为然，他说："大家约定不带兵车，我怎么可以失信呢？"到了会上，宋襄公还像上次一样争着主盟，可这次楚成王不客气了，他手下那帮手持武器的随从用武力劫持了宋襄公。

楚成王很快聚集了大兵，挟持着宋襄公直奔宋都睢阳（今河南商丘南）而来。公子目夷与司马公孙固商议抵抗之事。国不可一日无君，为了安定民心，宋国大夫公推公子目夷为新的国君。等到楚国军队到达睢阳，要以宋襄公相要挟时，宋国人回答说他们已经有新的国君了，他们是不会投降的。于是楚成王下令攻城，哪知宋人众志成城，睢阳异常坚固，楚国只好撤军作罢。这一年十二月诸侯会盟于亳

（今河南商丘北），宋襄公被楚国人放回来，公子目夷重新归政于他。就在这次亳地诸侯大会上，由郑国倡议，楚成王做了盟主。

宋襄公被放回来后，心里别提有多窝囊，一则自己被楚国人软禁数月，一则亳之盟郑国提议让楚国当了霸主。宋襄公知道奈何不了楚国，便把怒气全都撒在弱小的郑国身上。第二年夏天，宋襄公经过一段时间的准备后，决定讨伐郑国。公子目夷说：“郑楚联盟，宋郑交战，楚国必然救郑。宋国将要大祸临头了。”

果然不出目夷所料，当宋国向郑国进军时，楚国为救郑国，大军直扑宋都睢阳，宋襄公赶紧调人马回救，两军在泓水两岸形成对峙。

宋军先期摆好阵势，楚军则准备抢渡泓水。司马公孙固（《史记》记载为公子目夷，此从《左传》的说法）对宋襄公说：“我们应该趁着楚军还没有完全渡过河的时候出击，如果让他们全部过河，敌众我寡，恐怕抵挡不过。”宋襄公指着宋军的大旗说：“你看见‘仁义’两个字没有？我出兵打仗堂堂正正，哪有让人渡到半中间就出击的道理呢？”公孙固只能暗暗叫苦。不一会儿工夫，楚军全部渡过河了，公孙固又向宋襄公请战，说：“现在楚军还没有摆好阵列，我们应该趁机击鼓出击，那样楚军必然大乱。”宋襄公竟然指责道：“你只贪一击之功，却不顾万世仁义吗？哪有人家没有列好队就击鼓进攻的道理？”就这样，宋襄公是一再地贻误战机。等到强大的楚军摆好阵势后，两军一交战，宋军便立即溃败，宋襄公右股中箭，被手下奋力保护着逃回国都。

过了几个月，宋襄公的箭伤屡治不愈，一命归西。一心想做齐桓公第二的他，就这样带着霸业梦去见地下的齐桓公了。

【前事后鉴】

春秋诸侯争霸，靠的是国家的实力和国君的谋略。而宋襄公时期的宋国，国家弱小，宋襄公也只是空有建立霸业的愿望，结果宋国图霸不成，宋襄公则为此丢了性命，为春秋争霸的历史留下了一个笑柄。

宋襄公小国图霸，已成为春秋历史的一段插曲。而宋襄公在图霸过程中的所作所为，却是值得后人深思的。毫无疑问，宋襄公图霸不成，主要是宋国国力太小，客观上没有争霸的基础和条件。那么，宋襄公为什么还要不顾宋国国力弱小而与大国争霸呢？这首先是他太仰慕齐桓公的霸业了，所以妄想着做齐桓公第二。如他在父亲尚未安葬的情况下，就急不可耐地前往参加了齐桓公召集的葵丘会盟；他建议仿效齐桓公不以武力会盟诸侯的做法，在亳举行衣裳之会，等等。其次也是他错误地判断了齐桓公死后的形势。在他看来，齐国由于诸公子争位而国力削弱，加上齐孝公是他宋襄公扶上齐君宝座的，理应唯宋国之命是从，却不知齐国毕竟是一个大国，怎么会甘心听从小小的宋国摆布呢？而南方还有强大的楚国，当初齐桓公对它也奈何不了，只是相与结好，才坐稳了中原霸主的地位。现在一个弱小的宋国，凭什么能让楚国推它为霸主呢？正因此，才有了亳之盟宋襄公被挟持的一幕发生。

宋襄公个人的素质也远非一个霸主之材。众所周知，春秋五霸在宋襄公之前有齐桓公，之后有晋文公、秦穆公、楚庄王，他们都是深谋远虑的政治家，尤其知人善任，才成就了一番事业。而宋襄公呢，刚愎自用，虽有贤臣公子目夷、公孙固而不用，听不进人家的任何建议；自不量力，好与大国争地位，结果鹿上之盟结怨楚、齐，为亳之盟被挟持埋下祸根；假仁假义，当初在父亲病床前要让出太子的位置给公子目夷，可是后来已经当了几个月国君的公子目夷主动将君位让给他时，他却毫不客气地接受了；迂腐至极，宋、楚泓之战，他奢谈什么仁义之师，坐失战机，结果却是身中敌箭、败逃而归。

宋襄公图谋霸业的故事给我们的启示是：人生要想成就一番事业，过于迂腐，加上空有一种美好的愿望和一腔热情，这是远远不够的，还必须要切合实际、量力而行、脚踏实地。

【相关链接】

典故：

不鼓不成列——宋襄公十三年（前638）冬，宋、楚战于泓水之滨，宋军先期摆好阵势，楚军则准备抢渡泓水。公孙固（《史记》为公子目夷）建议趁敌军半渡之时出击，打敌军个措手不及，宋襄公不听。等到楚军全部渡河尚未列好队时，公孙固又建议击鼓出击，宋襄公又不同意，说："君子不能乘人之危，不击鼓出击没有列好队的敌人。"等楚军列好队发动进攻后，宋军大败。后人以"不鼓不成列"来讥笑宋襄公的迂腐。（《左传·僖公二十二年》《史记·宋微子世家》）

不擒二毛——"二毛"，指头发已经花白的人。宋、楚泓之战，宋襄公受伤败逃回去后，国人都埋怨宋襄公迂腐，错失取胜的良机。宋襄公却不思悔改，还继续高唱他那一套仁义之师的理论，说什么"君子打仗，不应该攻击已经受伤的敌人，也不擒获头发已经斑白的老人"。（《左传·僖公二十二年》）

十五、晋重耳历经劫难

> 于是秦穆公乃发兵与重耳归晋。晋闻秦兵来，亦发兵拒
> 之。然皆阴知公子重耳入也。唯惠公之故贵臣吕、郤之属不
> 欲立重耳。重耳出亡凡十九岁而得入，时年六十二矣，晋人
> 多附焉。
>
> ——《史记·晋世家》

作为继齐桓公之后的春秋第二位霸主，晋文公重耳到 62 岁高龄时才做了晋国国君。他的一生颇为传奇，曾经有过 19 年在外逃难的经历，可谓是历经劫难。好在他经受住了上天的考验，在人生的晚年大展宏图，成就了一番雄霸天下的惊天伟业。

重耳之所以被逼逃难在外，历经劫难，故事还得从晋献公宠妃骊姬害死太子申生说起。

太子申生与公子重耳是异母兄弟。申生为晋献公长子，齐姜所生，为人仁厚，行事谨慎；重耳为大戎狐姬所生，有豪侠之气，爱结交贤士。兄弟俩都以贤能知名于朝野。后来晋献公又娶了骊戎之女骊姬，生下公子奚齐。这个骊姬不守本分，心狠手辣。她为了让自己亲生儿子奚齐能够当上太子，便千方百计地想除掉太子申生。晋献

公二十一年（前 656）的某一天，她
终于找到机会，在申生献给父亲的
祭品中下了毒药，激起晋献公大怒，
以为申生想要谋害自己，便下令杀
死申生。申生听说后，先是仓皇逃
亡，后来终于承受不住这莫大的罪
名而悬梁自尽。

    太子死后，骊姬又在晋献公面
前诬陷公子重耳和夷吾也参加了谋
害之事，昏庸的晋献公也就听了宠
姬的一面之词，而派人去杀这两位
公子。夷吾逃往梁国，重耳逃往蒲

重耳画像

邑（今山西隰县西北）。第二年，晋献公发兵攻打蒲邑，逼得重耳逃
往他母亲的故国狄国，这一年他 43 岁，从此开始了 19 年的流亡逃难
生涯。当时跟随重耳逃难的，知名者有狐偃、赵衰、颠颉、魏武子和
司空季子等五人，不知名者还有数十人。

    重耳一行人来到狄国后，狄国国君将从赤狄咎如俘虏来的两位公
主分别嫁给了重耳和赵衰，大的叫叔隗，嫁给重耳，生下伯鲦和叔刘
二子；小的叫季隗，嫁给赵衰，生下赵盾。过了 5 年，晋献公去世，
晋国大臣里克杀死骊姬之子太子奚齐和公子卓子，派人前往狄国迎接
重耳回国即位。重耳担心回去后被杀，谢绝了来使。于是晋国迎立了
重耳的弟弟夷吾为君，这便是晋惠公。晋惠公夷吾的母亲小戎狐姬与
重耳的母亲大戎狐姬是姊妹，两人又都曾受骊姬迫害而逃亡，然而夷
吾做了国君之后，却一直担心重耳会回国夺了他的君位，便在即位后

的第七年，派人前往狄国刺杀重耳。重耳得知情况后，便对赵衰等人说："我们当初投奔狄国，并不是因为它能帮助我们成就大业，只是这里距离晋国近，交通方便，所以暂时到这里歇歇脚。现在已经呆得够久了，我们应该投奔到一个大国去。我听说齐桓公志在霸王之业，他的贤臣管仲、隰朋都死了，正需要贤人来辅佐，我们正可以前去投奔他。"于是准备出发。临走前，重耳对他的妻子说："等我25年，如果不回来，你就改嫁好了。"他的妻子笑着回答说："等你25年，我坟上的柏树都长大了。虽然如此，妾愿意等你回来。"重耳等人在狄国居住12年后，便投奔齐国去了。

当重耳等人投奔齐国途经卫国国都的时候，卫文公没有按照礼节来招待这位落难的公子。随后又来到一个叫五鹿（今河南濮阳南）的地方，一行人都饥饿难忍，便向一个乡野百姓乞讨食物充饥，那人却将一块土放在碗中递给重耳，重耳非常生气。赵衰却不以为然，他对重耳说："土块象征着上天要赐予你土地，这是好的征兆啊！你应该赶紧拜受才是。"经赵衰这么一说，重耳也就转怒为喜了。

到了齐国，齐桓公以厚礼接待他们，将公主嫁与重耳，送马80匹，重耳因此安居了下来。两年后，齐桓公死，齐国内乱。又过了三年，重耳很爱他的齐国夫人，生活又安逸，便想呆在齐国不走了。赵衰、狐偃等人看到齐国因内乱而国势已经衰弱，重耳又乐不思蜀，便在野外桑树下商议起回国的计划。齐国夫人的一个侍女听到这个消息后，便告诉了自己的主子。齐国夫人担心侍女会泄露消息，便将她杀了，然后劝重耳离开齐国。重耳却说："人生只图安乐，还管其他何事！就老死在齐国，不想走了。"齐国夫人奉劝说："你是一国的公子，落难来到此地，几位贤士可是寄希望于你。你不赶紧回国，以报答这些劳苦的臣下，却眷恋儿女之情，我为你感到害羞。还不谋求回国，什么时候能够成功？"于是与赵衰等人设计将重耳灌醉，放到马车上驰离齐国。重耳酒醒后，发现已经远离齐国，非常气愤，拿起铁戈要杀狐偃，狐偃说："杀了我能够成就你的功业，我死而无憾。"重耳说："如果大事不成，我就吃了舅舅你的肉。"狐偃说："如果大事不成，我的肉腥，也值不得吃。"于是重耳只好随了他们。

重耳等人离开齐国，当然还是要寻找大国做依靠。他们一路走着，途经曹国时，曹国国君共公很没礼貌，他得知重耳身上肋骨长得密，就想让他裸体看个究竟。曹国大夫僖负羁对曹君说："重耳是个贤公子，又与我国同姓，现在落难来到我地，怎么能对他无礼呢？"便私下里亲自给重耳送饭，盛器下面还放了玉璧，重耳接受了饭食，却把玉璧还给了僖负羁。

经过宋国，宋襄公刚刚在泓水一战被楚国打败，身受重伤，听说重耳很贤明，便以国礼接待重耳。宋国司马公孙固与狐偃相友善，便对他说："宋国是一个小国，又刚刚打了败仗，不值得你们依托，还是另求其他大国去吧。"于是重耳等人离开了宋国。

经过郑国，郑文公对重耳无礼。大夫郑叔瞻规劝郑君说："晋国这位公子很贤明，他的随从也都有国相之貌，而且与我国同姓。郑国出自周厉王，晋国出自周武王。"郑文公回答说："诸侯中逃亡公子经过我们这里的很多，哪能都礼数周全！"叔瞻见郑文公如此说，便只好说："国君不想礼遇他，不如杀了他，免得以后成为国之祸患。"郑文公既不礼遇他们，也不想杀他们。

后来重耳一行南下楚国，楚成王以诸侯的礼节接待了他们，重耳再三致谢不敢接受。赵衰则劝说道："你逃亡在外十余年，小国都轻视你，何况大国呢？现在楚国是大国，却以重礼待你，这是上天要降大任于你，你应该接受。"于是楚成王以诸侯之礼隆重地接见了重耳，重耳受宠若惊。在招待重耳等人的酒席上，楚成王故意问重耳："你将来回国做国君，用什么来报答我呢？"重耳说："羽毛、象牙、犀角、玉帛，这些宝物都是君王您这里的出产，我真的不知道如何报答您。"楚成王说："尽管如此，你就不想用什么报答我吗？"重耳想了想说："如果万不得已，我们与君王您的楚国发生战争，将主动后退 90 里。"楚将子玉听重耳这样说话，气愤地对楚成王说："大王对晋公子如此礼遇，他却出言不逊，我请求杀了他。"楚成王说："晋公子贤明而久困于外，他的随从都是国之栋梁，这是老天的安排，怎么可以杀了他们呢？况且他不这么说，又如何说呢？"重耳一行人在楚国居住了几个月，这时晋国发生内乱，太子出逃秦国。秦国看到晋国如此混乱，公子重耳又很贤明，便想请重耳到秦国去。楚成王说："楚国与晋国中间相隔几个国家，想助公子一臂之力也难，而秦国与晋国接壤，秦君又贤明，你就投奔到他那里去吧。"

于是重耳等人离开楚国来到秦国，秦穆公非常器重重耳，将五位公主一同嫁给了他。有一天秦穆公宴请重耳，赵衰一同前往，席间赋《黍苗》诗一首，秦穆公知道他们回国心切，便说了一句："我知道你们想回晋国了。"赵衰赶紧拉着重耳一同拜谢说："我们仰仗君王，就如同百谷盼望时雨一样。"

晋惠公十四年（前 637），惠公去世，太子圉即位。圉不得人心，晋国的大臣们都暗中劝说重耳、赵衰回国，表示愿意做内应。第二年春天，秦国派军队护送重耳回国，走到黄河边时，狐偃说："我跟随公子奔走天下，犯的过错很多。我自己都知道，您就更清楚了。我不愿将来因罪而受死，现在就离开公子您吧！"重耳说："如果回国后我不与子犯你同心同德，就让河伯作见证吧！"于是将玉璧投入河中，与狐偃相与发誓。当时介子推也随行，见到这种场面后便大笑道："是老天要授命于公子，而子犯却认为是自己的功劳向公子邀功，真是太厚颜无耻了，我羞于与他同列。"便悄悄地隐居起来。

在秦国大军的护送下，公子重耳终于回到晋国、当上国君，从而结束了 19 年的流亡生活，他便是大名鼎鼎的晋文公。

【前事后鉴】

孟子说："天将降大任于斯人也，必先苦其心志，劳其筋骨，饿其体肤，空乏其身，行拂乱其所为，所以动心忍性，曾（增）益其所不能。"晋文公重耳的一生行事，不正验证了这一说法吗？！

根据历史记载，晋文公虽然 62 岁即位，70 岁去世，在位总共才九年时间，却建立了赫赫功业，成为继齐桓公之后春秋第二位霸主。而且与齐桓公相比，晋文公更加重视崇德修政，任用贤才，施惠百姓。齐桓公在管仲死后，晚年任人不善，导致小人乱政，五子争位，齐国的霸业也随之而衰落。晋国则不然，晋文公亲手建立起来的霸业，却没有随着他的去世而结束，在随后的晋襄公统治时期，晋国依然政治清明，国泰民安，这自然也有晋文公的功劳。

晋文公之所以能成就如此雄伟霸业，与他与生俱来的一些素质当然有关，比如他从青年时期就爱好结交贤士，从而终其一生都得到了贤士们的拥戴、辅佐。在他逃难在外的 19 年中，以赵衰为首的一帮贤士一直跟随左右，为其出谋划策；他后来回国即位为国君之后，赵衰这一帮人又都成为治世能臣，特别是赵衰，多次让贤进贤，晋文公也赞叹他是一个难能可贵的贤士。正是他们君臣一心，才造就了晋国的霸业。晋文公为人宽容大度，有一个叫郤却的人很贤明，可是他的父亲郤芮是晋惠公和晋怀公的宠臣，曾经与吕甥一道谋划焚烧过晋文公的宫殿，当胥臣将郤却推荐给晋文公时，晋文公能不计前嫌，根据他的才能，让他做了下军大夫。晋文公讲究信誉，他当年逃难到楚国，受到楚成王的礼遇时，曾经对楚成王说日后假如两军交战，他愿退避三舍。后来晋楚在城濮交战，他果然履行了当年的诺言。

不过，晋文公能成就雄伟霸业，更与他 19 年在外逃难的生活有着密切的关系。这 19 年的逃难生涯，既有过安逸舒适的生活，也受到过各种屈辱，还有数次被追杀，这些都是对晋文公意志品质的考验。安逸舒适的生活，往往能消磨人的意志，当晋文公在齐国受到厚待，又娶了喜爱的齐国夫人，便乐不思蜀，是赵衰、狐偃等人设计让他离开了齐国，因为前面有更大的理想和事业等待着他，这个时候不应该有这种儿女之情。而屈辱和追杀，能够磨炼人的心理和精神的承受能力，同时也带给了他以政治思考和启发。如在晋文公 19 年逃难生涯中，常常受到一些小国国君的无礼对待，而像齐、楚、秦这些大国反而都对他礼遇有加，这自然也促使晋文公深思，大凡国家弱小，它们的国君多半也胸无大志、眼光短浅、昏庸无礼。

联想到人生，又何尝不是这样一种道理呢？自古以来，能成就一番大事者，往往都是历经了生活的种种磨炼。正是因为有种种的遭遇和磨炼，才更能使人品尝到人生的酸甜苦辣，更能深刻地体味到人生的价值和意义，从而明确方向，奋发向上。

民俗：

寒食节——相传春秋时期，晋国公子重耳（即后来的晋文公）流亡在外 19 年，后来回国做了国君之后，随从人员都得到了封赏，只有介子推没有向晋文公提出要求，而晋文公也一时忘了给他封赏，于是他便隐居绵上之山。后来晋文公想到了介子推，知道他已经隐居山中，就派人请他出山做官。介子推不肯，晋文公便环山而封，改称绵上之山为介山，以此表示自己的过失，表彰善良的忠臣。

一说晋文公请求介子推出山做官不得，便想通过烧山的办法逼他出山，哪知介子推隐居之意坚决，竟然抱着一棵大树被活活烧死。晋文公很感动，为了悼念介子推，便禁止人们在他死之日生火煮食，只能吃冷食。据说介子推被烧死的时间是在农历清明节前一两日，以后相沿成俗，每年这个时候便成为寒食节，也叫寒食禁火。

成语：

退避三舍——春秋时期，晋文公成为晋国国君之前，曾经作为落

晋楚城濮之战

难公子避难到楚国，楚成王礼遇他，故意问他将来做了晋国国君，如何报答他？晋文公说："请辟王三舍。"古时行军 30 里为一舍，退避三舍，就是先主动后退 90 里。后来晋、楚两国城濮交战，晋文公果然遵守当年的诺言，主动将晋军后撤 90 里。此成语比喻对人让步，不与对方较量高低，或表示回避。(《史记·晋世家》《左传·僖公二十三年》)

十六、秦穆公招贤纳士

昔穆公求士，西取由余于戎，东得百里奚于宛，迎蹇叔于宋，来丕豹、公孙支于晋。此五子者，不产于秦，而穆公用之，并国二十，遂霸西戎。

——《史记·李斯列传》

秦国成为周朝的诸侯国，始于秦襄公时期。当时襄公因对平王东迁洛邑护驾有功，而被封为诸侯，赐以岐山以西的土地。110年后，秦国出了个志向远大的秦穆公，他向东逐鹿中原，与诸侯争霸；向西并国二十，称霸西戎，国力可谓盛极一时。

秦穆公之所以能以一个西陲边国而与东方诸侯一争高下，并且最终成为一方霸主，与其慧眼识才，重视招贤纳士是密不可分的。

贤臣百里奚，是秦穆公建立霸业的关键人物。据说他是秦穆公用五张羖羊皮从楚国那里赎买来的，百里奚也因此得名"五羖大夫"。事情的经过是这样的：百里奚原来是虞国大夫，晋献公灭了虞、虢二国之后，百里奚被晋国俘虏。后来他作为秦穆公夫人的媵臣（陪嫁之人）前往秦国，却在途中趁机逃走，后来又被楚国人抓住了。秦穆公知道百里奚是个贤人，想用重金将他赎回，又担心被楚国知道了

秦穆公画像

不给，便派人对楚王说："我的媵臣百里奚逃跑被你们抓去了，请让我用五张羖羊皮将他赎回来。"楚国便将百里奚还给了秦国。这时的百里奚，已经是一个70多岁的老头了，秦穆公以礼相待，向他请教国事。百里奚说："我是一个亡国之人，不值得一问。"秦穆公说："虞国的灭亡，是不用先生的缘故，而不是先生的罪过。"便再三向他请教。百里奚看到秦穆公确有诚心，便一连与他谈论了三天，秦穆公非常高兴，让他治理国事。

百里奚不但尽心辅佐秦穆公治国，还积极向他推荐对治国有用的人才，蹇叔便是其中的一个。百里奚对秦穆公说："我的才能不如我的好友蹇叔，蹇叔才能卓越，却不为世人所知。我早年游历齐国时饥寒交迫，过着向人乞讨的生活，是蹇叔收留了我，使我免去了饥寒之苦。我曾经想侍奉齐国国君公孙无知，是蹇叔阻止了我，才使我幸免于齐国之乱。我到了周王室，王子颓想重用我，是蹇叔阻止了我，才使我幸免于周室之乱。我到虞国做官，蹇叔阻止我，我明明知道虞君不会重用我，却因贪图爵禄私利，就留在了虞国，结果国亡受辱。我多次听从蹇叔的阻止，使我免除了各种灾祸；我只有一次没有听从他的话，就蒙受虞国之难。因此我知道他贤明。"秦穆公听了百里奚的话，立即派人带着贵重的礼品去迎接蹇叔，拜他为上大夫。

晋惠公夷吾因得到秦国的帮助而当了晋国国君，当初他因感激而对秦穆公说："如果我能回国成为国君，一定将黄河西岸八座城池割给秦国。"后来他做了国君，却违背当初的诺言。当时晋国大臣丕郑正在秦国，他劝秦穆公重新拥立公子重耳为晋国国君。秦穆公听从了丕郑的建议。然而当丕郑回到晋国后，晋惠公识破丕郑的计谋而将他杀了，他的儿子丕豹逃到了秦国。这个丕豹很有才能，深得秦穆公赏识。丕豹积极鼓动秦穆公攻打晋国，他说："晋惠公无道，百姓不附，可以讨伐他。"秦穆公知道丕豹为父报仇心切，便反过来说："如果百姓离心，他怎么能够杀得了大臣？能杀大臣，说明百姓还是拥护他的。"不过丕豹的建议虽未被采纳，秦穆公还是特别重用他。

秦穆公十二年（前648），晋国发生灾荒，派人向秦国借粮。丕豹主张趁机攻打晋国，秦穆公询问大臣公孙支的意见，公孙支则说："晋国遭灾，我们应该帮助它。"又问百里奚，百里奚也认为晋国国君得罪秦国，晋国的百姓是没有过错的，应该借粮给晋国。秦穆公听取了公孙支、百里奚的意见。然而两年后，秦国遭灾向晋国借粮，晋国却恩将仇报，趁机攻打秦国。于是秦国以丕豹为帅，率军迎击。结果韩原一战，打败晋军，晋惠公也被俘虏了。

戎国国君听说秦穆公贤明，就派由余到秦国参观。秦穆公让由余看宫室的珍宝，由余说："这些东西鬼得了则劳神，人得了则苦民。"秦穆公认为由余很贤能，便听了秦内史的话，一面挽留由余，一面派人将女乐送给戎王。戎王从此沉湎于女乐，等到由余返回后，多次劝谏戎王皆不听。穆公又多次暗中派人劝说由余，由余终于离开戎王入秦，受到穆公的重用。后来秦穆公正是采用由余之谋，从而讨伐戎王，并国二十，称霸西戎的。

秦穆公还用人不疑，勇担责任，对于孟明视的使用便是一个典型例子。孟明视是百里奚的儿子、秦穆公时期的著名将领。秦穆公三十二年（前628），秦穆公听信郑国一个守城人的话，决定攻打郑国。蹇叔和百里奚两位老臣都极力反对，无奈秦穆公一意孤行，任命孟明视、蹇叔之子西乞术和白乙丙三员大将将兵袭击郑国。结果，秦军在殽地（今陕西潼关）遭遇晋国军队的伏击，全军覆没，三员大将被俘虏。后因晋襄公的母亲文嬴是秦国人，她在襄公面前求情，孟明视三人才被放了回来。当时秦国很多官员都认为孟明视应该对这次战败负责，秦穆公则不这样看，他亲自到郊外迎接他们三人回来，并对他们说："寡人没有听从百里奚和蹇叔的话，而使你们三人蒙羞，你们有何罪呀！希望你们记住这次耻辱，将来一定要报仇雪恨。"然后恢复了他们三人的官职。

殽之战，无疑对秦国向东方争霸是一次沉重的打击，心高气傲的秦穆公自然不甘心这次失败。三年后，秦穆公再次任命孟明视为大将，率兵攻打晋国，以报殽之战败于晋国之仇。两军在彭衙（今陕西白水县东北）交战，结果秦军又吃了败仗，晋国人戏称秦军为"拜谢之师"。彭衙之战失败后，秦穆公不但没有怪罪孟明视，而且继续重用他。秦穆公清楚地认识到，秦军之所以败给晋军，关键还是国力不如晋国强大。于是，彭衙之战后，秦穆公更加重视推行德政，发展生产。晋国大夫赵成子听说之后，对人说："秦国军队如果再打来，我们一定要避开它。失败了却继续修德，这样的军队是不可抵挡的。《诗经》上说：'怀念你的祖先，修养你的德行。'孟明视就是这样做的，这样的军队怎么能够抵挡呢？"

秦穆公三十六年（前624），一败再败的秦穆公再次任命孟明视为大将攻打晋国，秦军破釜沉舟，勇往直前，终于打败晋军，报了当年殽之战败于晋国之仇。秦军从茅津（今山西平陆茅津渡）渡河，掩埋了当年殽之战中为国牺牲的秦军将士，哀悼三日，然后秦穆公通告全军，说："我当初没有听从蹇叔和百里奚的建议，才使国家蒙羞。现在通告全军，请你们记住我的誓言。"

【前事后鉴】

秦王嬴政之所以能统一中国，是"奋六世之余烈"的结果。而秦国势力的崛起，正是开始于春秋时期秦穆公逐鹿中原、称霸西戎，这是作为西陲边国的秦跻身于大国行列的重要标志。

秦穆公之所以能建立起逐鹿中原、称霸西戎的伟大霸业，自然有多方面的原因，而重视人才，并且知人善任，则无疑是最根本的一条。

春秋的历史，是一部诸侯争霸的历史；而从一定程度而言，又可以说是一部重视人才的历史。在诸侯势力此消彼长的激烈竞争中，一些有眼光的政治家都充分意识到人才对于国家兴衰的重要性。也可以说，在那个充满竞争的时代里，谁拥有了人才，谁就能够立于不败之地，这已经是被春秋的历史所证明了的。像齐桓公之所以能够成为春秋第一霸，是得力于管仲、鲍叔牙一帮贤臣的尽心辅佐，所以孔子说"桓公九合诸侯，不以兵车，管仲之力也"；晋文公能够在 62 岁高龄即位，还建立了赫赫霸业，是因为有赵衰、狐偃这帮几十年一直跟随左右的能臣的辅佐。当然，有贤臣也要知人善任，像宋襄公之流便是刚愎自用，他有公子目夷、公孙固这些能臣却不用，结果落得个身死国衰、贻笑天下的结局。

秦穆公的贤明，其突出表现就是知人善任。他善于发现人才，并且不拘一格重用人才。他身边的贤臣，像"五羖大夫"百里奚，只是其晋国夫人的媵臣，却超拔管理国家大政；而百里奚也确实尽心辅佐，积极推荐治国人才。像由余，是西戎戎王的大臣，秦穆公认为他贤明而加以重用，结果取得了对西戎军事战争的胜利，并国二十，称霸西戎。

秦穆公还用人不疑，专一不贰，对大将孟明视的使用就是如此。秦穆公坚信孟明视是一个难得的大将，尽管孟明视率军与晋国打仗是一败再败，秦穆公却能客观地分析战败的原因，像殽之战的失败，他认为是自己没有听从蹇叔和百里奚意见的结果，勇于承担责任；而彭衙之战的失败，他认为是秦国国力不如晋国，应该努力推行德政。正因此，孟明视也就更加重视从失败中吸取教训，从而最终取得了对晋国战争的胜利，威震中原。后人为秦穆公君臣矢志不渝的精神所感动，有评述说："秦穆公为君知人善任，不以成败论人，用人专一不贰；孟明视为臣屡挫屡战，不断吸取教训，立志雪耻报国。君臣同心，所以能最终获得成功。"此言甚是。

【相关链接】

典故：

食马之德——说的是秦穆公重人轻马之事。秦穆公的好马丢了，被岐下的农民得到后，300多人将马分吃。官府追究此事，秦穆公说："君子不以牲畜伤人，我听说吃好马肉不饮酒会伤人。"便又赐酒给这些吃马肉的人。后来秦、晋大战韩原，秦军被晋军包围，穆公受伤。此时，已加入秦军的当初吃马肉的那300多人，为报当年食马之德，

便冒死打开重围，使秦穆公得以脱险，并最终打败晋军，俘虏晋国国君。(《史记·秦本纪》)

二老哭师——说的是秦穆公时蹇叔和百里奚二老哭送秦军出征郑国之事。当时有个守护郑国城门的人说要帮助秦穆公攻打郑国，蹇叔和百里奚认为越过几个国家去攻打远方的郑国，没有取胜的把握。秦穆公还是决定要远征郑国，便以百里奚之子孟明视、蹇叔之子西乞术和白乙丙将兵袭击郑国。出发之日，蹇叔和百里奚二老前来哭送，秦穆公责备他们为何如此，他们说自己老了，恐怕迟迟见不到儿子。二老又对他们的儿子说："此行必败。"(《史记·秦本纪》)

弦高退师——说的是郑国商人弦高智退秦师之事。秦穆公三十三年（前627），秦军东袭郑国，兵至滑地，碰到郑国商人弦高正赶着12头牛准备到周地贩卖，他见到秦军，情急之下生出了一条退敌之计，他对秦军说："听说秦国要讨伐郑国，郑国国君派我送12头牛来慰劳军士。"秦军本为偷袭，听弦高这么一说，以为郑国已经知道而做了准备，便灭了滑后回晋国了。(《史记·秦本纪》)

十七、楚庄王一鸣惊人

庄王即位三年，不出号令，日夜为乐，令国中说："有敢谏者死无赦！"伍举入谏。庄王左抱郑姬，右抱越女，坐钟鼓之间。伍举曰："愿有进。"隐曰："有鸟在于阜，三年不蜚不鸣，是何鸟也？"庄王曰："三年不蜚，蜚将冲天；三年不鸣，鸣将惊人。举退矣，吾知之矣。"

——《史记·楚世家》

春秋初年，在中原各诸侯国看来，楚国还只是个偏居南方的蛮夷之国，不受重视。然而，就是从这个时期开始，楚君熊通就已经自立为武王，开始了征服南方江汉流域、进而争霸中原的进程。到了楚成王时期，楚国已经兼并了江汉流域的许多小国，成为南方的大国。楚成王还积极参与中原的争霸活动，在泓之战中大败宋襄公，与中原的霸主晋国形成对峙局面。到了楚庄王时，楚国的势力进入了鼎盛时期，楚庄王会盟诸侯，成为与齐桓公、晋文公比肩的中原霸主。

说起楚庄王熊侣，他可是一个"不飞则已，一飞冲天；不鸣则已，一鸣惊人"的历史上的传奇人物。

楚庄王是一个志向远大、热衷于霸业的国君。他刚即位时，因为不清楚大臣当中哪些人能真正辅佐他去完成自己的宏愿，便先将自己的想法隐藏起来，静静地观察大臣们的反应。当时的中原，晋灵公虽然昏庸，却有赵盾等一帮贤臣辅佐，加上晋文公、晋襄公两代的霸业基础，晋国还保持着霸业。而当时的楚国，经过楚成王、楚穆王两代的精心经营后，国力足可以与晋国抗衡，看到晋国会

楚庄王画像

盟诸侯，楚国的大臣们都纷纷劝说楚庄王争霸中原。

然而楚庄王不为大臣们的劝说所动，他即位都已经三年了，却从来不理政事，不出号令，常常是左手搂着郑姬，右手抱着越女，整日里吃喝玩乐。为了不让大臣来劝谏，以免破坏了他的雅兴，便告示国人："有敢于前来进谏者，杀无赦！"

有一天，一个叫伍举的大夫进宫面见楚庄王，他故作迷茫地对楚庄王说："臣有一事不明，想请教大王。在国人中流传着这样一段隐语：土山之上，有只大鸟，三年不飞，三年不鸣，人皆不知，此为何鸟？敢问大王，这是一种怎样的鸟啊？"楚庄王回答说："三年不飞，一飞冲天；三年不鸣，一鸣惊人。你回去吧，我知道了。"听到楚庄王这样的回答，伍举心中颇感宽慰，看来这个楚庄王是在等待时机啊！

可是，过了几个月，不但没有看到楚庄王有什么作为，反而更加

荒淫作乐。有一个叫苏从的大夫实在看不下去了，他不顾禁令，径直来到宫中，要当面向楚庄王进谏。楚庄王说："你难道不知道寡人下的禁令吗？"苏从义正词严地说："假如把我杀了，能够使君王醒悟，这正是我所希望的。"楚庄王听了这话，心中非常高兴，知道楚国还有这样一帮忧国忧民、不惧生死的大臣可用，何愁不能建立霸业！

于是，楚庄王随即召集文武百官，对大家说："寡人这几年整日里吃喝玩乐，还发布禁令不许进谏，目的是要看看哪些人只会阿谀奉承，谋求私利；哪些人能够忧国忧民，犯颜直谏！从今天起，寡人就要勤政治国，图谋霸业了！"

第二天，楚庄王就罢去荒淫之乐，上朝听政。他整肃朝政，将那些怂恿他荒淫作乐的臣子，一连诛杀了数百人；同时将那些勇于进谏、忠君爱民的官吏，也一连提拔了数百人。任命伍举、苏从治理国政。楚国人看到楚庄王如此大刀阔斧地整肃朝政，起用贤士，知道他们的国君是如此一个大有作为之人，都非常高兴。

楚庄王整肃朝纲之后，在伍举、苏从一帮贤士的尽心辅佐下，使楚国的国力迅速强大起来，很快走上了向外征伐、逐鹿中原的道路。

【前事后鉴】

楚庄王是春秋时期颇有智谋的一个霸主。他深知这样一个道理：一个国家的兴盛与否、君王能否有所作为，并不完全取决于君王个人的素质如何，而主要是取决于能否有一帮精忠报国、尽心辅佐的大臣。也正是基于这样一种认识，志向远大的楚庄王在即位之初，采取了一种藏起锋芒的态度，其目的就是要看看楚国有没有这样的忠君爱民的大臣。他通过三年的考察，找到了这样的大臣，便开始了对内整肃朝纲、对外征伐争霸的行动。

现在人们将楚庄王式的"三年不飞，一飞冲天；三年不鸣，一鸣惊人"，比喻为等待时机、积蓄力量，从而一举成功。这个故事给予人们的启发是：当客观态势还不够明朗，或者主观上还难以作出准确判断的时候，人们应该首先潜下心来，静观时局和事态的变化，以便作出正确的判断，从而采取正确的行动；当时机或条件还不够成熟的时候，人们不应仓促行动，而应等待时机和条件的成熟，也就是说，要善于把握机会。同时，这个故事也向人们说明了这样一个道理：任何一个"一鸣惊人"成就的取得，都是与胸怀大志，并且长期默默无闻的努力分不开的。

【相关链接】

成语：

一鸣惊人——本意是一声鸣叫，使人震惊。《史记·楚世家》记载楚庄王答伍举问时说："三年不蜚，蜚将冲天；三年不鸣，鸣将惊人。"又《史记·滑稽列传》载齐威王曰："此鸟不飞则已，一飞冲天；不鸣则已，一鸣惊人。"比喻平常默默无闻的人，突然取得优异成绩，而引起人们的惊异。(《史记·楚世家》《史记·滑稽列传》)

十八、矮晏子名显诸侯

晏平仲婴者，莱之夷维人也。事齐灵公、庄公、景公，以节俭力行重于齐。既相齐，食不重肉，妾不衣帛。其在朝，君语及之，即危言；语不及之，即危行。国有道，即顺命；无道，即衡命。以此三世显名于诸侯。

晏子长不满六尺，身相齐国，名显诸侯。

——《史记·管晏列传》

在春秋时期齐国的历史上，百年之间，出现了两位名相，一个是春秋初年的管仲，依靠他的尽心辅佐，使齐桓公成为春秋第一霸主；一个是春秋中期的晏婴，他生当齐灵公、庄公和景公乱世时期，作为三朝国相，虽然处在各种矛盾的旋涡之中，却能泰然处之，受到国人普遍尊重，名扬天下诸侯。

作为一代名相，晏婴无疑在政治上是一个成功者；而他之所以能成为一个显贵扬名的人，则与他身上所具有的政治家的诸多优秀品质是分不开的。

晏子是一个尊重传统、恪守孝道的人。齐灵公二十六年（前556），晏子的父亲、齐国大夫晏弱去世，晏子决定按照传统礼俗为他父亲守孝三年。三年当中，他一直是身穿粗布丧服，头上和腰间系着麻布带，手中执着竹杖，脚上穿着草鞋，睡的是草席、草枕，吃的是稀粥，住的是茅草屋。其实这种礼俗，当时的士大夫们已经不采用了，所以他的家仆规劝他说："现在的大夫已经没有这样守丧尽孝的了，您又何必如此呢？"晏子却回答说："我还不是大夫，所以要如此守丧尽孝。"

晏婴画像

齐庄公是一个崇尚武力的人，晏子总是劝他修文，以正义来开导他，由此惹得庄公很不高兴。有一天，齐庄公为了发泄对晏子的不满，就特意摆了一桌酒，派人请晏子来赴宴。晏子一进门，就听到乐师和着鼓乐歌唱道："扫兴啊扫兴，寡人真是扫兴，你为何还不辞行？"晏子入座后，乐师还反复地唱着这样的歌词，聪明的晏子立即明白了这是庄公故意让乐师唱给自己听的，意思是国君不想再听到自己唠叨了。于是他立即从席间站立起来，面向北坐到了厅堂的地上。庄公不明白他为何有这样的举动，问道："你为何不入座，却要远远地坐到地上？"晏子回答说："我听人说，诉讼的人，是要坐在地上的，我今天要与君王讲讲道理，所以不敢入座。依仗人多势众而不讲义，依仗自己强大而不讲礼，只崇尚勇武而不用贤，这样将会后患无穷的。既然我好言相劝君王听不进去，那我只好请求辞职。"说完便起身出了宫廷，头也不回地一路回到自己的府中。

齐景公是一个奢侈无度的人，晏子就以节俭来劝导他。晏子虽然贵为国相，可是他的生活却非常节俭，吃的是粗茶淡饭；穿的只是布衣，他的妻子从未穿过丝绸衣服；住的是简陋的房子，阴暗潮湿。

有一次，齐景公从使臣那里得知晏子的生活非常清贫，就提出要给他增加俸禄，却被晏子拒绝了。他对齐景公说："谢谢国君的好意，我的生活并不困难。如果我拿国君给的财富去救济贫民，那是掠取国君的美名；如果我拿这些财富作为私用，这是仁义之人所不齿的作为。所以国君用不着给我增加俸禄。"齐景公说："从前管仲受封书社五百，与他相比，你这点俸禄算得了什么？"晏子说："智者千虑必有一失，愚者千失必有一得，也许这就是管仲的一失、我的一得吧！"齐景公只好作罢。

齐景公看到晏子的居处实在太简陋，便想要给他换一座房子。晏子辞谢道："臣的先辈就住在这里，臣的德行不足以承继先祖的事业，这样的房子对臣来讲已经是够奢侈的了。况且这座房子离集市近，早晚购物很方便。怎敢麻烦君王呢？"于是齐景公笑着问道："你知道市场上货物的贵贱吗？"当时齐景公施行严刑酷法，被处以刖刑的人很多，晏子便借题发挥道："假腿贵，鞋子贱。"齐景公意会晏子的话外音，此后减轻了刑罚。有人道："仁人之言，其利甚博。晏子一言，齐侯减刑。"

晏子身当齐国多事之秋，先有齐庄公时期的崔杼之乱和庆封之乱，后有齐景公时期的栾氏、高氏之乱，晏子却能以正直的人品和中立的态度幸免于难。

齐庄公荒淫无道，与大夫崔杼的夫人棠姜鬼混，结果被崔杼设计杀死于崔府。当时晏子就在崔府门外，他的门人问："您为国君而死吗?"晏子说:"难道是我一个人的国君?我为什么要为他而死?"门人又说:"那就赶紧逃走吧!"晏子说:"我有什么罪,为什么要逃走?"门人看左右都不是,就说:"那就回府吧!"晏子说:"国君死了,我怎么能回去呢?君主是治理国家百姓的,他为国家而死,臣子就应该同他一道去死;他为国家而逃往,臣子就应该与他一道逃往;如果他是为私利而死,臣子就不需要与他一同而死。"说完便进入崔府,头枕在庄公的大腿上号啕大哭一番,然后离开崔府,他是要最后尽一份做臣子的心意。有人劝崔杼杀了晏子,崔杼说:"他有民望,放了他,能得民心。"

后来庆封诛灭崔杼及其党羽,大肆排除异己,以及栾氏、高氏与陈氏、鲍氏的相互争斗,晏子都持守一种中立的态度,这些权臣们对他也无可奈何。当然,中立不等于无原则,像栾氏、高氏战败后逃往鲁国,他们的家产被陈氏、鲍氏瓜分,晏子就义正词严地对二家说:"栾氏、高氏的财产必须上缴给国君。好利之心人皆有之,如果不讲礼义而贪利,则是邪恶。"二家觉得晏子说得在理,便将栾氏和高氏的财产上缴给了国君。

晏子善于辞令,机警过人。有一次,齐景公派晏子出使楚国。楚灵王依仗楚国势力强大,想借此羞辱晏子一番。他对大臣们说:"晏平仲身长不满六尺,而贤名却闻于诸侯。寡人想羞辱他一番,来长长我们楚国的威风,你们有什么妙计?"楚国太宰便献上一计,在楚都郢城东门旁边凿一个刚好六尺高的小门,吩咐守门的卫士,等到齐国使臣来时,将大门关上,让其从小门进去。不久,晏子一行人来到东门,见城门不开,就让驾车的人喊门。守门人指着旁边小门说:"大夫你从这个小门过去就可以了,哪需要再开大门?"晏子说:"这是狗门，不是人进出的。如果出使狗国，就从狗门进入；如果出使人国，还须从人门进入。"守门人将晏子的话飞报给楚灵王，楚灵王说："我本来想戏弄他一番，没想到反而被他给戏弄了。"于是赶紧下令打开城门，恭恭敬敬地请晏子入城。

晏子还是一个善解人意的人。晏子有一次出门，驾车人的妻子从自家门缝里看她的丈夫，只见驾车人一路上意气风发，甚是得意。回家后，驾车人的妻子对他说："晏子身长不过六尺，贵为齐国国相，名显天下诸侯。妾今天看他出门，深沉而又谦卑。而你身高八尺，只是替人家赶马车，却还自鸣得意，妾因此请求离你而去。"从此以后，她的丈夫有意自损，不再张扬。晏子觉得奇怪，就问他是何故，驾车人只好如实相告。晏子知道后，认为他的妻子贤惠又有心气，他则知过能改，便向齐君推荐他做了大夫。

【前事后鉴】

春秋中期的齐国，已经处在一个旧贵族日益没落，旧的制度日渐解体的社会转型时期。表现在国家政治生活当中，则是统治阶级日益腐朽，政治集团之间的相互倾轧更加激烈。从齐灵公、齐庄公到齐景公，三代君王都荒淫奢侈，君不像君，所以孔子才以"君君、臣臣、父父、子子"来回答齐景公的问政；同时这也是齐国历史上的一个多事之秋，从崔杼弑齐庄公独相专权，到庆封诛灭崔杼集团、排除异己势力，再到栾氏、高氏与陈氏、鲍氏两大集团的相互争斗，都说明统治集团内部的斗争日趋激烈。

处在这样一个特定历史时代的晏子，自然不能像其前贤管仲那样，建立起"九合诸侯，一匡天下"的丰功伟绩，当时的齐国已经沦落为中原的弱小国家，在它的西边和南边有强大的晋国、秦国和楚国。尽管这样，晏子还是以其一身正气和足智多谋，不但在齐国的百姓当中享有崇高的威望，他的贤明闻名于天下诸侯，甚至齐国的权臣崔杼、庆封、陈桓子之流也对他尊敬有加。

晏子的贤明也受到了时人和后人的赞赏。与晏子同时代的孔子称赞他是一个真正的君子："齐灵公行为不端，晏婴用礼义来约束他；齐庄公崇尚武力，晏婴用正义来开导他；齐景公奢侈无度，晏婴用节俭来规劝他。他三朝为相，却不谋求私利，是一个真正的君子啊！"

司马迁对晏子之所以能名闻于诸侯作如是说："晏婴历事三朝，以节俭力行为齐国所重。他身为齐相，却食不重肉，妾不衣帛。在朝上，国君征求他的意见，就直言相告；不征求他的意见，就谨慎行事。国君有道，就积极效命；国君无道，则量力而行。因此他能三朝为相，名闻于诸侯。"

【相关链接】

典故：

太史简——中国史学史上的一种直书书法，与"董狐笔"并称。公元前 548 年，齐庄公荒淫，与大夫崔杼的夫人棠姜私通，被崔杼杀死。齐国太史直书其事，曰："崔杼弑其君"，结果被权臣崔杼所杀。太史是一种家传之业，于是他的弟弟又接着书其事，又连续被崔杼杀了两人。还有一个弟弟又接着书其事，崔杼看到无法阻止此事，只好赦免了他。南史听说太史全部死了，正抱着竹简前往，准备继续冒死书写。半道上知道太史已经将此事记载下来了，才转身回去。人们将齐太史与晋董狐当作中国古代写史"直书"的典范。(《左传·襄公

二十五年》)

著作：

《晏子春秋》——旧题春秋时齐国政治家晏婴撰。所述皆晏子遗事，当为后人撼集而成。书名始见于《史记》本传，《汉书·艺文志》但称《晏子》，列于儒家。

十九、孔圣人删编六经

天下君王至于贤人众矣，当时则荣，没者已焉。孔子布衣，传十余世，学者宗之。自天子王侯，中国言"六艺"者折中于夫子，可谓至圣矣！

——《史记·孔子世家》

在距今 2570 年前，华夏民族出现了一位思想巨人。时至今日，他的思想影响已经超越时空，成为人类的文化财富；他的名字依然家喻户晓，妇孺皆知。他，就是中国古代杰出的思想家、政治家、教育家，儒家学派的创始人孔子。

孔子，名丘，字仲尼，鲁国陬邑（今山东曲阜东南）人。先世是宋国的贵族。孔子三岁时，父亲叔梁纥去世，母亲颜征在带着他离开纥家，迁居到曲阜阙里，从此孤儿寡母相依为命。

孔子从小就勤奋好学，尤其喜欢学"礼"。据说他幼年做游戏

孔子画像

时，不像别的小孩那样玩耍，而是喜欢摆设各种礼器，练习礼仪。所以在他十六七岁母亲去世时，能够按照礼仪处理丧事，并依当地习俗将他母亲与父亲合葬于防山。

尽管家道已经衰落，少年时期的孔子"贫且贱"，但他还是渴望能进入上流社会。就在母亲去世不久，有一次，鲁国贵族季孙氏宴请名士，孔子自认为他父亲叔梁纥也是个士，便前去参加宴会。然而季孙氏的家臣阳虎见到他来，便毫不客气地说："季家宴请鲁都名士，并没有请你来参加呀！"孔子只好退出。当然，这件事虽然伤害了孔子的自尊，却也更加激发了他要好好学习，期盼将来能出人头地。

按照孔子自己的说法，他15岁便立志学习。那个时代，人们要想进入上流社会，取得社会地位，首先要学会从西周流传下来的礼、乐、射、御、书、数这六门基础课程，这当然也是孔子立志要学好的内容。由于孔子孜孜不倦，勤奋刻苦，30岁时学业已成，不但通晓当时一般贵族尚未全部掌握的"六艺"基础知识，而且能熟练掌握、融会贯通《诗》《书》《礼》《乐》《易》《春秋》这更高层次的"六艺"，后者被称为"六经"。

孔子学识渊博，是基于他对待知识的态度，那就是知之为知之，不知为不知。他学习未知的知识，总是一丝不苟的。据说孔子曾经跟随师襄学鼓琴，一连学了十天，也不换新曲子，师襄对他说："可以学新曲了。"孔子说："我虽然已学会了曲调，但还没有掌握奏曲的技巧。"过了些时候，师襄又说："已掌握技巧，可以学新曲子了。"孔子说："我还没有领会此曲的志趣神韵。"过了些时候，师襄又说："已经领会曲子的志趣神韵，可以学新曲子了。"孔子说："我还没有感觉出此曲作者的为人风貌。"又过了些时候，孔子有时低头深思，有时仰头远望，若有所得，然后自语道："我知道他的为人风貌了，黯然而黑，几然而长，眼如望羊，如王四国，不是周文王谁又能作出这样的曲子呢！"师襄赶紧站起来向孔子连连作揖道："我的老师传授此曲，说它的曲名正是《文王操》呀！"

孔子有句名言，叫"三人行，必有我师"。意思是学习无常师，人人可为吾师。孔子向郯子学习的故事，便体现了这样一种学习精神。郯国是春秋后期鲁国东南方的一个小附庸国，为蛮夷之国，在中原人的眼里，被视为未开化之国。有一次，郯国国君郯子来朝见鲁君，鲁国大夫昭子问起郯子关于少昊氏以鸟名官的情况，郯子向他娓娓道来。孔子听说此事后，便马上拜见郯子，向他请教少昊氏时代的职官情况。后来他对人说："有人说天子那里没有主管此事的人，蛮夷那里却还保留这类学问。此话却是不假。"

尽管孔子学问大，仕途却并不顺畅。20 岁以后，孔子曾经做过委吏和乘田，前者司职会计，后者管畜牧。尽管都是小差事，孔子却总是认认真真地履行好自己的职责。用他的话来说，管账目，应该把账算得清清楚楚；管牛羊，应该把牛羊养得肥肥壮壮。50 岁时，做了鲁国掌管处理案件、审判官司的司寇一职，为了抑制鲁国三家大夫的家臣势力，定计"堕三都"，即毁坏三家的都邑，结果失败。孔子看到自己的政治抱负无法在鲁国得到施展，便开始离开鲁国，周游列国。他先后到过宋、卫、陈、蔡、齐、楚等国，声称"如有用我者，吾其为东周乎？"然而前后 14 年的颠沛流离，却是到处碰壁，他的主张终究没有被各诸侯国采纳，郁郁不得志，晚年只好又回到了鲁国，这时他已经是一位 68 岁高龄的老人了。

孔子回到鲁国后，决心不再求仕为官，潜心整理古代文献。当时，由于周室衰微而礼乐被废，《诗》《书》残缺。孔子便追溯考察三代礼乐制度，叙述《尚书》，上起尧舜，下至秦穆公，按年代编定历史事实。他说："夏朝礼乐制度我能说明，但是杞国没有留下足够证明的文献资料；商朝礼乐制度我能说明，但是宋国没有留下足够证明的文献资料。如果文献充足的话，我就能证明这些制度。"孔子通过观察殷夏制度沿革，说："这些制度即使过百世，也能说明，其演变规律大体上是一文一质相互替变。周朝参考了前两代的制度，其文采更为壮美，我赞赏周朝的礼乐制度。"

古代流传下来的诗有3000余篇，到了孔子，他删去其重复的部分，选取其中合乎礼义的部分，上采商、周始祖契、后稷的故事，中述殷、周盛世，下至周幽王、周厉王时礼乐制度的缺失，把反映男女夫妇及爱情的《关雎》篇作为《风》的开始，把反映宴请群臣嘉宾的《鹿鸣》篇作为《小雅》的开始，把反映周文王创业的《文王》篇作为《大雅》的开始，把祭祀文王的《清庙》篇作为《颂》的开始。并把诗都配了乐歌，以便配合《韶》《武》《雅》《颂》等乐舞之音。

孔子晚年痴迷上《周易》，为其中的《彖辞》《系辞》《象辞》《说卦》《文言》等篇作序。据说他读《易》勤奋，竟然使编竹简的牛皮绳都磨断了好几次，并说："老天如果再多给我几年时间，我一定能使《易》从文辞到义理都通顺流畅。"

孔子还依据鲁国国史《春秋》而删编成了我国现存的第一部编年体史书《春秋》。《春秋》的记载上起鲁隐公元年，下至鲁哀公十四年，共有12公的历史。《春秋》辞约指博，微言大义。通过是非242年历史，起到教化风俗的作用。

我们现在所读的"六经"（其中《乐经》已不存在），据说就是经过孔子系统整理过的，仅此，足见孔子在文化上的伟大贡献。

孔子一生还有一个非常杰出的成就，那就是授徒讲学。他是打破"学在官府"的第一人，反对贵族垄断文化；他提倡"有教无类"，破除教育对象的等级限制；他还提出了诸如"因材施教""温故而知新""学而时习之""不愤不启""举一隅不以三隅反，则不复也""学而不思则罔，思而不学则殆"等一系列重要教育思想。孔子以《诗》《书》等"六经"来教授弟子，据说他的弟子多达3000，其中能通晓"六艺"的有70余人。孔子推行"四科"教育，即所谓学问、行为、忠恕、信义。又颁布四条禁令：不臆断、不武断、不固执己见、不自以为是。由此可知，他的教育思想和教学内容都是非常丰富的。

孔子虽然一生政治上没有什么作为，但他却是杰出的思想家、政治家，儒家学派的创始人。孔子学术思想的核心是"仁学"，它的基本定义是"爱人"。实际上是一种调整人与人之间关系、建立起社会规范与人伦秩序的学说。这一学说的核心内容便是"礼"，只要恢复礼治，也就实现了仁治。这一学说强调"忠恕"之道，即所谓"己所不欲，勿施于人""己欲立而立人，己欲达而达人"的思想。

仁治、礼治的思想反映到君臣关系上，则主张"忠君尊王"。当齐景公问政于孔子时，孔子回答说："君君、臣臣、父父、子子。"《春秋》大义，首推就是"尊王攘夷"。他在鲁国"堕三都"，目的就是要打击威胁鲁国君权的季氏等三家势力；他对季氏违礼所表现出的"是可忍，孰不可忍"的态度，也充分反映了他对大夫肆意践踏周礼、无视王权的极度不满。

仁治、礼治的思想反映到政治治理上，则是主张"德治"。孔子从"仁者爱人"的思想出发，反对对老百姓实行苛政和任意的刑杀，而提出"富之"然后"教之"的德治思想，并且提出"不患寡而患不均，不患贫而患不安"的论点。

【前事后鉴】

在司马迁看来，孔子作为一介布衣，学脉流传十余世，成为天下学者的宗师，"六艺"的正统所在，实在是了不起的"至圣""先师"。他借用《诗经》的语言赞颂道："高山仰止，景行行止"，以此表达他对孔子的崇敬和向往之情。

西汉武帝以后，随着尊孔读经思潮的出现，孔子的儒家学说逐渐成为中国两千多年封建社会的正统思想，由此也成为今天中华民族思想文化的主干。毫无疑问，孔子在中华民族历史上的影响和地位都是无可比拟的。

作为思想家的孔子，其对中华民族思想文化贡献：一是通过整理"六经"，对保存上古三代文化作出了杰出贡献。正是由于孔子删编"六经"，才使我们的民族有了一套系统的、举世仅有的元典文化。二是通过授徒讲解"六经"，创立了儒家学派。儒家学说经过这些徒子徒孙的代代相传，从而形成了延绵不绝的学派和道统。三是通过授徒讲学，提出了一套系统的中国古代教育理论。四是宣扬"仁学"，主张"德政"，这套治国理论在中国封建政治实践中产生过重要影响，其中有糟粕，更有精华。

今天，以孔子为代表的中华传统儒学，大有一种复兴之势。不仅在传统意义上的东亚儒家文化圈，而且在大洋的彼岸，世界在关注亚洲经济的发展和崛起的同时，也表示出了对传统儒家文化的浓厚兴趣。作为炎黄子孙，我们理所当然应该为我们的民族有这样伟大的思想家和思想文化而感到骄傲和自豪；同时，我们也应该通过对传统思想文化的去粗取精，以使其发扬光大、更加辉煌。

【相关链接】

人文景点：

三孔——又称"曲阜三孔"，指孔庙、孔府、孔林。孔庙，在山东曲阜市中心。孔子死后次年，鲁哀公命祭祀孔子，始以孔子故宅三间作庙。历朝几毁几建，发展为今占地327.5亩，南北全长1120米，前后九进院落的建筑群，为全国重点文物保护单位。孔府，又称衍圣公府，为孔子嫡系长孙、世袭衍圣公的府第。在曲阜市孔庙东侧，是一个前后八进院落的建筑群。府中陈设珍贵的传世文物及孔府档案等。孔林，又称至圣林。为孔子及其后裔坟墓区，在曲阜市北一公里处。现孔林占地200万平方米，周围有高3米、厚1.5米、长达7公里的砖砌林墙，内有坟墓十余万座，古树亦达十余万株。

孔子墓——在山东曲阜市北孔林中。孔子于公元前479年去世后，葬于鲁城北一里外洙水以北，筑起坟头，弟子皆守墓三年之后散去，唯子贡（端木赐）在墓旁搭起茅庐，复守墓三年才离去。当时墓地大一顷，鲁国国君每年祭祀，大夫士子常至墓前习礼。墓前碑为元明时期所立。今孔子墓高6.2米，占地88平方米，以矮墙环绕。墓东为其子孔鲤的墓，墓南为其孙孔伋的墓。

鲁壁——又称孔壁。孔子旧宅墙壁名，在山东曲阜市孔庙内。西汉时期，鲁共王刘余因扩建宫室而拆毁孔子旧宅，在墙壁中发现古文经书，后人为纪念此墙藏古文经书之功，而重建一短残墙，名"鲁壁"。现在孔庙东路孔子故宅内，历代文人吟咏甚多。

著作：

六经——指《诗经》《尚书》《仪礼》《乐经》《周易》和《春秋》这六部先秦儒家经典。今文经学家认为儒家无《乐经》，其内容系于《诗》《礼》之中；古文经学家认为本有《乐经》，因秦火而亡佚。"六经"也被称为"六艺"。不过"六艺"又指古代教育内容，包括礼、乐、射、御、书、数。

《论语》——《论语》一书记载了孔子及其弟子的言行，为孔子的弟子和再传弟子编辑而成。该书在汉朝以前有《鲁论》《齐论》《古论》等不同名称的版本，各版本内容大体一致。《论语》的篇章排列在内容上没有什么必然联系，基本上都是独立成篇的。它涉及了孔子关于哲学、政治、伦理、文学、音乐、经济等方面的言论，是研究孔子及儒家学说的重要文献。

成语：

韦编三绝——韦，熟牛皮；韦编，指古代用熟牛皮绳把竹简编串起来写书；三，指多；绝，断。编串竹简的牛皮绳断了多次，形容读书勤奋。《史记》记载孔子"读《易》，韦编三绝"。（《史记·孔子世家》）

释词：

家臣——春秋时各国卿大夫的臣属。当时卿大夫的宗族与政权组织称"家"，总管"家"务的官叫"宰"。宰下设又司徒、司马、工正、马正等官职。担任这些官职的，总称为家臣。

二十、孙武孙膑论兵法

> 孙子武者，齐人也。以兵法见于吴王阖庐。……于是阖庐知孙子能用兵，卒以为将。西破强楚，入郢，北威齐、晋，显名诸侯，孙子与有力焉。
>
> 孙武既死，后百余岁有孙膑。……膑亦孙武之后世子孙也。孙膑尝与庞涓俱学兵法。庞涓既事魏，得为惠王将军，而自以为能不及孙膑，乃阴使召孙膑。膑至，庞涓恐其贤于己，疾之，则以法刑断其两足而黥之，欲隐勿见。
>
> ——《史记·孙子吴起列传》

在中国古代军事史上，有两位出于同一家族的杰出的军事家和军事理论家，他们是孙武和孙膑。孙武是春秋后期齐国人，主要军事活动在吴国；孙膑是孙武的后代，战国初年齐国人，主要军事活动在齐国威王时期。作为军事理论家，他们俩都有兵书传世，分别是《孙子兵法》和《孙膑兵法》，在中国古代军事史上有着重要的地位和影响。

孙武，人称孙子。春秋后期，中原各诸侯国的势力已经衰落，而南方的吴、越势力则正在迅速崛起。孙武为了更好地施展自己的军事才能，便选择去了吴国。孙武把自己写的《兵法》（也就是我们今天所见的《孙子兵法》）作为给吴王阖庐的见面礼。吴王看过《兵法》后，对孙武说："您写的《兵法》十三篇，我都全部看过了，只是不知道能否为我实地演示一番？"孙武回答说："可以。"吴王又问："能否让宫女们一试？"孙武又说："可以。"

于是吴王命令宫女们出来操练，共有 180 人。孙武将她们分成两队，由吴王宠爱的两个妃子分别担任队长，让每一个人手中都拿着戟。然后对她们说："你们都知道自己的前胸后背与左右手吗？"这些由宫女们组成的女兵回答说："知道。"孙武又说："那好，我让你们向前走，你们就朝胸前的方向走；让你们往左转，你们就朝左手的方向转；让你们往右转，你们就朝右手的方向转；让你们往后转，你们就朝自己后背方向转。大家都听明白了没有？"女兵们齐声回答说："明白了。"操练的要领和命令都宣布完后，然后让人架设刑具，宣布军法。

正式操练开始。孙武击鼓为号，命令女兵们向右转，女兵们不知道转，却哄然大笑起来。于是孙武再次重申军令："约束不明确，命令不熟悉，这是将领的过错；军令已明，却不遵守军法，这是军官的过错。依照军法，违令者斩！"于是便要斩杀左右两个队长。吴王正从台上饶有兴趣地观看，不承想孙武要斩杀自己的爱妃，便赶紧传话给他，说："寡人已经知道先生治军严明了。寡人如果没有这两个爱妃，便食不甘味，希望先生不要斩杀她们。"孙武回答说："我既然已经受命为将，将在军中，君命有所不受。"随后便斩杀了两位队长，让两队的排头兵继任为队长。

随后孙武再次击鼓传令，女兵们左转、右转、前进、后退，一个个都中规中矩，丝毫不敢出声。于是孙武派人报告吴王说："队伍已经整齐，大王可以来检阅了。大王尽可调动她们，即使让她们赴汤蹈火，也可以令行禁止。"吴王说："将军解散队伍回去休息吧，寡人没有心情检阅队伍了。"孙武说："看来大王也只是好纸上谈兵而已，而并不愿意用到实际中去。"

这次试训，吴王尽管因两位宠妃被斩杀而很不高兴，却也充分领教了孙武的用兵之道，于是任命他为吴国的将领。孙武辅佐过吴王阖庐和夫差两朝，特别在夫差时期，他与伍子胥一同统兵西征北战，曾经西破强楚，占领郢都；北上中原，威震齐、晋。吴国之所以能称霸中原，显名诸侯，孙武是有很大功劳的。

孙武死后一百余年，大约在战国初期，他的子孙后代中出了个孙膑，也以通晓兵法而闻名天下。

说起孙膑这个名字，却有一段悲惨的遭遇。膑，是古代挖掉膝盖骨的一种刑法，为何孙膑会以此为名呢？原来孙膑曾经与庞涓一同学习兵法，后来庞涓到魏国做了官，成为魏惠王的将军。庞涓自觉自己的军事才能不如孙膑，担心将来孙膑出山自己会失势，便暗中派人将孙膑骗到魏国。孙膑一到魏国，庞涓就设计让魏惠王将他囚禁起来，处以膑刑，又以墨黥面。孙膑一名由此而得。

有一次，齐国使者出使魏都大梁（今河南开封西北），孙膑让一个刑徒私下里去见了这位使者，详细谈了他受害的经过，希望这位使者能营救他出狱，离开魏国。使者很同情孙膑的遭遇，便设法营救，把他带到了齐国。当时在齐国担任大将的是田忌，他通过与孙膑交谈，觉得孙膑是一位难得的人才，便将他奉为府中上客。

田忌平常喜欢与齐国诸公子赛马赌输赢，却总是输多胜少，便让孙膑替他想想办法。孙膑看看这些赛马跑的速度都差不多，可以按速度把它们分成三等。于是便对田忌说："您尽管与他们继续赛，我一定能让您赢他们。"田忌相信孙膑的话，就与齐威王和诸公子们押下了千金赌注。临赛前，孙膑说："您今天第一场用最下等的马与他们的上等马比，第二场用上等的马与他们的中等马比，第三场用中等的马与他们的下等马比。"田忌依计而行，结果3场下来，田忌1败2胜，赢了齐王千金赌资。于是田忌借齐威王询问赛马取胜的缘由之机，将孙膑引荐给了他。齐威王与孙膑谈论兵法，被他的军事才华所折服，随即拜他为齐国军师。

后来有一次，魏国进攻赵国，赵国向齐国求救。齐威王准备任命孙膑为将，率军前去增援。孙膑推辞说："我是个受过刑法的残废人，担负不起这个重任。"于是齐威王改以田忌为大将，孙膑为军师，让孙膑坐在车上为田忌出谋划策。

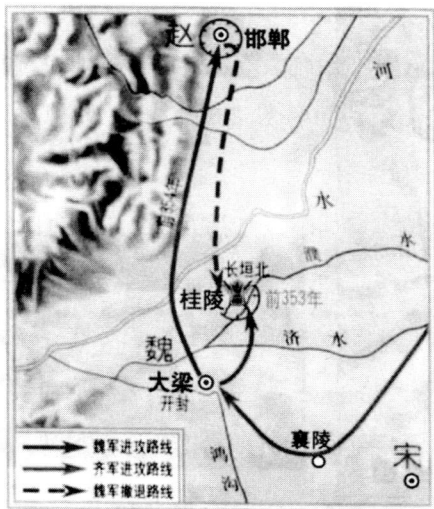

围魏救赵

田忌想率领大军直接救援赵国，孙膑说："要解开一团乱麻，一定得理清头绪，不可心急用力拉扯；要给两个相斗的人劝架，不能卷入其中打成一团，而要避开双方的拳脚，伺机击中一方的腹部，他自会用手去捧腹而不再进攻，这样斗殴的形势也就顷刻间便化解了。现在魏国和赵国相攻，双方都尽遣主力，国内只剩下一些老弱之兵来守卫。您不如率军迅速进击大梁，占据交通要道，袭击他们的空虚地带，魏国围攻赵国的军队必然会撤走，赶回来相救。这样一来，我们便可以既解了赵国之围，又可击魏国之弊。"田忌听从了孙膑的计策，魏国果然撤了邯郸之围，火速回援。齐军在桂陵（今河南长垣西）以逸待劳，大败魏军。

13 年后，魏国联合赵国攻打韩国，韩国向齐国告急。齐国派遣田忌为大将，孙膑为军师，率军救援。齐军同上次一样，依然是直接进逼魏都大梁。魏国大将庞涓得知情报后，放弃韩国急忙回援。当时的齐军已经离开齐国，进入魏国的东部，孙膑与田忌商量说："三晋的士兵强悍勇敢，向来轻视齐国士兵。齐军既然被认为胆怯，我们倒不如将计就计。兵法上说，急行军百里，军队不战自败；急行军五十里，只有一半人能跟得上。现在我们要留给魏国一种急忙撤军的假象，撤退的第一天营造十万人做饭的灶，第二天营造五万人做饭的灶，第三天营造三万人做饭的灶。"于是齐军主动撤退，依计而行。

庞涓看到齐军撤退了，就率领魏军追击。一连追了三天，庞涓看到齐军的饭灶越来越少，心中大喜，说："我就知道齐国士兵胆怯，进入我国境内不过三天，士兵逃亡的已经过半了。"于是抛开步兵，率领精锐轻兵日夜兼程地追赶齐军。孙膑估计庞涓的行程，夜幕降临时应该要到马陵（今河南范县西南）了。马陵的地势，道路狭窄，两旁多险阻，便在此设伏兵。于是孙膑让士兵剥去路旁一棵大树的树皮，在露出的白色树干上写上"庞涓死于此树之下"八个大字；又让齐军的弓箭手们埋伏于路的两旁，约定"晚间看到大树下有人举着火把就万箭齐发"。

庞涓果然在夜幕时分赶到马陵，看到路旁的大树被刮去了树皮，隐隐约约还写着字，便命令点着火把看个究竟。庞涓还没有来得及将上面一行字读完，埋伏在路两旁的齐国军队万箭齐发，魏军顿时大乱，四处逃窜。庞涓知道中了孙膑之计，却一切都来不及了，只好拔剑自刎。临死前，愤恨不已地说："当初没有将他处死，今日却成就了这小子的声名！"齐军乘胜追击，大败魏军，俘虏了魏太子申，得胜而归。

桂陵之战和马陵之战，是中国古代军事战争史上著名的战例，孙膑不但报仇雪恨，除掉了陷害自己的死敌庞涓，而且也因这两个著名的战役而名扬天下。他所写的《孙膑兵法》，被后人代代相传。

【前事后鉴】

孙武与孙膑是春秋战国时期兵家的代表人物，他们既是著名的军事指挥家，更是杰出的军事理论家。孙武曾以所著《孙子兵法》13篇面见吴王阖庐，《史记》通过孙武操练由吴国宫女组成的女兵队伍，以小见大，使吴王和后人都领略了孙武的军事思想。同时孙武辅佐阖庐和夫差两代吴王，西讨强楚，北威齐、晋，他的军事理论在实践当中得到了充分的施展。孙膑的军事指挥才能，在桂陵之战和马陵之战中也得到了充分展示；他所著的《孙膑兵法》，也与《孙子兵法》一样，流传至今，成为中国军事理论宝库当中不朽的宝典。

《孙子兵法》的军事理论系统而全面，它充分肯定了军事战争是国家的重要政治，所谓"兵者，国之大事"；它重视了解情况，认为进行战争，必须全面地分析敌我、众寡、强弱、虚实、攻守、进退等矛盾双方，并通过对客观规律的认识和掌握以克敌制胜，所谓"知彼知己，百战不殆"；它认为军事战略战术应该要灵活运用、奇正相生，所谓"兵无常势，水无常形，能因敌变化而取胜者，谓之神"。

与《孙子兵法》相比，《孙膑兵法》既有对前者的发展，更有自己的特色。《孙膑兵法》重视将"道"看作战争的客观规律，发展了孙武"我专而敌分"的理论，提出了以寡胜众、以弱胜强的战法，这是对《孙子兵法》的重要发展。同时，《孙膑兵法》主张以进攻为主的战略，重视根据不同的地形，创造有利的进攻形势，特别是重视对城邑的进攻和对阵法的运用。

今天，两部兵法已经不仅仅被看作是兵家的宝典，同时也被看作是商家的宝典。作为兵家宝典，它们所提出的一系列重要的军事思想和理论，对我们构建现代军事理论有着重要价值；而作为商家宝典，商场如战场，兵书中的很多军事思想对于现代经商理念的形成也有着重要作用。也正因此，两人的军事思想虽然历经数千年，却是历久弥新。

【相关链接】

典故：

围魏救赵——战国初期军事家孙膑提出并加以运用的一种军事战术或计策。周显王十五年（前354），魏国围攻赵国都城邯郸，第二年赵国求救于齐国，齐国派大将田忌、军师孙膑率军前去支援。孙膑以为魏国军队倾巢出动，国内一定空虚，便让齐军直接攻打魏都大梁，迫使魏军撤围回援。孙膑又在魏军回师的途中，在桂陵设下埋伏，结果大败魏军。历史上称这一军事计策为"围魏救赵"。（《史记·孙子吴起列传》《孙膑兵法·擒庞涓》）

二十一、越勾践卧薪尝胆

> 吴既赦越，越王勾践反国，乃苦身焦思，置胆于坐，坐卧即仰胆，饮食亦尝胆也，曰："女忘会稽之耻邪？"身自耕作，夫人自织，食不加肉，衣不重采，折节下贤人，厚遇宾客，振贫吊死，与百姓同其劳。
>
> ——《史记·越王勾践世家》

  春秋后期吴越争霸之时，中原的诸侯国多已衰落。虽然是春秋霸业的尾声，却也异常悲壮，惊心动魄。争霸的过程颇富戏剧性，吴、越两国经过从胜利到失败的反复，最终是越王勾践卧薪尝胆，灭吴雪耻。

  传说越王勾践的祖先是大禹的后代，夏王少康的庶子，被封在会稽（今浙江绍兴），掌管那里对大禹的祭祀之事。下传二十余代，到了春秋后期越王允常时，与吴太伯的后代吴王阖庐相互仇怨。公元前496年，允常去世，其子勾践继任越王，吴王阖庐趁机兴师讨伐越国。两军对阵于檇李（今浙江嘉兴），勾践派遣敢死队向吴军挑战，这些人排成三行，冲到吴军阵前，大喊大叫后纷纷刎颈自杀。吴国的将士一个个都看得发呆了，越军趁势冲向前去袭击吴军，吴军大败，吴王阖庐身受重伤，只好撤军。回去后，阖庐创伤发作而死，临死前一再嘱咐其子夫差，说："一定不要忘记越国的杀父之仇啊！"

吴王夫差谨遵父亲的嘱托，誓死报仇雪恨。他重用贤臣伍子胥治理国政，又日夜不停地操练军队。两年后，越王勾践探听到这些情况后，就想先发制人，打吴国一个措手不及。越国大夫范蠡劝谏说："不可以。我听说兵者凶器，战争违背道义，争夺是最下等的事。暗中违背道义，好用凶器，亲身去干最下等的事，老天是不允许的，这样做没有好处。"勾践则说："我的主意已定。"于是兴兵伐吴。吴王夫差听说后，立即调集所有的精兵来还击越军，在夫椒（今江苏吴县西）大败越军，越王勾践及其残兵败将五千人退保会稽，吴王夫差跟着追击过来，将会稽团团围住。

勾践对范蠡说："我没有听从你的劝告，以至于落到这个地步，该如何是好呢？"范蠡回答说："能保守成业，靠上天保佑；能转危为安，靠人心支持；能节约成事，靠得到地利。您现在只能跟吴国讲好话、送重礼，如果还不答应的话，就只好把自己抵押给吴国、侍奉吴君了。"勾践说："好。"于是命令大夫文种到吴国去求和。

文种到了吴国，向吴王跪地磕头，说："君王您的亡国之臣勾践派陪臣文种胆敢求告您：勾践请求做您的臣仆，妻子做您的侍妾。"吴王准备答应文种，伍子胥对吴王说："上天把越国赐予吴国，千万不可以答应。"文种回去，向越王做了汇报。勾践准备杀掉妻子，焚烧宝器，然后决一死战。文种阻止勾践说："吴太宰伯嚭是个很贪婪的人，可以用财货引诱他，让他替我们到吴王那里求情。"于是勾践让文种带着美女、宝物秘密地献给伯嚭。

伯嚭接受了越国的礼物，便引文种见吴王。文种磕头对吴王说：

"希望大王赦免勾践之罪，勾践愿将越国的所有宝器进献给大王。假使不能得到大王的赦免，那么勾践只好杀死妻子，焚烧宝器，带领五千人决一死战，那样大王您一定是不值当的。"伯嚭也趁机对吴王说："越王勾践已经降服而做您的臣子了，如果能赦免他，这对吴国是有利的。"吴王准备答应，伍子胥进谏说："现在不灭越国，以后一定会后悔的。勾践是个贤君，文种、范蠡都是贤臣，如果让他们回国，将来一定会作乱的。"吴王不听，赦免了越王勾践，带领吴军回去了，会稽之围因此而解。

勾践被赦免回到越国后，发誓要复兴越国，报会稽之耻。为了磨炼心志，他亲自耕作，夫人亲自织布，吃饭从来不同时吃两样肉食，穿的都是粗布衣裳，住的则是简陋的房子，晚上睡在木柴上。他还在自己坐的地方、睡的地方和吃饭的地方都放上苦胆，无论是坐着还是躺着，都经常望着苦胆，吃饭时则先舔一舔胆的苦味，然后对自己说："勾践，你忘记了会稽之耻了吗?"

勾践卧薪尝胆

为了使越国早日富强起来，勾践礼贤下士，厚待宾客，赈贫吊死，与老百姓同甘共苦。同时准备让范蠡协助自己治国，范蠡则对勾践说："带兵打仗之事，文种不如我范蠡；振抚国家，亲附百姓，我范蠡不如文种。"于是勾践将国政大权交给文种，而让范蠡到吴国去做人质。两年以后，吴国放回范蠡。

勾践自会稽回到国都后，就这样君臣一心，奋发图强，经过七年的时间，越国又开始强大起来。此时的越王勾践觉得可以向吴国进攻，以雪会稽之耻了。大夫逢同劝谏说："越国刚刚才有些富裕起来，就修整军备武器，吴国知道了一定会恐惧；吴国恐惧，越国的灾难也就要降临了。况且凶猛的鸟在袭击目标之前，一定会隐藏起它的身体。现在吴国攻打齐国、晋国，结怨于楚国、越国，名扬天下，损害了周室的威信，修德少而武功多，一定会骄傲起来。为越国考虑，我们不如结交齐国，亲近楚国，依附晋国，厚待吴国。吴国的野心很大，一定会轻易地发动战争。到那个时候，我们便联络这些国家，让齐、楚、晋三国去进攻吴国，我们则趁吴国疲惫之机进攻它，那样就能打败吴国了。"勾践说："好！"

又过了两年，吴王夫差要攻打齐国，伍子胥进谏说："不可以。我听说勾践每顿饭不上两样菜，与百姓同甘共苦。这个人不死，终究是吴国的祸患。吴国之有越国，这是心腹之疾，而齐国对于吴国，只是如疥癣小病。希望大王放过齐国，先去攻打越国。"吴王不听，随即攻打齐国，在艾陵（今山东莱芜东北）打败齐军。

吴军凯旋后，吴王责备伍子胥，伍子胥说："大王您不要高兴得太早。"吴王大怒，伍子胥只好以自杀谢罪，吴王制止了他。越大夫文种说："我观察到吴王是越来越骄横了，我们可以通过向他请求借贷一点粮食，来看看他的反应情况。"于是越国向吴国借贷粮食，吴王想贷，伍子胥劝他不要贷，吴王还是贷给了越国，越国暗自高兴，知道吴王已经听不进大臣的意见了。伍子胥痛心地说："大王不听劝谏，三年之后吴国将成为废墟了！"

太宰伯嚭听了这话后，就到吴王面前挑拨离间，说："伍子胥这个人貌似忠诚，实际上是个心狠不顾人的人，他对他父亲和哥哥都不顾，怎么还会顾及大王您呢？大王先前想讨伐齐国，伍子胥极力劝阻；等取得胜利后，他还怨恨大王。大王如果不防备伍子胥，他一定会作乱的。"

吴王开始并不相信，就派伍子胥出使齐国。伍子胥预见到吴国将被越国所灭，就把自己的儿子托付给齐国的鲍氏。回国后，吴王知道此事后，勃然大怒，说："伍子胥果然欺骗了寡人。"就派人赐给伍子胥剑，让他自裁。伍子胥大笑，说："我帮助你的父亲称霸，又扶持你做了吴王，当初你要将吴国的一半江山分给我，我没有接受，现在你竟然相信谗言要杀我。天啊，你一个人是注定不能独立立国的！"然后对使者说："一定要把我的眼挖出来放到吴国东门上，好让我看看越国的士兵是怎样攻入的！"于是奸臣伯嚭执掌了吴国的政权。

过了三年，勾践召见范蠡，说："吴国已经杀了伍子胥，现在阿谀奉承、溜须拍马的人很多，可以攻打吴国了吗？"范蠡回答说："还不可以。"到了第二年春天，吴王夫差大会诸侯于黄池（今河南封后西南），带去了吴国所有的精兵，国内只剩下老弱残兵，由太子留守。勾践又问范蠡，范蠡说："可以了。"于是发水兵2000人，陆军40000人，近卫军6000人，攻打吴国。吴军迅速溃败，太子被杀。吴国告急于远在黄池的吴王，吴王怕各路诸侯听到吴国战败的消息，故而对消息秘而不宣，在与诸侯们会盟之后，才急忙撤军回国。

吴王派人带着丰厚的礼物去向越国求和，越王勾践看到一时也难以灭掉吴国，就答应与吴国讲和。

此后数年间，越国不断兴师攻吴，吴国屡战屡败，国力大损。公元前473年，越王勾践亲率大军攻打吴国，吴王夫差被围困在姑苏山上。吴王只好派使臣公孙雄袒胸跪行，向越王请罪道："我孤臣夫差敢冒昧地吐露心里话，以前在会稽得罪了您，如今我不敢违背您的命令，希望能与您讲和。现在大王要诛杀孤臣，我只能唯命是从，还望大王看在他年会稽之赦的分上，赦免了我的罪过吧。"勾践不忍心，想答应吴王。范蠡说："当年会稽之事，是老天要将越国给吴国，吴国自己不取。现在老天把吴国赐给越国，越国怎么能违逆老天呢？况且大王每天早上朝、晚休息，难道不是为了灭掉吴国吗？谋划此事已经22年了，一旦放弃了它，可以吗？再说上天给予却不接受，是会受到上天的惩罚的。君王难道忘记了当年会稽的灾难了吗？"勾践说："我想听从你的话，可是我不忍心面对他的使者。"范蠡于是击鼓出兵，对使者说："大王已经把政事委托给我了，你赶紧走吧，否则就要得罪你了。"使者只好沮丧地走了。

勾践怜悯吴王，便派人对吴王说："我把你迁到甬江以东的海边上，管理一百户人家。"吴王夫差拒绝说："我老了，不能侍奉君王了！"又掩面说："我无脸去见伍子胥啊！"说罢，便自刎而死。越王将吴王埋葬了，同时诛杀了伯嚭。

在这场吴越争霸的过程中，越王勾践终于接受了范蠡的劝告，吸取了吴国没有灭亡越国的教训，拒绝了吴国的求和，最终灭掉了吴国。

【前事后鉴】

越王勾践的一生，主要是在与吴王夫差进行不断的军事较量中度过的。司马迁写吴越争霸的历史，始终贯穿着一个重要思想，那就是复仇。先是越国败吴国于檇李，吴王阖庐受伤而死，临终嘱咐夫差一定不要忘了报越国的杀父之仇；接着是吴王夫差任贤练兵，败越国于会稽，报了当年檇李之仇；再之后是越王勾践念念不忘会稽之耻，卧薪尝胆，奋发图强，终于灭掉吴国，最终复仇成功。司马迁对越王勾践的复仇精神给予赞扬，称赞他是贤人，有当年大禹的遗风。

司马迁重视宣扬复仇思想，是因为在他看来复仇就是人生价值的一种体现。我们从吴越争霸中另一个重要人物——伍子胥的身上，也能看出司马迁的这一思想。伍子胥也是一个具有强烈复仇思想的人，他本来是楚国人，父兄被楚平王杀死后，他为了报父兄之仇，逃到吴国，帮助吴国训练军队，最终带领吴国的军队打败楚国，对已经死去的楚平王鞭尸泄愤。对于伍子胥的这种复仇举动，历代封建卫道士都是持否定态度的。司马迁却给予了充分肯定，他认为伍子胥当初如果与父兄同死，与蝼蚁一样毫无价值；他放弃小义，而雪大耻，名垂于后世，因而是真正的烈丈夫！

要复仇，往往就得忍辱负重。越王勾践为了复仇，是苦身焦思，卧薪尝胆，"食不加肉，衣不重采，礼贤下士，振贫吊死"，与百姓同甘共苦，可谓用心良苦。最后是经过十年生聚，十年教训，二十余年的谋划与奋斗，终于灭掉强吴，以雪会稽之耻。同样，伍子胥为了报仇雪恨，逃难之时也是一路上或者窘于江上，或者乞食于路旁，经过千辛万苦才来到吴国。在司马迁看来，他们的忍辱负重，是"隐忍就功名"，只有大丈夫才能做得到。

今天我们回顾这段历史，反观越王勾践的卧薪尝胆，由于时代的不同，显然不能像司马迁那样去大力宣扬复仇的思想。不过，勾践不忘国耻，说明他看重荣辱，有伟丈夫气概；为复仇而苦身焦思，卧薪尝胆，说明他有着一种超凡的毅力和坚强的决心。勾践的这种精神，应该为中华民族的后人所景仰，值得子孙万代去学习。

【相关链接】

典故：

卧薪尝胆——薪，指柴草；胆，为苦胆；卧薪尝胆，指睡柴草，尝苦胆。越王勾践被吴王夫差打败以后，他"苦身焦思，置胆于坐，坐卧即仰胆，饮食亦尝胆也"，一心要雪会稽之耻。后来用以形容刻苦自励。（《史记·越王勾践世家》）

西施入吴——西施，春秋时期越国萱罗（今浙江诸暨南）人。又称先施、西子。传说越国被吴国败于会稽，越王勾践命范蠡求得美女西施，进献给吴王夫差，才得以解会稽之围。西施入吴后，吴王夫差动员大量人力物力，建造姑苏台，吴王自己与西施在台上日夜饮酒作乐，不理政事。吴国因此国力耗损、政治腐朽。越王勾践趁机积聚实力，最终灭吴雪耻。据说吴国被灭后，西施从范蠡泛舟五湖而去。（《吴越春秋》《越绝书》）

东施效颦——效，仿效；颦，皱着眉头。传说美女西施因患病而按着胸口，皱着眉头。邻居的丑女看见了，认为很美，也仿效西施的动作，结果更难看了。后来比喻不顾客观条件、不切实际地照搬照抄，效果却适得其反。（《庄子·天运》）

民俗：

文身断发——又称断发文身、祝发文身。为古代越族的一种风俗。即散披着头发，在身上刺上花纹，保留了原始氏族制度的一些习惯。《庄子·逍遥游》说"越人断发文身";《史记·越王勾践世家》则记载说越人"文身断发"。不过到春秋中期，越人就已经建立了比较强大的奴隶制国家。(《庄子·逍遥游》《史记·越王勾践世家》)

二十二、智范蠡功成身退

范蠡事越王勾践，既苦身戮力，与勾践深谋二十余年，竟灭吴，报会稽之耻，北渡兵于淮以临齐、晋，号令中国，以尊周室，勾践以霸，而范蠡称上将军。还反国，范蠡以为大名之下，难以久居，且勾践为人可与共患，难与处安，为书辞勾践……

——《史记·越王勾践世家》

公元前 473 年，越国终于灭掉强大的吴国。此后，越国军队横行于江淮地区，会盟四方诸侯，周王也赐以伯爵，号称霸主。

越国之所以能灭吴称霸，范蠡居功至伟。也正因此，越王勾践任命他为上将军。然而，范蠡却保持着一颗清醒的头脑，他深知自己的名气太大，功高震主，难以久留。而且他与勾践有二十余年的君臣之谊，也深知勾践的性格和为人，知道他是一个可以共历患难，难以共处安乐的人。于是决定功成身退，离开越王勾践。他给勾践写了一封辞职信，说："我听说主上忧心，臣子就应该要劳累分忧；主上受到侮辱，臣子就应该为之而死。当初君王您受辱于会稽，我之所以没有去死，是为了报仇雪恨。现在既然已经雪耻，我请求治我当年使君王受

范蠡画像

辱之罪。"勾践接到信后，派人向范蠡传话，说："我就要与您分国而治，让我们共处安乐。不然的话，就得惩罚您。"范蠡回话说："君王执行自己的命令，臣子则执行自己的意愿。"于是收拾起珍宝珠玉等细软，带着家眷、门客一同乘船从海道离开越国北上齐国，从此再也没有回去。

　　范蠡一来到齐国，就立即给他的好友、几十年共同辅佐越王勾践的同僚文种写信。他在信中奉劝文种说："飞鸟射杀完了，好弓就被收藏起来；狡猾的兔子被猎杀了，猎狗也就被烹杀吃掉。越王这个人脖子长得很长，嘴巴像鸟嘴一样尖，是一个可共患难，不可与享乐的人，你为什么还不离开呢？"文种看过范蠡的书信后，并没有走，只是称病不上朝了。有人到越王勾践面前进谗言，诬告文种将要谋反作乱，越王就赐剑给文种，说："当初您教给我讨伐吴国的七条计策，我只用了三条就灭了吴国，还有四条在您那里，您就追随先王去试试这些计策吧！"文种接过越王赐给的剑，心中自是后悔没有听从范蠡的劝告，于是自刎而死。

　　再说范蠡来到齐国后，改名换姓，自称"鸱夷子皮"。他与儿子一同耕种于海边，吃苦用力，治理产业。没过几年的光阴，就拥有数十万家产了。齐国人听说他很贤明，就让他做齐国国相。范蠡叹息道："居家则拥有千金产业，做官则官居卿相高位，这对普通百姓来说，已经是达到极点了。长期享受尊贵的名号，不吉利啊！"于是归还相印，散尽家财，分给知心好友和乡亲们，然后悄悄地离开齐国，来到宋国的陶地（今山东定陶）。范蠡认为这里地处天下的中心，交通要道，做交易买卖，容易致富。于是自称"陶朱公"，转卖货物，做起了买卖。没过几年，又家财至万金，"陶朱公"的名字因此闻名天下。

朱公居住在陶地时，生下了一个小儿子。等到小儿子长到壮年后，朱公的二儿子因杀了人，被囚禁在楚国。朱公说："杀人偿命，理应如此。然而我听说资产千金之家人的儿子，是不会在闹市中被杀示众的。"便让小儿子去楚国探视。他让小儿子带上一千镒黄金，放到粗布袋里，用一辆牛车载着。朱公的大儿子坚决要求去楚国，朱公不答应。大儿子说："家中长子叫'家督'，现在弟弟有罪，父亲不遣我去，却要派小弟弟去，说明我不贤明。"便想自杀。他的母亲看到这种情形，便对朱公说："现在派小儿子去，未必能救出二儿子，却先让大儿子死了，如何是好？"朱公迫不得已，只好派大儿子去。临行前写了一封信让大儿子带给他的好友庄先生，并对大儿子说："到那里就把一千镒黄金送到庄先生府中，由他来用，千万不要与他争论。"于是大儿子又自己私下带上几百镒黄金上路了。

到了楚国，大儿子遵照父亲的嘱咐，拿出书信，送上一千镒黄金给庄先生。庄先生看完信后，对他说："你赶快离开这里，千万不要停留！等你弟弟放出来时，也不要问是怎样放出来的。"大儿子离开庄家后，却私自留在了楚国，将私下带的几百镒黄金都用来贿赂楚国的达官贵人，希望通过他们来救自己的弟弟。

庄先生是一个安于贫穷却廉洁正直的人，楚王一向都把他当作老师来尊敬。他之所以接受了朱公一千镒黄金，是想等到事情办妥后再归还他。朱公的大儿子并不知道庄先生的用意。

庄先生找了个适当的机会面见楚王，说："天上某星的位置移到某处，将对楚国不利。"楚王素来相信庄先生，便说："现在该怎么办呢？"庄先生说："只有行善事才能消除灾祸。"楚王说："先生休息去吧，寡人这就去做。"于是楚王派人封闭了钱库。这时楚国那些得到朱公大儿子好处的贵族就赶紧告诉他说："君王将要大赦了。"朱公的大儿子急忙问道："何以见得？"回答说："过去每当君王要大赦时，通常都要封闭钱库，昨天晚上君王已派人封了钱库。"朱公的大儿子认为既然是大赦，他弟弟自然要被放出来了。那样给庄先生的一千镒黄金就派不上用场了，便回去面见庄先生。庄先生一惊，说："你怎么没有走啊？"朱公大儿子说："我确实没有走。当初是为弟弟之事而来，现在听说要大赦，我弟弟将被放出来，所以来向庄先生辞行。"庄先生知道他来的用意，就说："自己到家中把金子拿走吧。"朱公的大儿子便进家取走金子，欢喜而去。

庄先生被小儿辈出卖，感到非常恼火，便再进宫见楚王，说："我上次说某星位置移动之事，大王说要修德来报答它。现在我在外面到处听人说陶地富人朱公的儿子杀了人被囚禁在楚国，他家里拿出很多金钱贿赂君王左右之人，所以君王不是体恤楚国而大赦，而是为了朱公儿子的缘故吧！"楚王大怒道："寡人虽然不修德行，怎么会因为朱公儿子的缘故而施恩大赦呢？"于是下令杀了朱公的二儿子，第二天才下达大赦令。朱公的大儿子只好带着弟弟的尸首回到陶地。

到家时，他的母亲和邻里都很悲痛，唯有朱公笑着说："我本来就知道他去一定会置弟弟于死地。他不是不爱他的弟弟，只是他舍不得花钱。这是因为他从小跟我在一起，吃过苦，知道生活艰难，所以不舍得随便花钱。至于小儿子，出生后就看到我富有，乘坐好车、骑上好马，出去打猎，追逐野兔，哪知道钱财的来之不易，所以花钱大手大脚，毫不吝惜。前些日子我想派小儿子去，就是因为他舍得花钱的缘故。而大儿子不能，所以他弟弟才被杀。事情的道理就是这样，也没什么可悲痛的。我是日夜等待着他的尸体被运回来。"

范蠡一生三次迁移，闻名于天下。他到一个地方，就一定会功成名就。最后老死在陶地，世人相传叫他陶朱公。

【前事后鉴】

在春秋后期的吴越争霸史上，可谓是群英荟萃。吴国有夫差、伍子胥君臣，越国有勾践和范蠡、文种君臣，他们都是风云一时的人物。

范蠡和文种两人，一个治军，一个治政，可谓是越王勾践的左右臂膀，为越国最终灭吴立下了汗马功劳。然而，两人最终的归宿却很不相同，范蠡是"三迁皆有荣名，名垂后世"；而文种却被越王赐死。

两人为何有如此迥然不同的结局？范蠡的话可谓是揭示了中国古代政治史上的一种普遍的现象，那就是"飞鸟尽，良弓藏；狡兔死，走狗烹"。范蠡深深懂得鸟尽弓藏、兔死狗烹的道理，再加上他与越王勾践患难与共 20 余年，非常了解他的为人，知道他是一个可与共患难，不可与共享乐的人。所以，当他帮助勾践完成了剪灭吴国、称霸诸侯的任务后，便义无反顾地离开了勾践，乘舟浮海而去。反观文种，因迷恋权势，舍不得丢掉到手的荣华富贵，意识不到功高会震主，不懂得功成身退的道理，结果没有接受范蠡的劝告，铸成了自己的悲剧。

当然，懂得道理与身体力行毕竟是两回事。其实范蠡的劝说，文种也认为是有道理的，所以才有他为了避免君臣的直接冲突而称病不朝，只是他没有意识到他的存在本身，对越王勾践就是一种无形的威胁，只有铲除了这样的能臣，君王才能高枕无忧。从历史上看，范蠡与文种这两种不同的人生结局，总是在历朝开国功臣中不断地重演。当然，像范蠡这样功成身退的是少数，多数都像文种一样以悲剧收场。而从开国帝王的角度来讲，历史上不行杀戮的也确实是少数，多数都有大杀功臣的劣迹。我们通常总是说要重视吸取历史的教训，可是这方面的历史悲剧总是在不断地重演，看来这也许是人性的弱点使然吧！也正因如此，我们才更加赞叹范蠡的智慧和伟大。

范蠡一生三迁，还有一个重要指导思想，那就是"久受尊名，不祥"。他的话具有一种神秘的色彩，可确实也体现了一种人生哲理，这也就是司马迁一贯重视阐释的盛极必衰、物极必反的道理。范蠡深知这样一个道理，所以才会在自己无论是聚财还是居官，总是在鼎盛时期主动放弃，或散尽家财，或决然辞官。这是一种气魄，更是一种境界，我们能否从中得到一点启示、一些感悟呢?!

【相关链接】

成语：

鸟尽弓藏，兔死狗烹——意思是飞鸟射杀完了，好弓也就被收藏起来；兔子被捕杀完了，猎狗也就被烹食。范蠡帮助越王勾践灭吴后，功成身退。他给同僚文种写了一封书信，说："飞鸟尽，良弓藏；狡兔死，走狗烹。"《淮南子·说林训》也说："狡兔得而猎犬烹，高鸟尽而良弩藏。"比喻事情成功后，有功的人被杀害。(《史记·越王勾践世家》《淮南子·说林训》)

二十三、神医扁鹊断生死

天下尽以扁鹊能生死人。扁鹊说："越人非能生死人也，此自当生者，越人能使之起耳。"

——《史记·扁鹊仓公列传》

扁鹊，原姓秦，名越人，春秋末战国初齐国渤海鄚州（今河北任丘）人。因医术精湛，人们将他比作传说中黄帝时代的名医扁鹊，故而有"扁鹊"的称号。久而久之，民间只知有扁鹊，而不知有秦越人。

少年时期，扁鹊曾经做过客店的舍长，管理过往的住店旅客。在住店的旅客当中，有一个名叫长桑君的老者格外引起扁鹊的注意。在交谈中，扁鹊知道此人很有学问，尤其医术精湛，便有意要拜他为师；这位老者也格外欣赏扁鹊，觉得这个年轻人又勤奋好学，又礼貌正直，不同凡响，也有心要将自己的医术

扁鹊画像

传给这位后生。此后十余年间，长桑君南来北往，经常在这家店里住宿。在这么长时间的交往当中，扁鹊从老人那里学到了不少医学知识。有一天，长桑君对扁鹊说："我年纪大了，身边有一些禁方想传给你，你可不要外传啊！"扁鹊答应了老人。于是长桑君将自己所有的禁方书都拿出来给了扁鹊，扁鹊接过禁方书，刚要向恩师道谢呢，长桑君却突然不见了。扁鹊心想，长桑君一定是天神派来传我医术的人，看来我得肩负起救死扶伤的责任。

有了长桑君传授的医学知识和禁方书，扁鹊便开始一边行医，一边继续钻研医理。在不断的治病实践中，扁鹊逐渐练就了一套通过望、闻、问、切来医治病人的医疗本领，后人把这套治病方法称作"四诊法"。扁鹊行医，通常是率领弟子们周游列国。他依靠这套独创的诊断方法，医治过不少生命垂危的病人。他的医术精湛，已在民间广为流传，人们认为他是能断生死、起死回生的神医，仿佛就是古代神医扁鹊再生。

有一次，晋国权臣赵简子得了重病，晋都的名医都束手无策。刚好扁鹊路过晋国，便被请去探视病情。扁鹊来到赵简子的床前，把过脉后，很肯定地说："根据脉象，病情没有大碍，不必慌张。只要尽心调理，不出三天，病人就会醒过来的。"果然才过两天半，赵简子就苏醒了。为了感谢扁鹊，赵简子赐给他良田四万亩。

在这之后，扁鹊又与弟子们来到了虢国，碰巧在宫门下遇到虢国王室正在为太子办丧事，他便随意打听了一下太子得的是何病。宫中近侍告诉扁鹊说："太子得的是血气病。正气压不住邪气，致使邪气郁积，不得宣泄，昏厥而死。"扁鹊又问："太子已经死了多久？"回答说从早晨鸡叫到现在，还不到半天时间。于是扁鹊对这位近侍说：

"你让我前去看看，也许我能救活太子。"近侍觉得很荒诞，死人怎么还能救活，便不愿为他通报。经过扁鹊再三请求，近侍才勉强通报了国君。

虢国国君得知扁鹊前来拜见，赶紧起身来见他，说："久闻先生大名，只是未尝得以相见。今日先生经过我小国，这是敝国的荣幸。人们皆言有先生病人就能活，没有先生病人只好死于沟壑。有劳先生……"话没说完，已经哽咽不能语了。扁鹊对太子做了仔细诊断，更加确信了自己先前的判断，便对虢君说："太子得的病，叫作'尸蹶'（类似休克）。由于阴阳之脉紊乱，面如死色，身体静静地感觉不到呼吸，好像死去一般。其实太子并没有死，此病是可以治好的。"于是扁鹊让弟子取出几根银针，在太子身体各部位的穴位上进行针灸。不一会儿工夫，太子便苏醒过来了。扁鹊又让弟子煎药给太子服下，并给太子两腋下做热敷。不久，太子便可以坐起来了。又经过20余天的调养，太子终于完全恢复了。

扁鹊救治虢国太子的事情传开后，天下人都以为他能让人起死回生。扁鹊却说："我秦越人并没有本事让死去的人复活，是因为他本来就可以救活，我才能使他活过来。"

扁鹊到齐都临淄，齐桓侯亲自接待他。扁鹊发现齐桓侯的气色不对，就直言不讳地说："君王您有病，目前病在表层，如不及时治疗，病情将会加重。"齐桓侯断然否定，说："寡人没有病。"扁鹊离开后，齐桓侯对身边的人说："医生为了炫耀医术、博取名利，总是喜欢将没有病的人说成有病。"过了五天，扁鹊又来见齐桓侯，说："君王的病现在已经到了肠胃，如不治疗将会加深病情。"齐桓侯没有理睬他。扁鹊自知没趣，只好离开，桓侯自是很不高兴。又过了五天，扁鹊再一次来见齐桓侯，才一见面就扭头走了。齐桓侯觉得很奇怪，就派人来问是什么缘故，扁鹊回答说："病在表层，用汤、熨的办法就可以治疗好；如果进入血脉，还可以用针灸治疗；如果进入肠胃，还可以用'酒醪'治疗；如果进入骨髓，就无药可救了。现在君王的病已是进入骨髓，我只好赶紧走开。"此后又过了五天，齐桓侯身体疼痛难忍，便赶紧派人召扁鹊，扁鹊早已离开了齐国，桓侯很快就病死了。

扁鹊行医，强调以防为主。他认为聪明人总能及早发现病情，及早求医，这样病也好治，命也容易保住。不过，人所得的疾病，总是比治病的药方多。大体说来，有六种病人是不好医治的，他们是：骄横无理的人，轻身重财的人，穿衣、吃饭不适宜的人，阴阳之气紊乱不定的人，体质太弱不胜药力的人，相信巫术而不信医术的人。

【前事后鉴】

中华医学源远流长，在战国时期就已经取得了很高的成就。当时的人们已经对一些季节性的流行病、麻风之类的传染病有了初步的认识，并逐渐摸索出了一些预防和治疗办法。当时的道家学派为了长生不老，重视吐故纳新的气功疗法。医学家已经懂得人体解剖，知道内脏的大小、血管的长短、血液循环过程以及人体经络名称等。治病已经有了较多的分科，如有内科、外科、妇科、儿科等。诊断的方法已懂得望、闻、问、切。医疗器械已经出现了针、石、熨等。当时的药物学也有了长足的发展，根据医书记载已达 240 余种，有汤剂、丸剂、散剂等。在医疗手段上，已经懂得药物外敷、针灸、砭法、药浴、烟熏、熨法、角法、按摩等等。流传下来的《黄帝内经》（成书于西汉），包括生理、病理、诊断、预防、药物性能和施治原则等方面的内容，是我国古代医学理论体系建立的开始。

扁鹊便是这样一个医学大发展时代出现的杰出的医学家。他一生率领众弟子周游列国，到处救死扶伤，为人解除病痛，其医德之高、医术之精湛，受到了当时人们普遍的敬仰和爱戴。他在诊断学上，采用望、闻、问、切"四诊法"，奠定了后世中华诊断学的基础；他在治疗学上，采用了砭法、针灸、汤液、按摩、熨帖等方法，被后世广为运用。他的治病事迹，如让虢国太子"复活"、通过望法即知齐桓侯有重病在身等，已经在民间广为流传，人们认为他能断生死，能起死回生，称赞他是神医扁鹊。

今天，我们作为炎黄子孙，以能拥有这样一份丰富而宝贵的医学文化遗产而感到无比的自豪和骄傲。然而，由于众所周知的原因，祖国传统医学长期以来未被人们所重视。在努力实现中华民族伟大复兴的今天，我们应该责无旁贷地弘扬我们伟大民族的文化，宣传和发展我们祖国的传统医学，从而使其走出国门，造福于世界人民。

【相关链接】

解词：

四诊法——指中国古代医学的主要诊断方法。包括对病人望其形色、闻其声音、问其得病原因、切其脉象等，一共四种诊断法，简称"望闻问切"。"四诊法"的形成有一个过程，春秋末年战国初年的名医扁鹊，已经采用"切脉、望色、听声、写形"等诊断方法，也就是后人所概括的"四诊法"。（《史记·扁鹊仓公列传》）

二十四、商鞅立木树信誉

（商鞅）令既具，未布，恐民之不信，已乃立三丈之木
于国都市南门，募民有能徙置北门者予十金。民怪之，莫敢
徙。复曰："能徙者予五十金。"有一人徙之，辄予五十金，
以明不欺。卒下令。

——《史记·商君列传》

战国前期，秦国已经失去了往日称霸西戎的向上气势，国力日渐
衰落。与此同时，东方的魏、齐等国都在进行改革，声势逐渐显赫。

商鞅画像

就在这样一种不奋发图强将难以
生存的局面下，秦国幸运地出现
了一位锐意改革、积极进取的年
轻国君，他就是秦孝公。秦孝公
于公元前 361 年即位之时，虽然
仅有 21 岁，却深知人才对于国家
富强的重要性。他立志学习先祖
秦穆公，广揽天下治国人才。商
鞅，便是在这个时期响应秦孝公

的求贤诏令，由魏国来到了秦国。

商鞅是卫国公族之后，名鞅，故称卫鞅。本姓公孙，又称公孙鞅。因功封于商地，也称商君，又名商鞅。商鞅少年时，喜好刑名之学。学成后曾经入魏投奔魏惠王相公孙痤，担任中庶子的官职。公孙痤知道商鞅很能干，还没有来得及推荐他，就得了重病。弥留之际，魏惠王亲自前往探视。他对公孙痤说："公孙先生的病如果不见好，魏国将怎么办呢？"公孙痤说："中庶子公孙鞅虽然年轻，却是个奇才，希望大王任他为相。"魏惠王没有作声，实际上也就是不赞同。等魏惠王临走时，公孙痤屏去左右之人，对魏惠王说："大王既然不能重用公孙鞅，就必须要把他杀掉，不能让他离开魏国。"魏惠王许诺而去。于是公孙痤又派人将商鞅叫来，对他说："今天大王问我谁可以接任魏国之相，我推荐了你，大王的表情告诉我他没有同意。我先君后臣，就对大王说如果不能用公孙鞅，应该把他杀掉。大王答应了我。你现在赶紧离开魏国，慢了将会被抓住处死。"商鞅说："魏王不听您的话用我，又怎么会听您的话杀我呢？"于是商鞅并没有立即离开魏国。后来公孙痤死了，商鞅听说秦孝公诏令求贤，觉得自己在魏国也得不到重用，才西走入秦。

商鞅到了秦国，由好友、秦孝公的宠臣景监推荐，得以面见秦孝公。商鞅向秦孝公大谈古代帝王之道，秦孝公却是一句也听不进去，昏昏欲睡。之后秦孝公将景监责骂了一番，说："你的客人是一个狂妄之人，怎么能够重用呢？"景监以此责怪商鞅，商鞅解释说："我说以帝王之道，所以他不感兴趣。"过了五天，商鞅再次求见秦孝公，向他谈论王者之道，结果又是不得要领，秦孝公对此也丝毫没有兴趣。又过了五天，商鞅第三次求见秦孝公，这一次商鞅对秦孝公大谈霸道，秦孝公精神顿时为之一振。两人促膝谈心，一谈就是几天几夜，秦孝公丝毫没有倦意。回去后，景监问商鞅："你怎么说动了国君，国君听过之后是那样的欢快？"商鞅说："我以三代帝王之道劝说国君，国君说：'帝王之道见效太慢，我等不及。何况贤明的君主，都是在世时就能显名于天下，怎么能等待数十百年之后而成帝王之业呢？'所以我用强国之术以说国君，国君才欢喜不已的。不过这种办法是很难与殷、周之德相比的。"

于是秦孝公开始重用商鞅，准备在秦国实行变法，却又担心变更古法天下人会议论。商鞅看出了秦孝公的心思，为了打消他的顾虑，商鞅说："怀疑自己的行动，则会无名；怀疑所做的事情，则会无功。高人的行动，必然会遭到世人的非议；智者的思虑，必然会被视为傲慢；愚蠢的人事情过后还不知晓，聪明的人事情未发生就能看出苗头；老百姓不可以与他们商量事情，只可以与他们坐享其成；成大德者不拘泥于世俗，成大功者不谋于众人。所以圣人假如能使国家富强，不一定要效法古制；假如可以有利于百姓，不一定要遵循古礼。"

有个叫甘龙的人反对商鞅的说法，他说："圣人不改变民俗推行教化，智者不推行变法而使国家得到治理。遵循民俗进行教导，不用劳顿就能成功；依据旧法治理，官吏百姓都熟悉便行。"商鞅反驳说："甘龙所言，乃世俗所言。普通人安于世俗，学者困于所闻。依此可以守法，却不可以论变法。三代礼制不同而称王，五霸法制不同而称霸。"商鞅话音刚落，一个叫杜挚的人又站起来攻击商鞅的变法之论，他说："没有百倍的好处不必变法，没有十倍的功效不必更换东西。

法古不会出差错，循礼不会误入歧途。"商鞅反驳说："治世的办法都不一样，方便治理就不一定要效法古制。所以商汤、周武王不循守古制而称王，夏桀、商纣不知变更礼制而灭亡。因此，违反古礼不应被非议，遵循古礼也不值得称赞。"

听过商鞅等几个人的辩论之后，秦孝公觉得商鞅说得有理，从而更加坚定了他要推行变法的决心。秦孝公六年（前356），正式任命商鞅为左庶长，推行变法。

综观商鞅变法的内容，主要有以下几个方面：第一，什伍连坐。即在五家为伍、十家为什的基础上，建立相互告发和连同治罪的制度。凡告发奸人者可以获得与斩敌首级同样的奖赏，而藏匿奸人者受到与投降敌人一样的处罚。第二，鼓励军功。实行军功20等爵制度，军功的大小和爵级的高低，以战争中斩敌首级多少来定。凡斩敌甲士首级一颗，赏爵一级，想当官的，给予50石俸禄的官职。公族中没有军功者，不能列入20等爵簿籍，不能享受爵禄特权。第三，奖励耕织。规定凡致力于耕织致富者，免除其自身徭役；从事商业和手工业而陷入赤贫者，连同妻子一并收为官奴。

新法制定出来后，尚未颁行，商鞅担心老百姓不相信，于是，他便想了个法子。他让人在国都的南门立了一根三丈长的木头，贴出告示说："有能将此木扛到北门者，奖励10金。"老百姓都觉得奇怪，他们不相信有这样的好事，没有人敢扛。于是商鞅又让人重新贴出告示说："能扛走此木者，奖励50金。"有一个人壮着胆子，将这根木头扛到北门，便立即得到了50金的奖励。商鞅这样做的目的，是要使朝廷树立一种信誉，从而使新法能够得到贯彻执行。

新法才刚刚实行了一年，国都中很多人都觉得不方便。太子首先触犯了法律，商鞅说："法律之所以难以推行，是因为王公贵族不愿遵守。"于是要依法治罪。由于太子是嗣君，不能施加刑法，便将太子的师傅公子虔和公孙贾分别处以劓刑（割去鼻子）和黥刑（脸上刺字）。第二天，秦国人听说后，都认真遵守新法。

秦孝公十二年（前350）以后，商鞅又进一步推行了一些新法，主要有：一、废井田，开阡陌，承认土地私有，允许土地买卖。二、实行县制。在全国范围共置31个县，县作为一级地方行政机构正式出现。三、革除陋习，禁止父子兄弟同室居住。当然这一条也有利于发展生产。四、统一度量衡。

商鞅的新法推行十年之后，秦国的老百姓都尝到了新法的甜头，秦国开始出现了道不拾遗、山无盗贼、家给人足的景象。秦国人都勇于为国家打战，而怯于私人间相互械斗。社会得到了治理，人民安居乐业，秦国又重新开始强大起来。

至于商鞅本人，由于新法在很大程度上损害了旧的奴隶主贵族的利益，所以一直遭到他们的抵制。当支持变法的秦孝公死后，旧贵族们趁机进行陷害，商鞅最终被车裂而死。

【前事后鉴】

商鞅变法，是战国时期一次较为彻底的变法。它对于地处西部边陲、有着浓厚戎俗的秦国势力的迅速崛起，成为战国七雄之一，并进而最终剪灭东方六国、完成国家的统一，起了非常重要的作用。同时，商鞅变法所实行的土地私有制度、奖励耕战措施、建立县制，以及以法治国等，对于废除旧的奴隶主贵族世袭特权，促进新的封建生产关系的进一步发展，也具有深远的影响。因此，商鞅变法是一场对中国历史的发展有着重要推动作用的变法。

然而，如此一场有助于秦国富强和历史进步的变法，为什么主持变法的商鞅会落得个车裂而死的下场呢？换句话说，它为何会成为国家的福音，却是个人的悲剧？

还是在商鞅主持秦国变法的时候，有一个名叫赵良的人就对商鞅以刑法治秦提出批评，认为这违背了尧舜之道。当时的商鞅并不以为然，他要赵良评比他与秦穆公时期的五羖大夫百里奚谁将秦国治理得更好。赵良便直言不讳地说，百里奚治秦功名藏于府库，德行施于后世，所以死后人民非常怀念他。现在你商鞅治秦，不为百姓着想，又对贵族们滥施刑法，所谓"得人者兴，失人者崩"，"恃德者昌，恃力者亡"。你的危险好比是早上的露珠啊！商鞅后来的结局，确实不幸被赵良言中。

赵良说商鞅变法不为民着想，也许不一定正确，因为商鞅变法行之十年后，却是"秦民大悦"。但是，赵良认为商鞅滥施刑法，确是表现出了法家寡恩的一面。对此，史家司马迁也持同调，一方面充分肯定商鞅佐秦变法的功绩，一方面则认为其天资刻薄寡恩，对他的"少恩"提出批评。

从我们今天的立场来看，首先应该承认商鞅变法是顺应历史发展潮流的，它对于秦国的富强起了决定性的作用，而且影响深远。同时，作为变革家的商鞅，他的变革思想和政治魄力，也是值得人们敬仰的。但是，商鞅过于依赖严刑酷法，而不注重德治；变法操之过急，而不懂得循序渐进，这应该说是导致他个人悲剧的主要原因。商鞅的悲剧，应该对那些改革者们有所启示。

【相关链接】

典故：

商君言法弊——支持变法的秦孝公死后，当初被商鞅治罪的公子虔等人诬告商鞅图谋反叛，秦惠文王下令逮捕商鞅。商鞅装扮成老百姓，准备逃往国外。到了函谷关时，天色已黑，只好到客店过夜。掌柜要查验商鞅的凭证，商鞅没有，于是店主对商鞅说："商君之法，收留没有凭证者过夜，是要被治罪的，你还是走吧！"商鞅没有想到自己当初制定颁行的法律，如今却使自己成了不被留宿的丧家之犬，不禁万分感叹地说："哎，法律之弊竟然到了这种地步！"只好连夜赶路。(《史记·商君列传》)

著作：

《商君书》——也称《商子》。原书有 29 篇，现存 24 篇。旧题为商鞅所撰，然书中多附会后事，推断当为后世法家假托之作。其基本思想是主张法治，实行农战，加强集权，以使秦国富强。该书不但在战国后期广为流传，也是今天研究商鞅以及古代法家思想的重要著作。

二十五、庄子崇尚逍遥游

楚威王闻庄周贤，使使厚币迎之，许以为相。庄周笑谓楚使者曰："千金，重利；卿相，尊位也。子独不见郊祭之牺牛乎？养食之数岁，衣以文绣，以入大庙。当是之时，虽欲为孤豚，岂可得乎？子亟去，无污我。我宁游戏污渎之中自快，无为有国者所羁。终身不仕，以快吾志焉。"

——《史记·老庄申韩列传》

形成于春秋战国时期的道家，是对中国学术思想有重要影响的一个学派。春秋末年的老子著《道德经》五千文，高悬起"道"的哲学，开创了这一学派；战国中期的庄子继承并发展了老子的思想，成为道家学派的重要传人和代表人物，人们往往并称他们为"老庄"。

庄子，名周，宋国蒙（今河南商丘，一说安徽蒙城）人。庄子出身没落贵族家庭，早年曾经做过一段时间的漆园吏，有时还以打草鞋为副业。庄子一生淡泊名利，志在山林，虽然生活窘困，却能安贫乐道。在庄子的思想中，崇尚逍遥游，追求人生的自由，寻求安逸恬静的精神境界，是其中的一个重要方面，它对后世人们的精神生活产生了巨大的影响。

庄子生活的时代，是一个充满着战争和离乱痛苦的时代。既然人们在现实当中得不到应有的物质满足，倒不如去追求一种精神上的安慰，这也是庄子崇尚逍遥游的现实思想基础。庄子逍遥游的精神内涵，按照庄子自己的说法，无外乎三个方面，其一是"死生无变乎己"，其二是"游乎尘垢之外"，其三是"喜怒哀乐不入于胸次"。也就是说，"逍遥"就是要从困扰人生的生死之限、世俗观念和哀乐之情三种情态的束缚中解脱出来，而享受一种恬静、安逸、超脱的精神生活。

关于对生死大限的突破，也就是对死亡恐惧的精神克服，《庄子·至乐》讲了这么一个寓言故事：有一次，庄子到楚国去，夜间走路看见路旁有一个骷髅，想起此人暴尸荒郊野外，觉得很可怜，就问骷髅："先生是因为贪生背理，以至于此呢？还是因为国家败亡，遭到斧钺的砍杀，而到此地步呢？你是做了不好的事，玷污父母羞见妻儿而自杀的呢？还是因为冻饿的灾荒而死于荒郊呢？或者是年寿已尽而自然死亡的呢？"

庄子问完话，便拿着骷髅当枕头在路边睡觉了。半夜里，庄子梦见骷髅对他说："从先前的问话可知你是一个辩士。不过，你所说的，都只是活人的累患，死了就没有这些忧虑。你想听听死人的情形吗？"庄子说："好。"于是骷髅说："人死了，上面没有君主，下面没有臣子，也没有四季的冷冻热晒，从容地与天地相伴，即使是国王，也没有这样的快乐。"

庄子不相信骷髅的话，便试探地说："我使掌管生命的神灵恢复你的形体，还给你骨肉肌肤，把你送回到父母妻子朋友那里，你愿意吗？"骷髅听后却露出忧愁来，他说："我怎能放弃国王般的快乐，而重新回复到人间的劳苦呢！"

庄子重视从哲学高度和终极角度来看待生死问题。《大宗师》篇讲了这样一个寓言，说子祀、子舆、子犁、子来四人谈论生死问题，他们谈论说："谁能把'无'当作头颅，把'生'当作脊梁，把'死'当作尻骨，谁能知道生死存亡是一体，我们就和他做朋友。"于是四人相视而笑，内心默契，一同做了朋友。不久，子舆生病了，弯腰驼背，子祀去看他，问他是否厌恶自己的形状，子舆却回答说："伟大的造物主把我变成一个拘挛的人，我为什么会厌恶！再说人生是适时，人死是顺应；能够安心适时而顺应变化的人，哀乐的情绪就不会侵袭到心中，这就是人们常说的所谓'解除束缚'吧！"

后来子来生病快要不行了，他的妻子伤心地哭泣着。好友子犁来看他，见到他的妻子在哭泣，就很不高兴地说："你还是走开吧，不要惊动将变化的人。"又对子来说："造化者将要把你变成什么东西呢？将要送你到哪里去呢？是将你变成老鼠的肝还是变成小虫的膀子？"子来回答说："儿子对于父母，无论要到东西南北，都得服从。自然对于人，无异于父母，它要我到哪里，还有什么不可的呢！"

庄子的妻子去世了，他的好友惠施前来问候，看见庄子正敲盆唱歌。惠施很生气，斥责庄子说："你的妻子为你生儿育女，为你的家庭辛苦操劳一辈子，如今体弱生病过世了，你不但不哭，反而敲盆唱歌，实在太过分了。"庄子却说："我的妻子操劳过度而病逝，我哪有不悲伤的道理呀！只是转念一想，人本来就是没有生命的，只是气聚成形而有了生命；一旦气消而散，生命也就没有了，因此，生命是气化的结果。如今我的妻子去世了，就像春夏秋冬一样的自然。她现在已经安息在大自然之中，如果我还要大哭大叫，就实在不懂情理了。"

说得惠施无言以答。

庄子一生清贫，是因为他"游乎尘垢之外"，不愿拘守世俗。有一次，庄子在濮水畔钓鱼，楚威王派了两位大夫来请他去楚国做官。两位大夫见到庄子后说："我们大王想将国内的政事委托于先生，不知先生意下如何？"庄子拿着鱼竿头也不回，说："我听说楚国有一只神龟，已经死了三千年，国王将它盛在竹盒里用布包着，藏在庙堂之上。请问你们，这只龟是宁可死了留下一把骨头让人尊贵呢？还是愿意活着拖着尾巴在泥巴里爬？"两位大夫不知庄子话中之意，便不假思索地说："当然宁愿活着拖着尾巴在泥巴里爬。"于是庄子说："那就请便吧！我还是希望拖着尾巴在泥巴里爬。"两位大夫只好无可奈何地走了。

庄子的好朋友惠施做了梁惠王的相，庄子要去看他。有人便对惠施说："庄子来看你是假，想取代你做相国是真。"惠施当然清楚庄子的才学，听人这么一说，感到很恐慌。为了避免此事的发生，惠施下令在国中搜寻庄子，一连进行了三天三夜。然而，庄子却神不知鬼不觉地进了惠施的家门。一见面，庄子就对惠施说："南方有一种鸟，名叫鹓鹐，你知道吗？鹓鹐从南海出发，飞到北海，不是梧桐树它不休息，不是竹子的果实它不吃，不是甜美的泉水它不饮。有一只猫头鹰找到一只腐烂的老鼠，刚好此时鹓鹐从这里飞过，猫头鹰便仰起头对它大喊一声：'吓！'现在你贪恋权位，就像猫头鹰贪食这只腐烂的老鼠一样，难道你真的认为人家也会像你一样吗？你下令在国中搜寻我，难道也像猫头鹰吓鹓鹐一样，用你的梁国来吓我吗？"惠施听后，惭愧万分，只好一个劲地向庄子道歉。

庄子是一个"喜怒哀乐不入于胸次"的人。老庄道家哲学崇尚自然无为，清静恬淡，认为虚静、恬淡、寂寞、无为，这是天地的本原和道德的极致。庄子认为，人们崇尚清静便能无为，无为才能安逸，安逸的人才不会被忧患所困扰，这样便可以延年益寿。认为圣人总是休息本心，所以能安稳，安稳便能恬淡。而安稳恬淡，忧患就不能进入，邪气就不能侵袭，因此德性就能完整而精神也不亏损。庄子进一步指出，人们只有明白虚静、恬淡、寂寞、无为乃万物本原的道理，那么，做国君的才能成为像尧一样的国君，做人臣的才能成为像舜一样的臣子。以此处于上位，便是帝王天子的长德；以此处于下位，便是玄圣素王的原则；以此隐居闲游，江海山林之士便心服；以此安抚世界，便能建功显名。

从这样一种清静无为的哲学出发，庄子主张"喜怒哀乐不入于胸次"。庄子认为，人如果过于欢乐，就会伤害阳气；过于愤怒，就会伤害阴气。又说悲乐是德的邪僻，喜怒是道的过错，好恶是心的失误。所以内心没有忧乐，是德的极致；精神转移不变，是静的极致；与事理无所抵触，是虚的极致；不和外物交接，是恬淡的极致；与万物无所违逆，是纯粹的极致。

庄子还提出了与世俗明显不同的欢乐观。他认为世间俗人所尊贵的，就是富有、华贵、长寿和善名；所享乐的，就是身体的安逸、丰盛的饮食、华丽的装饰、美好的颜色、悦耳的声音；所厌弃的，就是贫穷、卑贱、夭折、恶名；所苦恼的，就是身体不能得到安逸，口腹不能得到美味，外表不能得到华丽服饰，眼睛不能看到美好颜色，耳朵不能听到动人声音。而一个人如果是这样去对待自己的形体，去感觉自己的喜怒哀乐，那就太愚蠢了，因为它与保全形体的本意是背道而驰的。在庄子看来，真正的欢乐是清静无为，而这恰恰又是世俗之人最感苦恼的，所以他说："至极的欢乐在于'无乐'，最高的声誉在于'无誉'。"

【前事后鉴】

庄子崇尚"逍遥"的自由观，集生死观、世俗观与哀乐观于一体。其主旨思想是要人们从困扰人生的生死之限、世俗观念和哀乐之情三种情态的束缚中解脱出来，而享受一种恬静、安逸、超脱的精神生活。庄子的这种逍遥游的思想，既是一种虚幻的和理想化的思想，因为在现实芸芸众生当中，能够如此地看待生死、世俗和哀乐的人，毕竟是凤毛麟角；同时又是真实的，因为通过哲学的洞察和精神的修养，从而实现对死亡恐惧的克服、世事纷扰的超脱以及哀乐之情的消融，以达安宁、恬静的心理状态和精神境界，则是完全有可能的。

毫无疑问，生死问题是对人生逍遥游境界的一种限制。而庄子建立在他的气化哲学基础上的生死观，这对这一问题作了很好地消解。庄子以气聚成形而有生命，回答了人生问题；又以气散而消、返归自然，解说了死亡问题；并以"化"来说明从生到死的过程。庄子通过对人的生死作出物质性和自然性的解说，就从根本上将人们对死亡的恐惧感给消解了。而从思想发展史而言，任何去除死亡恐惧的思想或理论，都是具有精神解放意义的。同时，由于世界上的宗教大多都是以恐惧为基础的，从这个意义上讲，庄子对于生死大限观念的突破，和对死亡恐惧的克服，对于传统文化中宗教因素的滋生也起了积极的抑制作用。

庄子"游乎尘垢之外"的处世态度，是其逍遥游的重要表现。然而作为一种人生态度，这种超然世上的离世做法，是有一定的消极性的。有人说这是出身没落贵族的庄子，面对时代巨变，心理无法调适，从而消极退隐。不过，庄子一方面逃遁于世外，一方面又心仪圣人"能游于世而不僻，顺人而不失己"，赞赏这种顺乎世俗的做法。其实，在庄子的处世哲学中，超世、遁世、顺世，只是其精神境界中不同精神境况的不同显现罢了。同时我们也应该看到，庄子的这种处世态度，对于传统文化中人们精神生活的建构和人生态度的选择也是有着重要影响的。

庄子"喜怒哀乐不入于胸次"的哀乐观，既是对世俗欢乐观的一种否定，同时也是人生精神境界的一种体现。庄子一方面向人们指出，世俗所谓的欢乐，总是劳其形体的，实际上并没有欢乐可言；只有清静无为，才是人生欢乐的最高境界。另一方面，庄子希望人们站在高远的位置上来观察和体味人生，那样人们的胸襟自然变得宽广，祸福、穷达也就无足萦怀，世俗的纷扰就会化为心境的宁静，世俗的哀乐自然也就被摒弃和超脱。

总之，庄子的逍遥有所反映的这种无待、无患、无累、无欲、无为思想，和对生死、命运、情欲等等困扰人生的种种系累的超脱，从其方法的解说，到自由情态的描述，无疑是一种重要的精神觉醒，是中国古代自由思想的开启。

【相关链接】

寓言：

庄周梦蝶——庄子有一次做梦，梦见自己变成了蝴蝶，翩翩起舞，遨游各处，悠游自在。忽然醒来，发现自己还是先前的庄周。庄子纳闷，究竟是庄周做梦化为蝴蝶了呢？还是蝴蝶做梦化为庄周了

庄周梦蝶

呢？庄子从中悟出了"物化"的道理。(《庄子·齐物论》)

知鱼之乐——庄子与好友惠施游玩于濠水的桥上，见到水中鱼儿游玩，庄子说："白鱼悠哉地游玩，这是鱼的快乐啊！"惠施对庄子说："你不是鱼，怎么知道鱼儿的快乐？"庄子回答说："你不是我，又怎么知道我不知道鱼的快乐？"惠施辩解说："我不是你，固然不知道你；你不是鱼，你也一定不知道鱼的快乐。"庄子说："话应该从头说起，你说'你怎么知道鱼是快乐的'，分明是你已经知道我知道鱼的快乐才问的，现在我告诉你，我是在濠水桥上知道的啊！"这段对话体现了庄子的善辩。后来用于比喻善于体会物情。

著作：

《庄子》——亦称《南华经》，为庄子及其后学所著，道家经典之一。《汉书·艺文志》著录《庄子》52篇，但留下的只有33篇。其中内篇七篇，一般认定为庄子著；外篇杂篇可能参杂着他的门人和后来道家的作品。该书各篇文章汪洋恣肆，多采用寓言故事的形式，想象丰富，在哲学思想和文学艺术上都有较高的研究价值。对后世学术思想有重要影响，历来注解书很多。

释词：

寓言——一种文体。其意是有所寄托或比喻之言。司马迁说《庄子》一书十余万言，"大抵率寓言也"。后称先秦诸子中短篇讽喻故事为寓言。

二十六、屈原忠贞遭放逐

屈原至于江滨，被发行吟泽畔。颜色憔悴，形容枯槁。渔父见而问之曰："子非三闾大夫欤？何故而至此？"屈原曰："举世混浊而我独清，众人皆醉而我独醒，是以见放。"

——《史记·屈原贾生列传》

屈原是战国时期楚国人，中国古代杰出的思想家、伟大的爱国主义诗人。他的远大政治理想，爱国爱民的伟大诗篇，忧国忧民的情怀，疾恶如仇的思想感情，坚贞不屈的斗争精神，千百年来，一直受到中华民族的子孙的崇敬和颂扬。

屈原画像

屈原，名平，字原。与楚国国君是同姓（姓熊），楚武王的儿子瑕的后代，因为瑕的封地在屈地，后代遂以地为氏。据屈原在《离骚》中的自述，他父亲为其取名曰"平"，有平正之意，象征着天；以"原"为字，即广平的土地，象征着地。这样，他的名字就合天地人于一体了。很显然，屈原的父亲对其儿子是寄予很大希望的，屈原也常常以此勉励自己奋发有为。后人多称呼他的字，而少有称名的，也是出于对他的尊敬。

出身于贵族之家的屈原，受到过良好的教育，加之天资聪慧，逐渐成长为博学多才、擅长辞令而又志向远大的青年学者。屈原还特别关心国事，明于国家治乱兴衰之理。正因此，他得到了楚怀王的赏识，20 岁时就被任命为左徒，这是一个近臣之职，多为君王所宠信的人担任。这时的屈原，在朝中则与君王议论国家大事，制定政令；对外则接待宾客，管理有关诸侯事务，楚怀王对他甚是信任和倚重。

上官大夫嫉贤妒能，看到屈原如此受到重用，心生不满，就想找机会离间楚怀王与屈原的关系。有一次，楚怀王要屈原制定一份宪令，屈原拟定了初稿，还没有来得及呈献给怀王。上官大夫看到了，就想夺来据为己有，遭到屈原的拒绝。于是上官大夫就到楚怀王那里进谗言，说："君王让屈平制定宪令，大家都知道这件事，但是每次发布一项命令，他都夸耀自己的功劳，以为没有他别人就做不到。"楚怀王听后非常生气，从此开始疏远屈原。

在这之后，上官大夫一帮人竭力投楚怀王所好，整日里在怀王面前进谗言，离间怀王与屈原等一些正直大臣的关系。而楚怀王又是一个耳根软的人，喜欢人家阿谀奉承他，越来越忠奸不分，像屈原这样正直大臣的话就再也听不进去了。不久，在一帮奸臣的鼓动下，楚怀王罢了屈原左徒的官职。从此以后，楚国的政治在这一帮昏庸君臣的统治下，已经变得日益昏暗了。

屈原被解职以后，看到楚国君王听信谗言、是非不分，国家政治日益昏暗，国势日渐衰落，百姓生活困苦，而自己却空有报国之志，无法救国家、人民于水火，心中自是十分焦虑。这种忧国忧民的心情，和对自身遭遇的悲愁交织在一起，激起了诗人的万千思绪，很快就创作出了一首自叙性的长诗，她就是千古不朽的著名诗篇《离骚》。

离骚者，遭遇忧患也。屈原因忧国忧民而作《离骚》，故而在这首长诗中表达了对祖国和人民的真挚感情，寄予了自己远大的政治理想，表现了对楚国恶势力疾恶如仇的思想感情和自己坚贞不屈的斗争精神。同时，《离骚》又是思想性与艺术性完美结合的典范之作。从文学艺术的角度而言，《离骚》是楚辞这一文学体裁的代表作，由于它的杰出艺术成就，后人直接称楚辞为骚体诗。司马迁在《史记》本传中，从思想性和艺术性两个方面对屈原《离骚》给予了很高的评价，他认为《诗经》中的《国风》爱慕美色，却不淫乱；《小雅》怨恨讥讽，却不暴乱；而《离骚》则对它们兼而有之。诗中上古述及帝喾，下世说到齐桓公，中古论及商汤、周武王，讥刺世事，阐明道德的广大崇高，条列政治的治乱兴衰。它的文字精练，词义含蓄，志向高尚，品行廉正，文章述事小却旨意大，以近事作比喻而旨意却深远。《离骚》之志，可以与日月争光。

后来楚怀王想联合齐国，考虑到屈原擅长辞令，想派他出使齐国，便重新起用了他，任命他为三闾大夫。而此时秦国正打算攻打齐国，却因齐、楚联盟而颇有顾忌。于是秦惠文王便让张仪假装脱离秦国，带着很多贵重礼物前来投靠楚国。张仪对楚怀王说："秦国非常憎恨齐国，而齐国与楚国联盟，楚国假如能与齐国断交，秦国愿意献出商於之地六百里。"楚怀王因贪图土地而相信了张仪的话，便与齐国绝交，派使者到秦国去接受土地。这时已经回到秦国的张仪对楚国使者说："我张仪与楚王约定的是六里地，没听说是六百里地。"使者很气愤地回到楚国，将情况报告了楚怀王。楚怀王大怒，决定兴兵讨伐秦国。两军交战，结果失去齐国支持的楚军遭到惨败，楚国汉中之地因此被秦国占据。

第二年，秦国想将汉中之地还给楚国，以与楚国讲和。楚怀王对秦国人说："我不想得到土地，只要得到张仪就甘心了。"张仪听说后，对秦王说："用一个张仪来换汉中之地，我愿意前往楚国。"于是张仪来到楚国，用重礼贿赂权臣靳尚，又施展诡辩哄骗怀王宠姬郑袖。楚怀王对郑袖言听计从，竟然放走了张仪。此时刚好屈原出使齐国回来，就对怀王说："为什么不杀死张仪呢？"楚怀王也正为放走张仪而后悔，便赶紧派人去追，结果已经来不及了。

秦昭王时，想跟楚国结为姻亲，希望楚怀王到秦国会晤。楚怀王打算去，屈原劝谏说："秦是虎狼之国，不可信任，不如不去。"楚怀王小儿子子兰却劝怀王去，说："为何要绝秦国之欢呢？"于是怀王决定前往。结果受骗被扣，客死秦国。

顷襄王即位后，让他的弟弟子兰做了令尹。楚国人对子兰当初劝怀王入秦颇有怨言。屈原虽然对楚怀王忠奸不分、至死不悟不满，认为他是一个昏庸之君，却也赞同楚国人对子兰的责备。屈原的态度引起子兰的很大不满，便指使上官大夫到顷襄王那里进谗言。谁知新君顷襄王比乃父的昏庸还有过之而无不及，竟然听信一面之词，就罢了屈原的官职，把他放逐到南方遥远而荒凉之地——溆浦（今属湖南）。

屈原再度遭到放逐，先后写出了《天问》《涉江》《哀郢》等著名诗篇，表达了自己对楚君不辨忠奸的悲愤，倾吐了自己对故乡的思念之情，以及对人民颠沛流离的苦难生活的同情。此时的屈原，虽然上下求索，却已经无法为楚国和他自己找出一条光明的出路，所以他苦闷、悲愤。

公元前 278 年的一天，诗人披头散发，悲吟于汨罗江畔。他气色憔悴，形容枯槁。一位在江边打鱼的渔翁看见了他，就问道："您不就是三闾大夫吗？什么缘故弄到这般地步？"屈原说："世人混浊，唯我独清；众人皆醉，唯我独醒，所以我遭到放逐。"

渔翁说："圣人不固执地对待事务而能随着世道而变。世人混浊，为什么您不随波逐流呢？众人皆醉，为何不跟着吃糟喝酒呢？为何要怀抱着美玉般的德操，而使自己被放逐呢？"屈原说："我听说，刚洗过头的人必然会弹弹帽子，刚洗过澡的人一定会抖抖衣服，人们怎么会愿意让自己的清白之身，去受到外物的玷污呢！所以我宁可投身于奔流不息的江水，葬身于江水鱼腹之中，怎么可以让自己洁白无瑕之躯蒙受世俗的污染呢？"于是，伟大的诗人怀抱着石头投了汨罗江。

【前事后鉴】

屈原是楚怀王、楚顷襄王时期的大臣。当时的楚国政治昏暗，楚怀王是一个不辨忠奸的昏君，他内惑于郑袖而外欺于张仪，听信谗言而疏远屈原，贪图小利而绝齐被欺，受骗入秦而客死他乡，终为天下人所耻笑。楚怀王之后的顷襄王，更是个是非不分、只听信谗言的昏君，他即位不久，便仅依奸臣的一面之词，就将忠臣屈原再度放逐。

屈原是一位忠信之臣，他为了楚国的强大，力行革新政治，结果却遭到腐朽势力的迫害，最终被楚王疏远、流放。屈原的信而见疑，忠而被谤，使他忧愁幽思而作《离骚》，借此以发泄心中的郁闷。不过，身处逆境的屈原，却绝不随波逐流，与那些昏庸的同僚同流合污。他虽然不在其位，却依然关心楚国政治，积极推举贤才，直谏楚王。遭流放后，忧君、忧国、忧民之心不改。出于对自己国家的热爱，他身被流放，却不肯迈出楚国的国土，忠贞爱国之情是何等的强烈！困境中的屈原曾经努力地上下求索，却依然报国无门。这种"举世混浊而我独清，众人皆醉而我独醒"的尴尬局面，致使伟大的爱国诗人最终投入汨罗江结束了自己的生命。这是屈原的不幸，更是楚国的悲哀。

史学家司马迁敬重屈原的为人，同情他的遭遇，所以他说："余读《离骚》、《天问》、《招魂》、《哀郢》，悲其志。适长沙，观屈原所自沉渊，未尝不垂涕，想见其为人。"司马迁为屈原立传，既是歌颂屈原不屈不挠的品格和热爱祖国的精神，也是对当时楚国黑暗政治的讥讽和鞭挞。

屈原遭放逐留给后人的启示是：知人善任，国家才能兴旺；听信谗言，国家必然衰败。而屈原的忠贞爱国精神，则是我们今天实现中华民族伟大复兴的重要精神源泉。

【相关链接】

民俗：

端午节——端午，又称"端五""重五"，为农历五月初五日。相传这一天是伟大的爱国诗人屈原投汨罗江的日子，当地人民为了纪念他，每逢这一天，都来到汨罗江边，划着小船，向江中撒着稻米，通过这些仪式来表达人们的怀念之情。久而久之，这些便演化为吃粽子、划龙舟的民间风俗，形成为中华民族的一个重要的传统节日。

典故：

秭归——相传屈原被楚怀王罢去左徒官职、遭到放逐后，曾经回到过自己的故乡（今湖北秭归县城东北三十公里的屈坪）。屈原有一个很贤惠的姐姐名叫女嬃，她知道屈原遭放逐心中一定很苦闷，就特意赶回娘家来安慰他。当地人因此将屈原的家乡取名为"秭归"，"秭"与"姊"互通，意思是说姊归来了。如今秭归一带还留有许多关于屈原的古迹，反映了人民对屈原的崇敬之情。

职官：

三闾大夫——官名。战国时楚国设置。掌管昭、屈、景三姓贵族。屈原曾任此职。（《史记·屈原贾生列传》）

著作：

《离骚》——《楚辞》篇名。为战国时楚国伟大的爱国诗人屈原所作。当时楚国政治黑暗，屈原怀才不遇，作此以明其志。司马迁认为《离骚》是屈原发愤之作；汉刘向编辑《楚辞》，尊称之为《离骚经》。

人文景点：

屈原祠——又叫清烈公祠。在今湖北秭归县城东。传说屈原投江后，有一只神鱼将他的尸体驮回他的故里秭归，埋葬于城东。唐朝元和十五年（820）建祠，宋、元、明、清各代都对祠进行过修葺。祠殿后有屈原墓，墓前的石坊、门阙均为清道光年间原物。

屈原故里——旧名乐平里，在今湖北秭归县城东北 30 公里的屈坪。乐平里东北山梁下有香炉坪，相传为屈原诞生之地。因屈原诞生地，他父亲曾在此摆设香炉祭天，故得名。香炉坪有屈原庙，相传也是唐元和年间所建，1980 年翻修过。香炉坪附近 1.5 公里处有一天然石洞，称"读书洞"，相传为屈原少年时读书之处。

二十七、田单大摆火牛阵

> 田单乃收城中得千余牛，为绛缯衣，画以五彩龙文，束
> 兵刃于其角，而灌脂束苇于尾，烧其端。凿城数十穴，夜纵
> 牛，壮士五千人随其后。牛尾热，怒而奔燕军，燕军夜大
> 惊。牛尾炬火光明炫耀，燕军视之皆龙文，所触尽死伤。
>
> ——《史记·田单列传》

公元前 284 年，燕国名将乐毅率领燕国军队攻打齐国，燕军长驱直入，一举攻陷齐国 70 余座城池，只有莒（今山东莒县）和即墨（今山东平度）两城还在坚守着，齐国已是岌岌可危。就在这关键时刻，坚守即墨的齐国将领田单，计设火牛阵，给燕军以沉重的打击，随后展开猛烈的反攻，很快光复了齐国。田单以火牛阵而使齐国复国，在中国古代战争史上留下了光辉的一页。

田单，是齐国田氏王族远房亲戚。齐湣王时，田单在齐都临淄做管理市场的小官，默默无闻。燕国将领乐毅率军攻破齐国，齐湣王仓皇出逃，退守莒邑。当时田单也逃到安平（今山东临淄东北），他让宗族的人把车轴两端突出的部分统统锯掉，然后箍上铁箍。等到燕军攻下安平时，齐人争先逃走，撞断了车轴，无法继续坐车逃跑，结果

都被燕军俘虏了。只有田单的族人因为有铁箍包住车轴，而得以逃往即墨。

燕军势如破竹，齐国只剩下莒和即墨两座城没有被攻下。乐毅听说齐湣王在莒邑，便派军队猛攻该城。有个叫淖齿的人杀死齐湣王，率领莒邑军民奋力抵抗，双方相持数年，燕军终究没有攻下莒邑。于是燕军又转而围攻即墨，即墨守城长官出城与燕军交战，结果战死。于是城中军民共同推举田单，他们说："安平之战，田单族人用铁箍包车轴，从而得以安全脱险，说明田单会用兵。"于是推田单为将军，率领即墨城中军民抵抗燕军。

不久，燕昭王死了，燕惠王即位，他与燕将乐毅一向不和。田单打听到这些情况后，便设下了反间计。他派人到燕国，故意到处放言说："齐湣王已经死了，齐国没有被攻下的城池也只不过剩下两座而已。乐毅害怕回去被诛杀，所以借着讨伐齐国的名义，实际上是想联合南面的军队在齐国称王。只是齐国人暂时还没有归顺他，所以才不急于攻下即墨，为的是等待时机。齐国人所担心的，就是怕改派其他将领来，那样即墨就保全不了了。"燕惠王果真相信了这样的话，便让骑劫代替乐毅做了燕国大将。乐毅被革职回到老家赵国，却让无能的骑劫来统率军队，燕国的将士上上下下都愤愤不平，军心开始动摇。

再说田单施反间计成功后，即墨城中军民更是信心倍增。于是田单又让城中百姓吃饭时，先在家中庭院里祭祀祖先，结果引来了许多鸟在即墨城的上空飞来飞去，争食庭院里的祭祀食物。燕军不知其中缘故，感到奇怪。于是田单让人传出话说："这是天神下凡，即墨人有神师相助了。"暗中叫一个机灵的士兵装扮成"神师"。于是田单每下一道命令，都要恭恭敬敬地拜这位"神师"，说是天神的教导。城中将士听说有天神下凡相助，一个个都非常高兴，更有了取胜的信心；而燕国的将士听说齐军有天神相助，心里都感到害怕。

接着田单又让人到燕军中放话说："我们就害怕燕国人把我们的俘虏割去鼻子，再派他们到燕军队伍的前面与我们作战，那样即墨的军民就会人心涣散，城也就保不住了。"骑劫信以为真，此后抓到齐国俘虏，都统统割去了他们的鼻子。城中人看到齐国被俘的士兵都被割去了鼻子，都非常恼怒，都更加重视坚守城池，担心被燕军俘虏去。

于是田单又施反间计，派人到燕军中煽动说："即墨人最担心燕军挖我们城外祖宗的坟墓，凌辱我们的祖先，这是最为寒心的事情，即墨人一定没有信心坚守城池了。"骑劫果然又上当了，他命令燕军把齐人的祖坟都挖去，烧毁坟中的尸骨。即墨人在城上看到如此悲惨的情景，一个个痛心疾首，愤恨不已，纷纷要求出城与燕军决一死战。

田单看到齐国军民的士气已经起来，知道该到决战的时候了。于是他亲自拿着夹板铲锹，与士兵们一道修筑工事，又将自己的妻妾和亲人编入到队伍中，之后拿出全部的酒肉犒劳众将士们。他命令穿着铁甲的精兵都埋伏起来，让老弱残兵和妇女们守城，然后派使者出城与燕军相约投降。消息一传开，燕军都高呼"万岁"，毕竟他们已经围城数年，今天总算盼到了战事的结束。与此同时，田单又拿出重金，让即墨城中富豪送给燕军将领，对他们说："即墨就要投降了，希望将军们能保全我们几族的妻妾，使她们安然无恙。"燕军将领大喜，自然满口答应他们的要求。于是，燕军对即墨城的防备就更加松

田单大摆火牛阵

懈了。

田单在麻痹燕军的同时，早已想好了用"火牛阵"来进攻燕军。他将城中一千余头牛集中起来，给牛身上披上用大红绸绢制成的被服，上面画上五颜六色的龙纹，牛角绑上锋利的尖刀，牛尾巴上绑着浸透了油脂的芦苇。然后在城墙根凿上几十个洞，乘着黑夜，用火点燃牛尾巴上的芦苇，将火牛放出来，五千精兵紧随其后。被火烧着尾巴的牛便拼命地往前狂奔，直冲燕军兵营，五千精兵紧跟着奋勇拼杀，燕军在黑夜之中毫无防备，见到这种阵势，自然是大惊失色。借着火牛身上发出的火光，燕军看到这些怪物身上尽是些像龙一样的斑纹，头上长着明晃晃的尖刀，早已吓得两腿发软，无法挪动，许多人都被火牛顶死或受伤，再加上五千精兵接踵而来的砍杀，以及城中军民敲起震天的鼓声，燕军真的以为是天兵天将下凡来了，纷纷落荒而逃，溃不成军，主将骑劫乱中被齐人杀死。

齐军乘胜追击，趁机收复了大片失地。那些被燕军占领的齐国地区的人民也纷纷起来响应，燕国军队全线告退，当初被燕军占领的齐国七十余座城池全部光复。齐国人从莒邑迎接他们的国君齐襄王入临淄城，一度几乎亡国的齐国终于得以幸免，田单也因其杰出的功业被齐襄王拜相晋爵。

【前事后鉴】

战国是一个好施谋略的时代，齐人田单则是一位以足智多谋著称的名将。他在齐国被燕军一连攻破七十余城，国家岌岌可危的关键时刻，坚守即墨城，通过大摆"火牛阵"，出奇制胜，一举击败燕军，成为中国古代战争史上光辉战例。

田单之所以能以弱胜强，首先在于他知彼知己，善于利用敌方矛盾以削弱敌方实力。燕军统帅乐毅是一位杰出的军事将领，又得到燕昭王的信任，所以齐国仅剩的莒邑和即墨两城齐军的守城抗战非常艰巨。然而就在这个节骨眼上，燕昭王去世，新即位的燕惠王与乐毅向来有隔阂。田单一直密切注意燕军，当他得知这一情况后，觉得这是天赐良机，便立即想到使用反间计，来进一步激化他们君臣之间的矛盾。燕惠王果然中计，用无能的骑劫来取代名将乐毅。后来燕军一步步走向失败，与骑劫的昏庸无能有密切关系。其次是善于使用计谋，动摇敌方军心，坚定己方抗敌决心。如田单利用迷信，使燕军和齐军都相信齐国军队有"神师"相助，这在心理上造成了燕军的胆怯，却鼓舞了齐国的士兵；又通过反间计，使燕军割去俘虏的齐军士兵的鼻子，挖掉城郊齐国人的祖坟，从而更加激起了齐国军民对燕军的愤恨，坚定了他们誓死抵抗的决心。最后是制定了正确的作战方针，从而打败了强敌。田单很清楚，燕齐强弱分明，要想按常规的办法以即墨齐军的兵力对付燕国大军，是不可能取得战争胜利的。于是他想出了用"火牛阵"来进行战略反击，这确属奇思妙想，在中国古代军事史上是前所未有的非常规做法。然而，正是这种"火牛阵"，最终打败了强大的燕军，挽救了齐国。

田单在抗击燕军以前，并不为人所知。困于即墨时，也是因为即墨大夫战败而死，城中人推举他做了守城将军。然而，田单没有让人们失望，正是依靠他的智谋，打败了燕军，收复了齐国的失地，成就了中国古代军事战争史上的一个奇迹，田单也因此名垂千古。田单的事迹，是对"国家兴亡，匹夫有责"这句千古名言的最好诠释。

【相关链接】

历史事件：

田氏代齐——田单是齐国王族的远房亲戚，然而齐国本来是姜姓诸侯，怎么又成了田姓？原来在春秋后期齐国的历史上，曾经发生过田氏代齐的重要事件，从此以后齐国便成了田姓诸侯国。春秋时齐国的田氏即陈氏，古代"田"与"陈"通用。齐景公时，田桓子（即陈无宇）用大斗出贷、小斗收进等办法，笼络人心；又联合齐国的鲍氏，攻灭了栾氏和高氏（齐惠公后代）两大贵族。齐晏孺子时，田厘子（即田乞）又攻灭国氏、高氏（齐文公后代）和晏氏，杀死晏孺子，拥立齐悼公。随后又杀死齐悼公，拥立齐简公。周敬王三十九年（前481），田成子（即田常）杀死齐简公和右相监止，田氏从此开始在齐国专权。周安王十一年（前391），田和迁齐康公于海上；五年后，周安王正式承认田氏为诸侯，田氏最终代齐。（《史记·齐太公世家》）

二十八、蔺相如完璧归赵

王召见，问蔺相如曰："秦王以十五城请易寡人之璧，可予不？"相如曰："秦强而赵弱，不可不许。"王曰："取吾璧，不予我城，奈何？"相如曰："秦以城求璧而赵不许，曲在赵。赵予璧而秦不予赵城，曲在秦。均之二策，宁许以负秦曲。"王曰："谁可使者？"相如曰："王必无人，臣愿奉璧往使。城入赵而璧留秦；城不入，臣请完璧归赵。"赵王于是遂遣相如奉璧西入秦。

—— 《史记·廉颇蔺相如列传》

战国时期，诸侯之间的外交活动十分频繁，由此涌现出了许多思维敏捷、善于辞令的杰出的外交家。赵惠文王时期的蔺相如，便是其中的代表人物。他作为小国的使臣出使强秦，肩负着以和氏璧换取秦国 15 座城的外交任务，最终以其大智大勇，挫败了秦国既想得宝玉又不愿割城的计谋，而完璧归赵，成为中国古代外交的成功典范。

赵惠文王得到了一件产自楚国的稀世珍宝——和氏璧，消息不胫而走，很快传到了秦昭王的耳里。秦昭王垂涎和氏璧，就派人给赵惠文王送来书信，表示愿意用秦国的 15 座城来换取赵国的和氏璧。赵惠文王与大将军廉颇等各位大臣商量，大家都觉得：如果将宝玉给了秦国，担心秦国不会将城池割让给赵国，那样就白白地受了它的欺骗；如果不给秦国宝玉，又担心秦国会以此为借口兴兵攻打赵国。

赵国君臣一时拿不定主意，可是秦国一方却要立等回信，赵国急需找到一个能出使秦国去回复这件事情的人。这时宦者令缪贤打破沉默，对赵惠文王说道："臣下的门客蔺相如可以出使秦国。"赵惠文王问其理由，缪贤回答说："过去我曾经犯过罪，害怕受到大王的惩罚，私下里打算逃到燕国去，是我的门客蔺相如劝阻了我。他对我说：'您了解燕王吗？'我对他说：'我曾经跟随大王在边境上与燕王会晤，燕王私下里握着我的手说愿意与我交朋友，所以我想投奔他。'蔺相如却对我说：'赵国强大而燕国弱小，您又受到赵王的宠幸，所以燕王愿意结交您。现在您是逃离赵国投奔燕国，燕国害怕赵国，它一定不敢收留您，只会将您绑起来送回赵国。依我之见，您不如主动向大王请罪，或许大王会赦免您。'后来我按照他的话去做了，也有幸得到了大王您的赦免。我私下里认为蔺相如是一个勇士，又有智谋，可以派他出使秦国。"

于是赵惠文王召见了蔺相如，向他询问道："秦王用 15 座城来换寡人的和氏璧，能否答应他呢？"蔺相如说："秦强赵弱，不能不答应。"赵惠文王说："我给他和氏璧，他却不给我城，那将怎么办？"蔺相如说："秦国用城池来换取和氏璧，如果赵国不答应，那么理屈在赵国一方；赵国给和氏璧而秦国不给城池，则理屈在秦国一方。两相权衡，宁愿取后者。"赵惠文王说："谁可以出使秦国呢？"蔺相如说："如果大王找不到合适的人，我愿意捧着和氏璧出使秦国。如果秦国将城割给赵国，那么和氏璧就留在秦国；如果秦国不愿给城，那么我一定会完好无损地将和氏璧带回赵国。"于是赵惠文王决定派遣蔺相如出使秦国。

蔺相如到了秦国后，秦昭王在离宫接见了他。见到蔺相如奉上的和氏璧，昭王欣喜不已，仔细端详，又让宫中美人和左右近臣相互传看，大家都欢呼"万岁"。这边蔺相如看到秦昭王只是欣赏着宝玉，却丝毫没有割城的意思，便趋身向前对秦昭王说："这块宝玉有点瑕疵，请让我为大王指点。"昭王信以为真，便将和氏璧交给蔺相如。蔺相如一接到宝玉，迅速后退几步，依靠着柱子，怒发冲冠，厉声对秦昭王说："大王您想得到这块宝玉，所以派人传信给赵王，赵王召集群臣商议，大家都说：'秦国贪得无厌，依仗国家强大，凭空说要换得宝玉，恐怕不会将城池割给赵国。'都反对把和氏璧送来。臣下以为布衣之交，尚且互不欺骗，何况是大国呢！而且因为一块宝玉的缘故，扫了大王您的兴，也不妥。于是赵王沐浴斋戒五天，在宫廷上郑重地将宝玉和国书交给臣下，为的是郑重其事。现在臣下来到贵国，大王不在正宫召见，怠慢臣下。又将宝玉随便让宫中美人传示，以戏弄臣下。我看到大王无意割给赵国城池，所以才重新将大王手中的宝玉取回。大王一定要逼臣下交出宝玉，臣下情愿将自己的头和宝玉一起在柱子上

蔺相如完璧归赵

撞碎。"说着，蔺相如斜看着柱子，做出准备随时撞向柱子的样子。

　　秦昭王担心宝玉弄碎了，赶紧向蔺相如道歉。又叫人取来地图，假意指点蔺相如看那割给赵国的 15 座城。精明的蔺相如猜到秦王只是假装割城，实际上是舍不得的，便对秦王说："和氏璧是天下共传的宝物，赵王惧怕大王的威势，不敢不献。赵王送宝玉时，沐浴斋戒了五天，现在大王您也应该斋戒五天，在宫廷中举行隆重的受玉仪式，臣下才敢将宝玉进献给大王。"秦昭王想想，强逼着交出来也不行，只好答应斋戒五天，让蔺相如回到了馆舍。蔺相如思虑秦王即使斋戒五天，也一定会负约不割让城池给赵国，于是派一个随从人员装扮成百姓，怀揣着宝玉，连夜从小路悄悄地将其送回赵国。

　　这边秦昭王沐浴斋戒了五天后，便在宫廷中举行隆重的仪式，传赵国使者蔺相如。蔺相如到了秦宫，向前对秦王说："秦自穆公以来 20 多位国君，从来都不讲究信义。臣下实在是担心受骗于大王而有负于赵国，所以已经派人将宝玉带回赵国了。现在的情形是秦强赵弱，大王只要派一个小小的使者，赵国就会立即将宝玉送来。如果强大的秦国先将 15 座城割给赵国，赵国怎敢留下宝玉而得罪于大王？臣下知道欺骗大王的罪过当受诛，是烹是杀，由大王与众臣决定。"秦王与群臣相互对视，哭笑不得。有人主张治蔺相如的罪，秦昭王说："现在杀了蔺相如，也得不到宝玉，反而伤了两国的和气，不如好好地招待他。"于是蔺相如安全地回到了赵国，圆满地完成了出使秦国的任务。

　　蔺相如回到赵国后，赵王认为他贤能，出使不受辱于诸侯，拜他为上大夫。最后的结局是秦国没有割给赵国城池，赵国也没有将宝玉送给秦国。

【前事后鉴】

蔺相如是战国时期赵国著名的外交家、一代名相。《史记》本传通过完璧归赵、渑池之会和将相和三个典型事例，对蔺相如的一生行事作了论述。其中的"渑池之会"是写蔺相如如何面斥强秦，维护赵国尊严，取得了对秦外交斗争的第二次重大胜利；而"将相和"说的是蔺相如与老将廉颇将相交欢的故事，歌颂了蔺相如以大局为重和"先国家之急而后私仇"的高尚精神和坦荡胸怀。

"完璧归赵"的故事，则说的是蔺相如第一次对秦国外交斗争的情况。当时面对强秦的外交欺诈，蔺相如作为弱国的使者，却能以其不卑不亢和大智大勇，最终得以完璧归赵，使贪暴无信的秦国未遂其愿，而赵国的危机得以安然度过。对于蔺相如这次外交斗争的巨大成功及其所表现出来的大智大勇，司马迁无不动情地赞誉道："知死必勇，非死者难也，处死者难。方蔺相如引璧睨柱，及叱秦王左右，势不过诛，然士或怯懦而不敢发。相如一奋其气，威信敌国"。

千百年来，"完璧归赵"的故事已是家喻户晓，妇孺皆知，成为中国古代外交的典范；蔺相如的大智大勇，不辱使命，也成为中国古代外交家的杰出代表。今天的世界依然不太平，外交风云变幻莫测，弱小的国家如何在外交斗争中维护自己的民族和国家的尊严，捍卫民族和国家的自身利益，是否也能从"完璧归赵"的故事中得到某些历史的启示呢！

【相关链接】

典故：

和氏璧——相传春秋早年，有个叫卞和的楚国人，在深山里得到一块玉石。这块玉石外表粗糙，与一般石头没有区别。卞和根据多年采玉经验，认定它是一块绝好的宝玉，便将它献给楚厉王。楚厉王让玉工检验，说是一块石头。厉王大怒，以欺君之罪砍去卞和的左脚。后来楚武王即位，卞和抱着一丝希望又将宝玉献给武王，检验的玉工又说这是块石头，于是楚武王一怒之下砍去了卞和的右脚。到了楚文王即位，已经失去双脚的卞和整日里怀抱玉石坐在楚山之下哭泣，眼泪哭干了，眼中都流出了血。消息传到文王那里，便派人来询问。卞和对来人说，我之所以如此哀伤，是因为这无价的宝玉被人说成是石头，我的一片真诚被人诬陷为骗子。于是文王派了技艺高超的玉工对这块玉石进行雕琢，发现果然是一块稀世宝玉。人们为了纪念卞和，称这块宝玉为"和氏璧"。从此，和氏璧便成为楚国的传世珍宝。（《韩非子·和氏》《新序·杂事》）

历史事件：

渑池之会——公元前 279 年，秦国与楚国交战，为防止腹背受敌，决定与赵国举行渑池（今属河南）之会，双方讲和，蔺相如随从赵王赴会。会上秦昭王想贬损赵惠文王，建议赵王鼓瑟助兴。侍立一旁的秦国御史见赵王鼓瑟，便立即记录道："某年某月某日，秦王与赵王在渑池相会，秦王命令赵王鼓瑟。"蔺相如为了维护赵国的尊严，便机敏地对秦王说："我国君听说大王擅长秦声，请大王为赵王击缶。"说着便将缶举到秦王面前，秦王不愿意，蔺相如厉声说道："大王如果不肯演奏，五步之内，你我二人同归于尽。"秦王被逼无奈，只好勉强敲打了一下，蔺相如立即对赵国御史说："请记下，某年某月某日，秦王为赵王击缶。"秦国群臣为挽回面子，齐声说："请赵国割 15 座城为秦王祝寿。"蔺相如立刻回敬说："请秦国割咸阳给赵王祝寿。"双方互不相让,秦国始终没有占到便宜。秦王虽恼羞成怒,看到赵国的军队严阵以待,也无可奈何。渑池之会,蔺相如面斥强秦,维护了赵国的尊严。(《史记·廉颇蔺相如列传》)

将相和——又称"将相交欢"或"负荆请罪"。秦赵渑池之会后,赵惠文王因为蔺相如功劳卓著,拜他为上卿,地位在战功赫赫的老将廉颇之上,引起廉颇的不满,他对外发话,要羞辱蔺相如一番。蔺相如听说后,就主动回避,不与廉颇见面;上朝时假称有病,避免与廉颇争座次;有时出门,远远地见到廉颇的车子过来,就赶紧避开。久而久之,引起了蔺相如的宾客们的不满,大家都要求辞行。蔺相如便耐心地启发他们说:"你们看廉将军与秦王比哪个更凶狠?"大家都说:"当然是秦王。"蔺相如又说:"秦王如此凶狠,我尚且当庭面斥,

廉颇负荆请罪

羞辱他的大臣，我虽然不才，难道唯独就怕廉将军不成！我只是想，强秦之所以不敢进攻赵国，是因为有我与廉将军辅佐赵王。现在我们两虎相争，结果必然是两败俱伤。我之所以这样做，是为了国家的利益，不是为了计较个人恩怨。"这些话后来传到了廉颇的耳里，老将羞愧难当，主动到蔺相如府上负荆请罪。从此以后，廉颇与蔺相如将相交欢，成为刎颈之交。(《史记·廉颇蔺相如列传》)

二十九、纸上谈兵陷长平

　　赵括自少时学兵法，言兵事，以天下莫能当。尝与其父奢言兵事，奢不能难，然不谓善。括母问奢其故，奢曰："兵，死地也，而括易言之。使赵不将括即已，若必将之，破赵军者必括也。"

——《史记·廉颇蔺相如列传》

　　长平之战，是战国后期秦、赵之间的一次决战。结果赵国中了秦国反间计，任用只会纸上谈兵的赵括代替廉颇为赵国主将，而以惨败告终。此战是秦国进行统一战争的关键一役，此后赵国失去了强国的地位，秦国再也没有强大的对手，从而加速了统一的进程。

　　公元前 262 年，秦昭王发兵包围了韩国的上党郡，上党郡守冯亭无力坚守，便主动将上党之地献给赵国。秦昭王听说后，非常愤怒，便立即发大兵攻打赵国。当时赵国老将赵奢已死，蔺相如病重，于是新即位的赵孝成王便派老将廉颇率军前往抵抗。廉颇数度与秦兵交手，都没有占到便宜。于是廉颇决定坚守长平（今山西高平西北）拒敌，长平大战便由此爆发。

　　公元前 260 年，廉颇在长平坚守了三年之久，无论秦军如何挑衅，就是不出城正面作战，秦军始终无可奈何。廉颇的战略意图非常明显，就是通过坚守城池，来拖垮秦军。然而，赵孝成王却并不理解廉颇的做法，认为赵国的兵力强大，应该主动进攻。心想廉颇一定是年纪大了，心中胆怯。

这边秦相范雎看到赵军始终坚守城池，无法打破这种僵局，心急如焚，一时又想不出破赵之策。思来想去，他觉得唯一的办法就是设法让赵国将廉颇换掉，新上任的主将也许不会采用这种战略。他听说名将赵奢的儿子赵括好纸上谈兵，平素对用兵之事态度轻慢，便心生一计。于是范雎派出间谍到赵国去，四处放出话来，说："秦国不怕廉颇，就怕马服君赵奢的儿子赵括为将。"流言很快传到了赵孝成王那里，赵王本来就不满廉颇的做法，听到流言后不知是计，果真起用赵括，代替廉颇为将。

赵括乃赵国名将赵奢之子。赵奢与廉颇、蔺相如同位齐名，因屡立战功而受封马服君。赵括出生于名将之家，从小就喜欢学习兵事，熟读兵法。每每谈起兵法来，总是头头是道，无人可及。他也常常与父亲赵奢谈论兵法，赵奢理论不过他，却从来不称赞他。赵括的母亲觉得奇怪，就问赵奢是何缘故。赵奢说："兵事，乃生死大事，而赵括谈起来却显得很轻松，好像很容易似的。他只会纸上谈兵，却并不知道权变。假使赵国不用赵括为将也就罢了，一旦用他为将，那么拖累赵军的一定是他。"

对于赵孝成王让赵括代替廉颇出任赵军主将，许多大臣都不同意，蔺相如就劝赵王说："赵括只是会读他父亲留下的兵书，遇事却并不知道变通，不适合做主将。"赵王没有采纳蔺相如的意见。赵括的母亲也上书赵王，极力反对任用赵括为主将，说："当年赵奢为将，亲自捧送饮食的以十数计，结交为朋友的以百数，每次大王和宗室贵族赏赐的财物，都全部散发给将士，受命出征，则一心为国，从来不问家事。赵括的品行不能与他父亲相比，一旦做了将领，就会趾高气扬，将士们都不敢仰视他；他贪图财物，大王赐给他金银布帛等财物，都会收藏在家中，整天准备着购买便

赵括纸上谈兵

宜的土地。大王想想他哪一点像他的父亲？父子不同心，所以请大王不要用他。"赵王回话给她说，自己已经决定任用赵括为主将了。赵括的母亲看到已经无法阻拦，便又上书赵王说："大王一定要任用他，妾有一个要求，万一赵括打了败仗，请求不要连累到我。"赵王答应了她。

赵括一上任，年轻气盛，立即改变了廉颇坚守城池的战略部署。秦军主将白起听说后，大喜过望。他决定利用赵括的轻敌，诱使赵军出城。于是，秦军预先潜好伏兵，然后派骑兵向赵军挑战。赵括亲自率军迎敌，相互没战几个回合，秦军就假装败逃。赵括不知是计，率领赵军主力猛追秦军，结果孤军深入，后路被预先埋伏好的秦军给断了。这些被围困的赵军后退不得，只好就地筑营，以待援军。秦军为使赵军彻底孤立，将秦国 15 岁以上的男子都调往长平，要以倾国之力彻底阻断赵军的外援。

这样一围就是 46 天，赵军饥饿难忍，士兵们竟然相互残杀以充

饥，加上援军无望，赵括决定率军拼死突围。然而秦军的包围圈如同铁桶一般，任你怎么冲也无法突围。在一次突围战中，赵括不幸被秦军乱箭射死。赵军失去了主将，顿时便土崩瓦解了，四十余万人全部向秦军投降了。秦将白起知道赵军英勇善战，担心这么多俘虏难以控制，便残忍地将他们全部坑杀了。

长平一战，终于以赵军的惨败而告终。在这一战役中，赵军总共死亡 45 万人。

【前事后鉴】

长平之战，是中国古代著名战役之一。如果将这次战役放到秦国统一战争过程中去看，应该说赵败秦胜的结果，大大加速了秦国统一战争的进程。而从具体战役来看，赵括纸上谈兵陷长平，留给后人的教训是深刻的。

赵括出身名将之家，又从小酷爱兵书，好谈兵法，对于兵学理论应该说也是颇有造诣的。但是，书本与实践之间，并不能简单地等同。正如赵奢所说："兵，死地也。"兵事，乃生死大事。作为带兵打仗的将领，一定要慎重其事，决不可轻视，因为它直接关系到广大将士的生命；一定要懂得变通，要能应付战场上的瞬息万变，切不可只是死守书本教条，空谈兵法理论。赵括的教训，就是对待兵事"易言之"，也就是说，他把带兵打仗看得太简单了，把兵书理论太教条化了。

当然，赵括的失败也与赵孝成王用人不当有很大关系。赵括虽然谈起兵法口若悬河，但是他毕竟没有实际带兵打仗的经验，任用这样的人去指挥与国家生死攸关的重大军事战役，显然是不妥的。更有甚者，对于起用赵括，蔺相如等大臣，还有赵括的母亲，他们都极力反对，而赵孝成王却听不进这些正确的建议，一意孤行，应该说长平之战的失败，赵孝成王是要负主要责任的。

带兵打仗是如此，现实生活当中很多事情都是这个道理。我们既要重视学习理论，又要理论与实践相结合，要在实践中求得真知，切不可像赵括那样，只懂得纸上谈兵。而赵孝成王错用赵括而导致赵国国势衰落的历史教训，也再次说明了懂得辨识人才和正确使用人才的重要性。

【相关链接】

成语：

纸上谈兵——指在纸面上空谈用兵打仗，比喻不切实际的空谈。战国后期赵孝成王时，名将赵奢之子赵括从小善于谈论兵法，但不能切合实战之用，长平一战赵王起用他代替廉颇为将，结果惨败，赵军被杀 45 万。(《史记·廉颇蔺相如列传》)

三十、毛遂自荐使强楚

（毛遂自荐使楚）平原君曰："夫贤士之处世也，譬如锥之处囊中，其末立见。今先生处胜之门下三年于此矣，左右未有所称诵，胜未有所闻，是先生无所有也。先生不能，先生留。"毛遂说："臣乃今日请处囊中耳。使遂早得处囊中，乃颖脱而出，非特其末见而已。"平原君竟与毛遂偕。

——《史记·平原君虞卿列传》

战国盛行养士之风。以孟尝君、平原君、信陵君和春申君四公子为代表，他们各自门下食客都多达三千。毛遂便是赵国平原君赵胜门下的一个食客，以自荐于平原君随同出使楚国，最终说服楚王同意赵、楚合纵，共同对付秦国而闻名于后世。

公元前 259 年，秦国取得长平之战胜利后，再度与赵国兵刃相见，大军直逼赵都邯郸。公元前 257 年，苦守了近两年的邯郸城已是岌岌可危，赵国赶紧派平原君赵胜到楚国求救。平原君准备从自己门下食客当中精心挑选 20 位文武兼备者随同出使，他对食客们说："这次出使楚国，要先文后武。如果用文的能成功最好，否则就以武力迫使楚王与我们订盟。"结果选来选去，只有 19 个人符合平原君认为的条件。

　　这时，门下食客当中有个叫毛遂的人自荐于平原君，说："我听说您要去楚国结盟合纵，准备从食客当中挑选 20 个人一同前往，不打算再从外面找人了。现在已经挑选到了 19 人，还差一位，希望您能让我毛遂凑个数随同前往。"平原君见毛遂大胆自荐，就问道："先生在我赵胜的门下有几年了？"毛遂说："已经有三年了。"平原君说："贤士处世，就好比锥子放到口袋里，其锋芒毕露，立刻就能看到。先生在我赵胜的门下都已经有三年了，却并没有左右之人称颂您，我也没有听说过您，显然是先生没有什么长处。先生不能去，还是留在这里吧！"毛遂回答说："我今天就想请您把我放在囊中。如果您早点让我毛遂入于囊中，我早就可以脱颖而出了。"平原君听毛遂这么一说，觉得也有道理，便同意让他一同前往。看到毛遂的自荐，其他被选中的 19 个人都相视着窃笑不已。

　　在出使楚国的路上，毛遂与其他 19 人议论国家大事，他们一

毛遂自荐

个个都佩服不已，没想到这个平时默默无闻的人，竟然是个难得的人才。

到了楚国，平原君面见楚王，提出与楚国合纵抗秦，极力向楚王说明其中的利害关系。然而楚王惮于秦国的威势，心中有顾虑，双方从清晨谈到中午，也没有一个结果。平原君的食客们都非常着急，那19个人就鼓励毛遂出手。于是毛遂手握宝剑，顺着台阶疾步而上，对平原君说："合纵抗秦的利害关系，两句话就能说得清楚。现在你们从早上谈到中午，也没有一个结果，这是为什么？"见此情景，楚王赶紧问平原君："来客是什么人？"平原君回答说："是我赵胜的门人。"楚王顿时斥责说："你还不给我马上下去！我现在与你的主人谈话，你上来干什么？"毛遂手按着宝剑向前说道："大王之所以敢斥责我毛遂，靠的是楚国人多势众。现在这十步之内，大王无法依仗您的人多势众，您的命掌握在我的手中。我的主人在这里，您为何要斥责我？我听说当年商汤以七十里地而称王天下，周文王以百里之地而使天下诸侯臣服，难道靠的是士卒众多吗？并不是，他们靠的是依据自身的条件来发挥威势。现在楚国地方千里，士卒百万，这是建立霸业的资本。以楚国的强大，应该是天下无敌。然而白起这个小子，率领数万士卒来攻打楚国，一战而下鄢陵、郢都，再战而烧夷陵，三战而烧楚国祖庙、焚祖陵，侮辱大王的祖先。这是楚与秦的百世冤仇，连赵国都感到羞辱，而大王却并没有这种感觉。楚与赵合纵实际上是为了楚国的利益，而并不只是为了赵国，大王难道不明白其中的道理吗？"楚王看到毛遂如此大义凛然，义正词严，便只好说："对，对，确实如先生所讲的，楚国一定倾其国力与赵国合纵结盟。"毛遂赶紧接话说："合纵决定了吗？"楚王说："决定了。"毛遂便对楚王左右的人说："请取来鸡、狗、马的血，我们要歃血为盟。"只见毛遂手捧着铜盘跪着进献给楚王，说："歃血为盟从大王开始，其次是我家主人，最后是我毛遂。"于是，三人依次饮了血酒，楚、赵终于结盟，合纵抗秦。

平原君一行人回到赵国后，想到此次出使中毛遂的表现，平原君颇为感慨地说："我赵胜再也不敢相士了。我自认为阅人无数，多者上千人，少说也有几百人，自认为不会遗漏掉一个天下贤士，如今竟然将毛先生给错看了。毛先生一到楚国，就使赵国有了威势。毛先生的三寸之舌，胜过百万雄师。我赵胜再也不敢相士了。"于是，拜毛遂为府中上客。

【前事后鉴】

平原君赵胜是一个"好宾客"，却不会养士，见识平庸的贵族。他的养士有沽名钓誉之嫌，带有很大的盲目性。何以见得？其一，平原君宾客数千，可是当他要赴楚国谈判时，却无法从中挑选出 20 个"文武双全"的随行人员，后来是毛遂自荐才凑足了数。而且到了楚国后，紧要关头原先挑选出的 19 人都无所作为，这说明平原君门下缺乏贤士。其二，在平原君的门客当中，真正帮助他为救赵国立功的是毛遂和李同，是毛遂使得楚国与赵歃血定盟，是李同建议平原君拿出家财犒劳邯郸守军，邯郸才最终得以复存。然而此二人并没有得到平原君的赏识与重视，甚至在毛遂自荐使楚时，平原君还说贤士处世如锥之处囊，言下之意毛遂做食客三年，如果有才华早就应该如囊中锥子冒出来了，却没有意识到这是自己不识才造成的。正如信陵君所说的，平原君养士是"徒豪举耳，不求士也"。

而毛遂之所以主动自荐于平原君，首先是他对自己的才能有着一个正确的估计，这一点从出使楚国的一路上毛遂的议论让其他食客折服，以及到楚国后以其智勇而使楚、赵歃血结盟，都能得到充分体现。其次，毛遂自荐，也是毛遂出于为自己的主人排忧解难的需要。《史记》重视反映战国士风，除了历史纪实外，主要是宣扬一种"士为知己者死"的侠义思想。养士是为了用士，换言之，做食客的就得要为主人分担忧愁。所以当平原君受命出使楚国时，毛遂觉得自己有义务为主人助一臂之力。因此，毛遂既是智者，也是义士。

毛遂自荐的故事再次告诉人们，用人难，知人更难，因为千里马常有，而识千里马的伯乐并不常有。试想当初如果不是毛遂自荐，爱养士却不识士的平原君，就难以完成与楚国结盟抗秦的出使使命，也会失去毛遂这样的杰出人才。

【相关链接】

成语：

毛遂自荐——指如同毛遂那样主动自我推荐承担某件事情。公元前257年，秦军围攻赵都邯郸，平原君赵胜到楚国求援，门客毛遂自荐一同前往楚国，最终以其智勇说服楚王与赵国结盟抗秦。后用以比喻自告奋勇、自我推荐。(《史记·平原君虞卿列传》)

释词：

战国四公子——战国四公子分别指齐国孟尝君田文、赵国平原君赵胜、魏公子信陵君魏无忌和楚国春申君黄歇。四公子的共同特点是"好客喜士"，以养士闻名天下。司马迁作《孟尝君列传》《平原君虞卿列传》《魏公子信陵君列传》和《春申君列传》等四篇列传，详细叙述了他们的事迹，宣扬了"士为知己者死"的侠义思想，同时也反映了战国时期人们的士风观念。(《史记》四公子传)

食客——又称门客、宾客。寄食于富贵之家并为之所用的门客。战国四公子孟尝君田文、赵国平原君赵胜、魏公子信陵君魏无忌和楚国春申君黄歇各自都有食客三千。这一时代养士之风最盛。(《史记》四公子传)

三十一、信陵君窃符救赵

　　魏安釐王二十年，秦昭王已破赵长平军，又进兵围邯郸。（魏）公子姊为赵惠文王弟平原君夫人，数遗魏王及公子书，请救于魏。……魏王恐，使人止晋鄙，留军壁邺，名为救赵，实持两端以观望。……公子从其（侯生）计，请如姬。如姬果盗晋鄙兵符与公子。……（公子）得选兵八万人，进兵击秦军。秦军解去，遂救邯郸，存赵。

　　　　　　　　　　　　——《史记·魏公子信陵君列传》

　　长平之战后，秦、赵双方一度罢兵。可是没过多久，战火又起，秦兵直逼赵都邯郸。赵军坚守城池，情况十分危急。赵国的求援使者四出，日夜盼望着别国的援兵前来相救。于是发生了魏公子信陵君窃符救赵的故事。

　　魏公子，名无忌，封号信陵君，是魏昭王的小儿子、魏安釐王的同父异母弟弟，战国时期著名的"四公子"之一。魏安釐王二十年（前257），赵国军队坚守邯郸城已近两年，实在难以支撑下去了。赵惠文王的弟弟平原君赵胜的妻子，是魏公子信陵君的姐姐，平原君已经几次派使者带信给魏王和魏公子了，希望他们能派兵前来支援赵国。

魏安釐王见过平原君的信使后，打算让将军晋鄙率领十万大军前往支援。晋鄙的大军出发不久，魏安釐王接到了秦国使者送来的书信，信上秦王警告魏王说："我攻打赵国，邯郸已是旦夕可下。如果谁敢救赵国，等我打下赵国后，就立即移师先攻打它。"魏王给吓住了，赶紧派人飞报晋鄙，让他立即停止前进。于是魏军就地驻扎于邺城（今河北临漳西南），表面上是去救赵国，实际上是观望战局的发展。

　　赵国的平原君看到魏国的援军迟迟不到，心急如焚。心中自是怨恨妻弟魏公子无忌，他让人送来书信，责怪魏公子说："我赵胜之所以与公子结为姻亲，是仰慕公子的高义，能急人之所急，救人于危难之中。今日邯郸城已是危在旦夕，而魏国的援军却迟迟不到，这能说公子是急人所难吗？况且即使公子看不起我赵胜，任凭我被秦国降伏，难道公子也不可怜自己的姐姐吗？"魏公子信陵君接到平原君的书信后，自是有苦难言。实际上他已经屡次三番地劝说过魏王，并让他门下一些颇有辩才的宾客也去反复劝说魏王，无奈魏王因惧怕秦国，根本听不进去。信陵君看到实在没有办法，只好决定带着宾客，乘坐百余辆车，准备前往赵国，与邯郸守军共生死。

　　车骑一行出了东门，遇到了侯生。这个侯生，名嬴，是一个老隐士，当时年已70，家境贫寒，靠做东门守门人糊口，却颇有贤名。信陵君好招贤纳士，听说侯生很贤能，曾经亲自登门赠以厚礼，侯生却坚决不受。后来侯生经过几次试探，觉得信陵君确实能够礼贤下士，便将他的好友、贤士朱亥推荐给他。

　　信陵君遇到守门人侯生后，告诉他自己打算到赵国去与秦军决一死战，然后与侯生辞别。侯生说："公子您且勉励吧！恕老朽不能相从。"信陵君走了几里地后，想到侯生的态度，心里觉得很不痛快，说："我如此厚待侯生，这是天下尽人皆知的。如今我要到赵国去赴死难，他却没有一言半语相送，难道我看错了人吗？"于是掉转车头，返回来质问侯生。

侯生看到信陵君一行人又折回了，便笑着迎上去说："我就知道公子会返回的。公子好士，天下闻名。现在赵国有难，无计可施，便想亲自去与秦国拼命，这无异于将肉投入虎口之中，根本无济于事。公子平时厚待我，如今公子前往赵国赴难而我却没有相送，这很不近情理，所以我料定公子一定会怀恨而返回来质问我的。"信陵君知道错怪了侯生，便连忙施礼道歉，询问有何良策。侯生屏去左右，悄悄地对信陵君说："我侯嬴听说大将晋鄙兵符的另一半放在魏王的卧房里，魏王最宠爱如姬，如姬能随便出入魏王的卧房，有机会窃取兵符。我还听说如姬的父亲被人杀害了，如姬悬赏以报杀父之仇，三年都没有结果，连魏王也没有办法。如姬到公子面前哭诉此事，公子很快派人斩了仇人的头颅进献给她。如姬一直想找机会报答公子，如果公子请她帮忙，她一定会满口答应，窃得虎符，夺取晋鄙的军队，北救赵国，西抗强秦，这是建立春秋五霸一样的功业。"信陵君依计而行，如姬果然盗得兵符交给了他。

虎符

信陵君带着兵符又要出发了，侯生说："将在外，军令有所不受，这是为了国家的利益。公子与晋鄙对上了兵符，如果晋鄙起疑心，不将军队交给公子，而再请示魏王，那情况就不妙了。我的朋友朱亥是个大力士。如果晋鄙交出兵权，那是再好不过了；如果他不愿意交出兵权，就让朱亥击杀他。"信陵君听后，为无辜的晋鄙感到伤心。侯生说："公子是怕死吗，为何哭泣？"信陵君说："晋鄙是一员久经沙场的老将，我担心他不会听令，那样只能杀了他，所以我伤心而泣，哪是怕死呀！"于是信陵君登门请朱亥。朱亥平时受过信陵君的恩惠，一直没有报答的机会，如今信陵君能用得着他，自然满口答应。信陵君再拜谢侯生，侯生说："我本应随从，只是老朽不中用了。我计算着公子的行程日子，等到公子到达晋鄙的军中，我就北向自刎而死，来为公子壮行。"

信陵君一行人来到邺城，假传魏王的命令代替晋鄙统兵。晋鄙验过兵符，虽然符合，却心生疑虑，他举起手望着信陵君说："今日我统领着十万大军，驻守在国境上，肩负着国家的重任。如今公子却单车前来代替我，这是怎么回事呢？"言下之意是不愿交出兵权。这时朱亥突然从袖中拿出四十斤重的大铁锥猛地击向晋鄙，晋鄙当场被击死，信陵君顺利地接管了军队。那边侯生估计信陵君已经到了邺城魏军中，便履行诺言，北向自刎而死。

信陵君号令全军说："凡是父子同在军中的，父亲回去；兄弟同在军中的，兄长回去；独子没有兄弟的，回去赡养父母。"于是从十万大军中挑选了八万精兵，信陵军率领这支军队，迅速向邯郸进发。邯郸军民看到魏国援军已到，精神为之一振，两支军队里外夹攻，秦军抵挡不住，只好撤兵，邯郸终于解围，赵国因此得救。

信陵君深知窃符救赵、矫杀晋鄙，激怒了魏王。所以在邯郸解围后，他让魏军将领率军回去，自己只能与门客滞留于赵国了。

【前事后鉴】

信陵君魏无忌等战国四公子都好养贤士，然而他们的目的和情形却不尽相同。像孟尝君、平原君和春申君的养士，以讲排场、比阔气的成分居多。孟尝君得一冯谖，只是为其个人营就了"三窟"，他们之间是一种私人化的知遇；平原君好士，得一毛遂，还只是个未识之士；信陵君得到侯嬴、朱亥等贤士，计谋窃符救赵，则是为了报效国家。正因此，司马迁在战国四公子中最尊奖信陵君，独称他为公子。

窃符救赵的故事，集中体现了信陵君的急人之难的侠义精神。司马迁重视"序游侠"，因此，《史记》对信陵君的侠义精神给予了充分的肯定。故事主要通过三个具体情节，对信陵君的侠义精神作了颂扬：其一是信陵君劝说魏王出兵救赵无效后，情急之下，准备亲自率领自己的宾客到赵国去抵抗秦军，"与赵俱死"，体现了信陵君"义"字当先的大无畏精神；其二是信陵君为了解救邯郸之围，不惜违抗君命窃符救赵，自己却因此不得不滞留赵国，体现了信陵君的急人之难和自我牺牲的精神；其三是下令让"父子俱在军中，父归；兄弟俱在军中，兄归；独子无兄弟，归养"，精选八万士兵进击秦军，体现了信陵君的仁者风范。

当然，信陵君窃符救赵，也只是救得赵国一时，因为此时秦灭东方六国已经成为一种必然趋势。这种历史发展趋势，注定了信陵君只能是个悲剧历史人物，不过他急人之难的侠义精神，千百年来却一直为后人所敬仰。

窃符救赵的故事，也歌颂了侯嬴等门客"士为知己者死"的重义精神。侯嬴一出场，便表现出了与其他食客的不同之处：隐士身份。他不是一个依附权贵以博取功名利禄的人，所以他隐居市井之中。本意是不肯见信陵君的，只是当信陵君一再表示出自己的诚意后，他才接受了邀请；而当他接受邀请之时，也就决定要为信陵君奉献出自己的一切了。侯嬴的主要事迹是为信陵君献谋窃符救赵，推荐大力士朱亥帮助信陵君夺取晋鄙的兵权。为坚定信陵君杀晋鄙、夺兵权的决心，他"北向自颈，以送公子"。侯嬴悲壮而惨烈的结局，更加渲染了"士为知己者死"这一思想主题。

【相关链接】

释词：

虎符，即兵符，中国古代调兵遣将的信物。铜铸，虎形，背面有铭文，分为两半，右半留中，左半授予统兵将帅或地方长官。调兵时由使臣持符验合，方能生效。汉代又有金虎符，唐代则有铜鱼符、龟符。(《史记·魏公子信陵君列传》)

三十二、鲁仲连义不帝秦

鲁仲连适游赵，会秦围赵，闻魏将欲令赵尊秦为帝，乃见平原君曰："事将奈何？"平原君曰："胜也何敢言事！前亡四十万之众于外，今又内围邯郸而不能去。魏王使客将军新垣衍令赵帝秦，今其人在是。胜也何敢言事！"鲁仲连曰："吾始以君为天下之贤公子也，吾乃今然后知君非天下之贤公子也。梁客新垣衍安在？吾请为君责而归之。"

——《史记·鲁仲连邹阳列传》

"鲁仲连义不帝秦"的故事，发生的历史背景与"毛遂自荐使强楚"和"信陵君窃符救"相同，讲的都是秦赵长平之战后秦国大军围困赵国邯郸过程中所发生的故事，只是故事的主角换成了齐国能言善辩的义士鲁仲连罢了。故事叙述了鲁仲连以其能言善辩，从而打消了魏国将军新垣衍奉命劝说赵王尊秦王为帝的念头；同时也歌颂了鲁仲连为反对秦以暴取天下，主动助赵的仗义精神。

秦国大军围困赵都邯郸时，当时天下诸侯都不敢前往援赵抗秦。魏安釐王碍于魏、赵友好关系，派晋鄙将军率军救赵，却也经不起秦国恐吓而兵止邺城，并派将军新垣衍私下里到邯郸去，通过平原君劝说赵王，说秦之所以发大兵围邯郸，是为了称帝，如果赵国尊秦为帝，邯郸之围便可解除了。平原君一时拿不定主意。

此时，齐国义士鲁仲连恰巧游历到赵国，听说此事后，便去面见平原君。他故意问平原君："事情进展如何啊？"平原君回答说："我赵胜不敢再说事了！前有四十万大军败亡，今又邯郸被围而不能解。魏王派将军新垣衍来劝说赵国尊秦为帝，现在此人正在这里呢！我赵胜

鲁仲连画像

再也不敢言事了！"鲁仲连说："我开始还认为您是天下贤明的公子，我现在才知道您并不是天下贤明的公子。大梁来的客人新垣衍人在哪儿？我请求替您去谴责他，让他回去。"平原君说："赵胜请求将他介绍给先生。"于是平原君面见新垣衍说："东土有个名士鲁仲连先生，此人现在就在这里，我赵胜请求将他介绍给将军认识如何？"新垣衍说："我听说过鲁仲连先生，他是齐国的高义之士。我新垣衍是个使臣，有公务在身，不便与他相见。"平原君说："我已经将此事说开了，您看如何是好？"于是新垣衍只好答应相见。

鲁仲连见到新垣衍后，并没有开口讲话。于是新垣衍主动先说："我看这围城之中的人，都是有求于平原君的人。而看先生的相貌，却并不像是有求于平原君的人，为何还要待在这围城之中不离去呢？"鲁仲连说："我之所以不愿离去，是因为有求于将军。"新垣衍

假装着问道："先生能有求于我什么呢?"鲁仲连便直言道："想请求将军帮助赵国,而不要尊秦为帝。"

新垣衍思索了一下,没有直接回答,而是反问道："先生将怎样去帮助赵国啊?"鲁仲连说："我将想法让魏国和燕国来救赵国,那样齐、楚也一定会来相救的。"新垣衍说："燕国我不清楚,至于魏国,我是魏国人,先生有何办法使魏国来相救呢?"鲁仲连说："只是目前魏国没有看到秦国称帝的危害罢了,一旦看清了秦称帝的危害,我想它一定会救赵国的。"

于是新垣衍问："秦国称帝究竟有何危害呢?"鲁仲连说："秦国是一个不讲礼义而重视战功的国家,它恃强挟诈,屠戮生灵,一旦被尊为帝,进而统治天下,那残暴就更甚了。那时我鲁仲连只好跳海而死,而不忍心成为暴秦的子民。难道魏国甘愿对它称臣吗?"新垣衍说："魏国怎么会心甘情愿地称臣于它呢? 这就好比是十个仆人跟从一个主子,并不是他们的力量和智慧不如主人,是因为害怕他的缘故。"鲁仲连说："唉! 难道魏国自认为是秦国的仆人?"新垣衍回答得很干脆:"是的。"于是鲁仲连激将道:"既然这样,我将让秦王烹杀了魏王。"新垣衍听后很不高兴,说:"先生的话说得也太过分了! 再说先生又怎么能够使秦王烹杀魏王呢?"

于是鲁仲连以周朝的历史为例,说道:"过去九侯、鄂侯和文王,是商纣王的三公。九侯将自己美丽的女儿送给纣王,因该女不好淫而激怒了纣王,纣王杀此女而将九侯剁成肉酱;鄂侯因经常进谏,而被纣王做成了肉干。文王听说后,长叹不已,于是也被纣王关进了羑里牢中,差一点送了性命。难道三公的智力不如纣王吗? 不是,因为纣王是天子的缘故。如今秦国一旦称帝,必然要让魏国去朝拜它。一旦秦王像商纣王一样行九侯之诛，那么谁又能禁止得了呢？"新垣衍沉思着，没有回答。于是鲁仲连又以齐湣王行天子之礼于鲁、邹而不成之事继续开导说："齐湣王到鲁国，夷维子执策跟从，他对鲁国人说：'我国君是天子，天子巡狩，诸侯辟舍，于堂下看膳，等到天子用膳之后，才能退而听朝。'鲁国人听后很气愤，不让齐湣王进入鲁国国都。于是齐湣王又到薛国，途经邹国，正遇邹国国君死了，齐湣王要前去吊唁，夷维子对邹国人说：'天子吊唁诸侯，应该南面而吊。'邹国群臣都说：'如果这样，我们都伏剑而死。'于是齐湣王没敢前往吊唁。如今秦国是万乘大国，魏国也是万乘大国。都是万乘大国，为什么看到秦国一战而胜，就要尊它为帝！这样三晋的大臣不是连邹、鲁的仆妾都不如了吗？况且秦称帝之后，一定会变更诸侯的大臣，要撤掉那些它不喜欢的，而换上那些它所喜欢的。秦国的子女谗妾将会成为诸侯国的嫔妃，充斥于魏国的后宫。到那时魏王能够有安宁的日子吗？将军您又怎么能保全自己的爵禄呢？"

鲁仲连一席话字字在理，一针见血，说得新垣衍口服心服。便赶紧起身拜谢说："我开始以为先生只是个庸人，现在才知道先生乃天下真正的奇士。我回去一定转告我们的国君，再也不提尊秦为帝的事了。"秦国听说此事后，知道赵、魏要联合抗秦了，便主动将军队后撤50里。恰逢此时信陵君正带着魏国援军赶来参战，秦军被迫撤退。

事后平原君要以功封赐鲁仲连，鲁仲连再三推辞，没有接受。于是平原君又为他大摆宴席，酒过三巡之后，提出要以千金为鲁仲连贺寿。鲁仲连笑着对平原君说："对于天下之士而言，贵在为人排患释难解纷乱而不求回报。如果有所取的话，那是商人的行为，我鲁仲连是不愿这样做的。"宴席之后，鲁仲连便向平原君辞行，从此以后再也没有见面了。

【前事后鉴】

鲁仲连是战国时期的一位隐士，虽然颇有谋略，却不肯入仕为官，而持守高风节义。同时鲁仲连更是一位义士，他既能言善辩，又抗直不阿，以好为人排患释难解纷乱而显名于世，"鲁仲连义不帝秦"的故事便是一个典型事例。

魏国将军新垣衍之所以被鲁仲连说服，从而彻底放弃劝赵帝秦的念头，一方面是基于鲁仲连所说的理据：秦国以暴取天下的一贯做法，商纣王杀囚三公的历史事实，鲁、邹以弱小之国敢于不承认齐湣王的帝位，以及秦称帝对魏国和新垣衍本人的危害性。另一方面也是为鲁仲连仗义之举所动：鲁仲连之所以坚持留在邯郸城中，不是因为他个人与平原君有何私交或有求于他，而是出于对秦以暴取天下的不满；他反对帝秦，完全是出于道义。

对于鲁仲连义不帝秦究竟应该如何看待？我们应该承认，当时的天下形势是人心思定，而秦灭六国又已成定局，秦国称帝天下只是个时间问题。但是，鲁仲连义不帝秦，却具有两方面的意义，其一，秦取天下多暴，从而遭到了东方六国人民的强烈反抗，鲁仲连义不帝秦，表达了人民抗暴的意愿，也是对先秦仁爱、非攻思想的一种弘扬；其二，鲁仲连义不帝秦，是因为他对历史上帝制的危害性有着清醒而充分的认识，因而具有一种普遍的民本意识。司马迁对于暴政是有切肤之痛的，他凸显鲁仲连的抗暴思想，具有隐含之义。

义不帝秦，也表现了鲁仲连一种崇高的人格精神。与战国时期张仪、苏秦等辩士游说诸侯只是为稻粱谋不同，鲁仲连的游说纯粹只是

"为人排患释难解纷乱"，丝毫不带有个人利益因素。所以当秦军撤退后，赵国平原君要对他封赏，他再三谢绝而不肯接受。这种替人解忧而不图利的人格精神，是中华民族传统优秀民族精神的一种具体体现。

【相关链接】

释词：

西帝东帝——指战国时期秦国秦昭襄王和齐国齐湣王相约同时称帝，秦为西帝，齐为东帝。公元前 288 年，强大的秦国为了打击阻碍它统一事业的赵国，便谋求与齐国联合。昭襄王派魏冉到齐国，与齐湣王相约同时称帝，并准备联合东方五国共同讨伐赵国。然而秦国的这一连横策略被苏秦所破坏，他劝说齐湣王主动放弃帝号，拉拢各国反秦，形成了齐、燕、韩、赵、魏联合伐秦的局面，秦昭襄王被迫"废帝请服"，并将先前占领的魏、赵国土还给了两国。秦统一以前一度上演的这出称帝闹剧就此收场。（《史记·田敬仲完世家》）

三十三、吕不韦计归子楚

　　子楚，秦诸庶孽孙，质于诸侯，车乘进用不饶，居处
困，不得意。吕不韦贾邯郸，见而怜之，曰"此奇货可居"。
乃往见子楚……吕不韦曰："子贫，客于此，非有以奉献于
亲及结宾客也。不韦虽贫，请以千金为子西游，事安国君及
华阳夫人，立子为嫡嗣。"……秦昭王五十年，使王龁围邯
郸，急，赵欲杀子楚，子楚与吕不韦谋，行金六百斤予守者
吏，得脱，亡赴秦军，遂以得归。

——《史记·吕不韦列传》

　　战国末年，阳翟（今河南禹州）出了个名叫吕不韦的精明商人。
他通过贩贱卖贵，很快便家累千金。吕不韦是个有政治野心的人，当
他在邯郸做买卖，遇到在赵国做人质的秦国落魄王孙子楚时，以其商
人特有的敏锐眼光，立刻意识到他是"奇货可居"。在吕不韦的精心
策划和活动下，子楚后来果然回到秦国做了国君，他便是秦庄襄王；
吕不韦也因此做了秦相，从而做成了一桩前无古人的政治大买卖。

　　在遇到吕不韦之前，秦国公子子楚的境遇很糟糕。当时的秦国是
秦昭王执政，子楚的父亲安国君为太子。然而安国君有子二十余人，

子楚的母亲不受宠爱，所以子楚被派到赵国做人质，一呆就是数年，根本没有归国希望。而当时秦、赵之间又几次三番地发生战争，所以赵国人又冷落他。

吕不韦在邯郸做生意，遇到了处在困境中的子楚。由于做生意的缘故，吕不韦常往来于各诸侯国之间，对秦国的情况比较了解。他通过自己的判断，决定要在子楚身上下赌注，进行一番政

吕不韦画像

治投机。于是吕不韦主动接近子楚，对他说："我能改变你的处境，抬高你的地位。"子楚以为他开玩笑，就笑着回答说："你还是先抬高自己的地位，再来抬举我吧！"吕不韦却很认真地说："你是真不明白啊！我的地位是要仰仗你来抬高的。"子楚看到吕不韦是认真的，便请他具体谈谈。于是吕不韦给子楚分析了秦国王位继承的形势，说："秦王已经老了，我听说太子安国君宠爱华阳夫人，而华阳夫人没有生子，可是按规定只有华阳夫人的儿子可以做嗣君，所以你父亲至今也没有定下嗣子。你兄弟有二十余人，你排行居中，又不受到宠爱，常年在赵国做人质。一旦大王去世了，安国君继任为国君，你是没有办法和你的兄弟们争做太子的。"子楚说："是这样的，有什么办法呢？"吕不韦说："你很穷，又在这里做人质，拿不出财物去献给亲近的人、结交宾客。我吕不韦虽穷，请求你让我携带千金到秦国，替你去游说安国君和华阳夫人，设法立你做嗣子。"听了这番话，子楚感

激万分，赶紧拜谢，许诺说："按照您的计策，如果成功的话，我将与您共治秦国。"

吕不韦拿出五百金给子楚，作为结交宾客的花费。又拿出五百金购买各种珍奇玩好，自己带到秦国去，通过华阳夫人的姐姐献给华阳夫人。夫人之姐得到吕不韦的好处后，便在华阳夫人面前一个劲地夸奖子楚，说他又是如何的贤明，结交的宾客遍天下，还常常对人说："我子楚以夫人为大，日夜思念着父亲和夫人。"华阳夫人听后颇受感动。于是夫人的姐姐便趁机说："我听说，依靠色相事人，红颜褪尽了，也就不受宠了。如今夫人侍奉太子，虽受宠爱却没有生子，应该在这个时候早早地在诸子当中选择贤能孝顺的人立为嗣子，这样夫君在受宠，夫君去世嗣子为王，母以子贵，终究有依靠，这是一言而得万世之利的好事。如果这个时候受宠爱时不说，等到将来色衰时再说，恐怕就迟了。如今子楚贤明，他也知道自己排行居中，不可能成为嗣子，母亲又不受宠，自然会依仗夫人。夫人如果这个时候让他立为嗣子，那么你这一辈子在秦国都会受宠的。"华阳夫人觉得她姐姐说得有道理。于是便到太子面前称赞子楚如何贤明，来往之人都称赞他，并哭诉道："臣妾有幸成为您的人，却不幸无子，愿意立子楚为嗣子，以托臣妾的终身。"安国君正宠着华阳夫人，自然是满口答应。便与夫人刻玉玺作为凭证，约定让子楚做嗣子，并赏赐给在赵国做人质的子楚许多财物，请吕不韦做子楚的师傅。于是乎，子楚这个落魄王孙一下子成了未来的秦国嗣子。

吕不韦的计划初步实现后，便又回到了赵国。子楚在与吕不韦饮酒时，看上了他身边的女人赵姬。吕不韦开始对子楚夺人所爱的行为很气愤，转念一想，自己现在为子楚能立为嗣子，已经是不惜重金，现在人家想要一个女人，难道还舍不得给吗？于是装着很爽快的样子，将赵姬献给了子楚，子楚将她立为夫人，这便是后来秦始皇的母亲。

秦昭王五十年（前257），秦国围攻赵都邯郸，赵国人一怒之下，要将秦国的人质子楚杀掉。子楚赶紧与吕不韦商量办法，商人吕不韦首先想到的就是用钱来解决问题。考虑到先前的付出已经够多了，万一子楚被杀，岂不是前功尽弃！于是他狠下心来，拿出六百金收买了赵国的守门人，终于得以逃到城外的秦军营地，安全地返回了秦国。

吕不韦与子楚一道返回秦国后，精心安排了子楚与华阳夫人的第一次会面。华阳夫人是楚国人，长期在秦国，自然常常思念起故国家乡。精明的吕不韦就让子楚穿着楚服去见夫人，这样能给夫人一种亲切感。果然华阳夫人见到穿着楚服的子楚，思乡之情油然而生，更为子楚能如此细心周到、体贴入微而欣喜，从而更加坚定了立他为嗣子的决心。

秦昭王五十六年（前251），昭王去世，太子安国君即位，是为秦孝文王，华阳夫人被立为王后，子楚顺利地做了太子。然而秦孝文王在位仅一年就去世了，太子子楚即位，他便是秦庄襄王。庄襄王尊华阳夫人为华阳太后，自己的生母夏姬为夏太后，赵姬所生之子政为太子。大恩人吕不韦被任命为相国，受封文信侯，食邑洛阳十万户。庄襄王也算是兑现了当年共治秦国的承诺，吕不韦这场政治赌博取得了成功。

【前事后鉴】

战国是一个商业很活跃的时代，按照《管子》一书的说法，当时的万乘之国，一定会有万金之贾；千乘之国，则一定就有千金之贾。像战国初年的白圭和战国末年的吕不韦，便是其中的佼佼者。白圭提出的"人弃我取，人取我与"的经商理念，已经被后世从商者奉为圭臬，即使在今天也有其理论和实践价值；而吕不韦不但通过经营珠宝获取百倍之利，更要通过投机政治而追求那无价之利润，并且获得了前无古人的成功。

吕不韦之所以敢于进行政治投机，去追逐那无价的利润，一方面是战国商业发展的一种必然现象。商业发展的结果，使得那些富商大贾们取得了"富比王侯"的经济地位的同时，其政治野心自然也随之而不断膨胀。吕不韦的父亲就明确告诉吕不韦说，耕田只可获取十倍利润，经营珠宝则可获取百倍利润，而政治投机却可以得到无价之利。很显然，这些富裕起来的商人们已经不满足于一般的经济利益，而是更希望追逐政治权力，从而实现人生的更大价值。另一方面，商人的阅历和眼光，则是吕不韦取得政治成功的重要条件。因为做生意，吕不韦经常往来于各诸侯国之间，对各诸侯国的情况可谓了如指掌。他之所以选择了秦公子子楚作为投机对象，是因为他看到了当时秦国立嗣子的复杂性，而关键人物是华阳夫人；子楚当时只是个失意落魄的在外做人质的公子，按常理是不可能回国做嗣子的。这两方面因素相结合起来，他看到了通过华阳夫人立子楚为嗣子的可能性，同时子楚作为落魄公子能立为嗣子，更会对自己感恩戴德，从而增加了事后自己得到政治地位的可能性，所以他才认为子楚是"奇货可居"。

用经营商业的理念来经营政治，从而成为一国之相，吕不韦无疑是中国古代史上的第一人。我们不赞成政治投机，但是吕不韦的成功，与他能审时度势、知彼知己、果断取舍是有密切关系的，而这些品质对于一个人事业的成功无疑是有帮助的。

【相关链接】

释词：

质于诸侯——质，人质，又称质子。到别国去做人质，即指派往别国做抵押的人。古代国与国之间的交往，为了取信于对方，通常派出王子、世子或公子到对方去做人质。(《史记·吕不韦列传》)

三十四、嫪毐伪腐乱秦宫

始皇九年，有告嫪毐实非宦者，常与太后私乱，生子二人，皆匿之。与太后谋曰"王即薨，以子为后。"于是秦王下吏治，具得情实，事连相国吕不韦。九月，夷嫪毐三族，杀太后所生两子，而遂迁太后于雍。

——《史记·吕不韦列传》

在秦国进行统一事业的过程中，秦相吕不韦与年轻的秦王嬴政之间的矛盾愈演愈烈，最终以一桩宫廷丑闻为导火线而公开爆发，而这桩宫廷丑闻便是假阉人嫪毐私通太后，淫乱宫闱。

秦庄襄王即位后，为兑现当年的共治秦国的承诺，任命吕不韦为秦国丞相，封为文信侯。然而庄襄王在位三年便去世了，由年仅 13 岁的太子嬴政继任为秦王，吕不韦继续为秦相，并受尊号"仲父"，实际掌管着秦国的朝政。

庄襄王去世后，由于秦王嬴政年少，吕不韦便与太后、秦王的母亲旧情复发，长期私通。原来太后就是当年的赵姬，她本来就是吕不韦在邯郸做生意时结识、同居的女人，后来因为被在赵国做人质的秦公子子楚、也就是后来的秦庄襄王看中，才成了子楚夫人，并在此后生下了嬴政。

随着年少的秦王一天天地长大，吕不韦担心长期与太后私通，恐怕会引来杀身之祸，于是便想出了一条金蝉脱壳之计。他暗中访到一个年轻体壮名叫嫪毐的后生，想将他送进宫去服侍太后。然而只有宦官才可以留在宫中，正常的男人是不行的。于是吕不韦与太后合谋，假以嫪毐犯了重罪，必须处以腐刑；然后拔去嫪毐的须眉，冒充宦官；再用重金收买验身的官吏，从而顺利地将他送入了宫中，做了太后的贴身侍从。

吕不韦这条金蝉脱壳之计确实高明，太后得到嫪毐之后，很是宠幸，日夜与他淫乱不止。不久，太后便有了身孕。为了防止丑事败露，他们诈称占卜说居处有邪气，为避邪，他们一同迁居到远离王宫的雍地。在这里，他们先后生下了两子。

嫪毐依仗太后的宠幸，不但不断地得到丰厚的赏赐，而且出入宫禁，干预朝政，政事皆由他决断，他的权势已经与相国吕不韦相当了。为了满足他不断膨胀的欲望，太后还亲自出面为他讨封，因此被封为长信侯。做了长信侯的嫪毐，气焰更是嚣张，他的门客多达数千人，招摇过市，耀武扬威；他嫌赐地山阳小了，便擅自占据太原、河西二郡作为自己的封地；他生活极其奢侈，家仆上万人，大兴宫室、苑囿。

对于吕不韦、嫪毐的专权，年轻的秦王嬴政早有不满。这一方面是因为吕不韦、嫪毐的权力太大，控制了整个朝政，特别是嫪毐集团飞扬跋扈，气焰嚣张；另一方面，秦王是一个桀骜不驯的君王，他的独断专行的性格特点，决定了他与吕不韦、嫪毐难以相容。

秦王政九年（前238），22岁的秦王嬴政行冠礼，正式登基亲政，他决心要铲除吕不韦、嫪毐两个集团的势力。不久，便有人告发嫪毐是个假宦官，而且长期与太后私通，淫乱宫闱，还私下里生了两个儿子。秦王政听说后，大怒，暗中派人调查此事，很快掌握了全部实情。然而这边秦王尚未来得及动手，消息已经传到了嫪毐那里。嫪毐很清楚，与太后私通，当然是死罪一条。他心想，反正是个死，与其坐以待毙，不如先发制人，也许还有一线生机。于是嫪毐假借太后印玺，发兵攻打王宫。这边秦王政命令昌平君、昌文君负责平叛。双方军队大战咸阳城，结果嫪毐兵败逃走。秦王平定叛乱后，很快就悬赏捉到了嫪毐，车裂而死，夷灭三族。嫪毐与太后所生二子被杀，太后被迁往雍宫，打入了冷宫。嫪毐的门客有 24 人也被车裂而死，夷灭宗族，大多数人则被没收家财，流放到蜀地。

嫪毐事件发生后，自然会牵连到相国吕不韦。因为嫪毐以假宦官进宫侍奉太后，是吕不韦一手策划的。按照秦律，吕不韦要一同受诛。秦王嬴政念及他有大功于先王，加上众宾客及王孙贵族们纷纷为其求情，便不忍心将他依法治罪，只是免去了相国之职，就食于河南洛阳封地。

然而，文信侯吕不韦毕竟为相多年，在各诸侯国和秦国贵族中有很高的威望。因此，尽管被免去相职，往来拜访者仍然不绝于道。秦王嬴政既嫉妒他的权势和影响，又担心会生变故，便决心要彻底铲除吕不韦的势力，以绝后患。于是秦王给吕不韦送去了一封责让信，上面说："君对秦国有何功劳，却受封文信侯，食河南洛阳十万户？君与秦王室有何亲情，竟要号称仲父？现在决定将你及你的亲属全部迁到蜀地去。"吕不韦接到这封书信后，知道自己在劫难逃，便饮毒酒自杀而死。

值得注意的是，此次事件的三个主角，其善后处理却是不相同的。对于太后，秦王为避免不孝之名，在将其打入冷宫之后的第二年，就又重新将她接回了咸阳；嫪毐在本人被处死后，他那些被迁往蜀地的宾客，后来也都得到秦王的赦免，得以从流放地回来；至于吕不韦，他本人饮毒酒死后，其门客却并没有得到秦王的赦免。

【前事后鉴】

嫪毐事件从其表象来看，是一桩宫廷淫乱事件。其实，在中国古代的宫廷生活中，淫乱宫闱之事是经常发生的。当然，从伦理道德角度而言，虽然会为人们所不齿，如果影响到王权的统治，当然也会被加以整肃。然而秦王政九年所发生的这桩嫪毐私通太后的案子，却只是秦国行将统一全国前夕一场君臣权力斗争的导火索，秦王嬴政是想通过处理嫪毐私通的案子，借此机会铲除丞相吕不韦集团，达到自己独断专权的目的。

其实秦王政与相国吕不韦的矛盾由来已久，而宫廷淫乱之事也是秦王对吕不韦不满的原因之一。吕不韦以"仲父"的身份出入宫闱，与太后长期淫乱，秦王政不可能没有听到风声，只是由于相国势力大，自己年少势单，还奈何不了他罢了。后来秦王政借着嫪毐淫乱事件使自己与吕不韦的矛盾公开化，应该与他长期积蓄的对相国与太后私通的愤恨有关。

当然，秦王政与相国吕不韦之间的根本矛盾还在于性格、权力和治国思想等方面。从性格来讲，我们从《史记》的记载可知，秦王政是一个个性很强、独断专行的人，决不愿受制于人、任人摆布。而由于历史的原因，吕不韦长期为秦相，执掌着秦国内外大权，其权势已是根深蒂固；加上他与秦王政的关系，也确有不同于一般君臣之间的特殊关系，他的"仲父"身份和他的权威，都是心高气傲的秦王政所不能容忍的。

同时，秦王政与吕不韦的治国理念也存在着很大的差异。我们从《吕氏春秋》一书可以看出，吕不韦之所以要召集门客编纂这本书，其目的是要为即将统一全国的秦王朝制定一个治国纲领，而这个治国纲领的基本精神就是无为而治，是一种黄老道家的治国思想。而秦王政是崇尚法治的，主张法家的集权统治，当然不能接受吕不韦要君王无为的思想。随着统一战争的推进，特别是秦王政亲政以后，他们君臣之间的性格与治国理念的冲突以及权力斗争自然愈加激烈，水火不容，终于借着嫪毐之事来了个总爆发。

最后我们从事件的善后处理也能看出，秦王政与吕不韦的矛盾冲突和与嫪毐是不一样的。尽管嫪毐也很飞扬跋扈，喜欢专权，但他只是以假宦官身份依仗着太后来实现这一切。吕不韦就不一样了，他有大功于先王；他为人精明，有政治头脑和治国思想；他在秦国长期执政，已经形成了一种权威、培养起了强大的势力，在各诸侯国中都有很大的影响。这一切，都是嫪毐所不能相比的。也正因此，秦王政当然更加惧怕吕不韦的势力，必欲置之死地而后快。所以在嫪毐事件结束后，当秦王政看到吕不韦虽然被免职了，各诸侯国往来拜望的人还不绝于道时，便下定决心要彻底铲除其势力；而当嫪毐、吕不韦都死了以后，秦王政赦免了嫪毐的余党，却并没有赦免吕不韦的宾客，这说明秦王政还有顾虑，这从另一个角度也反映出秦王政与吕不韦的矛盾之尖锐性。

【相关链接】

著作：

《吕氏春秋》——也叫《吕览》。据《史记》本传记载，吕不韦让门客各著所闻，然后集论成此书。全书共 26 卷，分 12 纪、8 览、6 论。该书思想驳杂，既有道家思想，又有儒家、阴阳家、名家、法家、墨家、农家等诸家之言；但却并非杂乱无章，而是有着自成体系的思想，那就是以道家思想为表象，

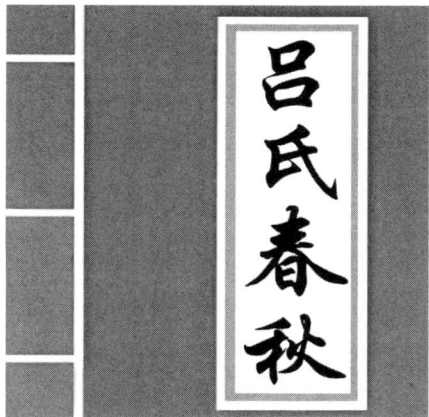

《吕氏春秋》书影

兼收并蓄其他诸家合理思想于其中，政治观上主张"无为而无不为"，属于战国秦汉之际黄老道家学派的思想。吕不韦编纂《吕氏春秋》一书，其政治目的是要为行将统一中国的秦朝制定一部治国纲领。（《史记·吕不韦列传》）

刑律：

腐刑——又称"宫刑"。古代破坏生殖机能的酷刑。它与墨、劓、刖、大辟合称为古代"五刑"。《尚书·吕刑》说："宫辟疑赦。"《传》曰："宫，淫刑也。男子割势，妇人幽闭。"《史记·吕不韦列传》说："吕不韦乃进嫪毐，诈令人以腐罪告之。"（《尚书·吕刑》《史记·吕不韦列传》）

释词：

宦者——又称阉人、太监、宦官。《史记·吕不韦列传》说："太

后乃阴厚赐主腐者吏，诈论之，拔其须眉为宦者。"《后汉书》有《宦者列传》，所列皆宦官。不过《史记》中也有当作官名的，如《廉颇蔺相如列传》中载有赵国宦者令缪贤；汉代有宦者令、丞，属少府。

三十五、荆轲图穷匕首见

> 秦王谓轲曰："取舞阳所持地图。"轲既取图奏之，秦王发图，图穷而匕首见。因左手把秦王之袖，而右手持匕首揕之，未至身，秦王惊，自引而起，袖绝，拔剑，剑长，操其室。时惶急，剑坚，故不可立拔。荆轲逐秦王，秦王环柱而走。
>
> ——《史记·刺客列传》

战国末年，随着韩国、赵国相继被秦国灭亡之后，秦国大军便直逼燕国。面对旦暮可至的亡国之祸，燕国君臣一筹莫展。燕太子丹曾经为质于咸阳，受过秦王政的欺辱，本来就日夜想着要报仇，如今看到秦军已经兵临易水，可谓是旧恨加新仇。他便设计派刺客荆轲谋刺秦王，希望通过这种办法，既挽救国家，又报自己的私仇，可谓一举两得。由此便上演了一出"图穷匕首见"历史剧。

荆轲，祖先为齐国人，后来迁居卫国，卫国人称之为庆卿。入燕后，因荆、庆音近，燕人称之为荆卿。荆轲喜欢读书、击剑，在卫国时曾经以其所学游说卫元君，却没被卫君所用。后来便游历于各诸侯国之间。

荆轲曾经游历至魏国的榆次（今属山西），与名士盖聂论剑，结果话不投机，盖聂怒视荆轲，于是荆轲便离开了他。有人劝盖聂将荆轲召回来，盖聂说："恐怕已经走了。过去大凡与我论剑话不投机者，只要被我怒视过，便不敢再留在这里。"于是他派人到荆轲住处探听究竟，果然不出所料，荆轲已经离开了榆次。

荆轲又游历到赵国的邯郸，与鲁句践搏斗，句践怒而斥责荆轲，荆轲便逃走，从此不再相见。

荆轲来到燕国后，与狗屠和高渐离为友，他们常常在一起饮酒于市中，乘着酒兴，高渐离击筑，荆轲和歌，始而相乐，继而相泣，旁若无人。荆轲虽然混迹于酒徒之中，为人却深沉好学，所以每到一个诸侯国去游历，总与那些贤人、豪士、长者相交往。在燕国，名士田光就很看重他，知道他不是一般的等闲之辈。

荆轲来到燕国不久，正赶上在秦国做人质的燕太子丹逃回燕国。这个燕太子丹，当年曾经在赵国做人质，而秦王嬴政生于赵国，少年时与太子丹很要好。后来嬴政做了秦王，太子丹又来到秦国做人质。却没想到做了秦王的嬴政不念及故友之谊，鄙视燕国，对他很不友好，太子丹一怒之下逃回了燕国。回到燕国后，太子丹一直想报这个仇，却苦于燕是个小国，没有这个力量。此时秦国加紧了对齐、楚、三晋东方诸侯国的进攻，燕国也备受压迫，燕国君臣心中恐惧却又无计可施。太子丹便向其师傅鞠武请教，鞠武说："秦国地方广大，北有甘泉、谷口的险固，南有泾、渭平原的沃土，据有巴、汉两地的富饶，右有陇、蜀之山，左有关、殽之险，人口众多，士兵善战，兵甲充裕。只要有意出兵，那么长城以南，易水以北，就没有能安定的了。您怎么能以个人小小恩怨，去得罪强大的秦国呢？"太子丹问：

"那现在怎么办呢?"鞠武回答说:"请让我再考虑考虑。"

不久，秦国将领樊於期得罪了秦王，逃到燕国，太子丹收留了他。鞠武劝谏说:"不可以。秦王如此残暴，且对燕国积怨已久，这就够令人胆战心惊的，如今又收留樊将军，这好比是用肉来阻挡饿虎，大祸就要临头了，即使是管仲、晏子再生，恐怕也无能为力了。希望太子赶紧将樊将军送到匈奴去，以杜绝秦国的借口;然后西约三晋，南连齐、楚，北与匈奴单于媾和，这样燕国才能设法得以保全。"太子丹说:"太傅的计策虽好，只是这样做太慢了，不能救燃眉之急。况且樊将军穷困潦倒才不得已投奔于我，我总不能因害怕强秦而置朋友于不顾，把他送到匈奴去，这是我所做不到的，希望师傅另行考虑。"鞠武说:"以危险的行动求得平安，制造祸端以求祥福，无计可施却结怨很深，结交一友而不顾国家大祸，这是所谓'资怨而助祸'啊!鸿毛在炉炭上焚燎，一定不可救。如果让凶猛的秦国逞怨暴之怒，还有什么可说的呢?燕国有个田光先生，大智大勇，可以与他计谋。"太子丹说:"希望通过太傅得以结识田光先生，好吗?"鞠武答应了太子丹，便去面见田光，对他说:"太子希望与先生商讨国事。"田光爽快地答应了。

于是鞠武领着田光来到太子宫中，太子亲自到门外相迎，在前面恭敬地倒行引路，又亲自跪着抹坐席。等到田光坐定，左右无人，太子便离席施礼请问道:"燕、秦势不两立，先生有何高见?"田光说:"我听说盛壮时的良马一日可以奔跑千里，衰老之后连劣马也跑不过。如今太子所听说的是壮年时期的田光，却不知道我现在已是年老精力衰退了。虽然这样，我不敢图谋国事，不过我的好友荆轲倒是可以。"太子说:"希望通过先生结识荆轲，可以吗?"田光答应太子后，便起身出去。太子丹送到门口，叮嘱田光说："刚才的谈话事关国家机密，希望先生不要泄露出去。"田光微笑着答应了。

田光驼着背去见荆轲，对他说："我与您相友善，燕国人没有不知道的。如今太子丹向我请教燕、秦之事，是只听说壮年时期的田光，却不知道我已老朽不中用了。老朽不好辜负太子丹之望，便向他推荐了先生，希望您到太子宫去与他商量国事。"荆轲慨然答应。田光说："我听说长者的行动不能让人生疑，刚才太子丹要我不要泄露此事，说明他对我还不放心。如果一个人的行为让人有怀疑，那就不是侠义之士。希望先生赶紧到太子宫去，告诉太子田光已死，此事不会再有泄露了。"说完，便拔剑自刎而死。他是想借此来激励荆轲。

荆轲便赶紧到太子宫去面见太子丹，告诉他田光已死，并转达了田光的话。太子丹大惊，为自己说的话懊恼不已，痛哭流涕，再拜膝行。过了好一会儿，才渐渐平息下来，对荆轲说："我之所以告诫田先生不说出去，是想成就大事。现在先生以自己的死来表明不会泄密，这哪是我的本意啊！"荆轲坐定后，太子离席施礼说："上天怜悯燕国而不遗弃丹，使我得以面识田先生，听其教诲。如今秦国贪求利益，欲壑难填，不占尽天下之地，使天下诸侯王都臣服于他，是绝不会满足的。现在秦国已经俘虏了韩王，侵占了韩国的土地。如果赵国再抵挡不住，必然会献地称臣，那样，灭国之祸就马上要降临到燕国了。燕国是一个弱小国家，而且受到几次兵败的打击，即使倾全国的力量也不足以抵挡秦国。各诸侯国又臣服秦国，不敢合纵抵抗。依我的愚蠢之计，要想保全燕国，最好的办法是能派一天下的勇士到秦国去，以重利诱惑贪婪的秦王，乘机劫持秦王，让他退出侵占的诸侯土地，就像当年曹沫劫持齐桓公的故事，那样是最好了。如果不行的话，就干脆将他刺死。这样秦国大将率重兵于外而国内大乱，就会君臣相疑，再趁机与各诸侯合纵，就一定能攻破秦国。这是丹的最大心愿，但不知道谁能担当此任，请先生留意可用之人。"

过了好一会儿，荆轲回答说："这是国家大事，臣愚钝无能，恐怕不足以担当此任。"太子向前再顿首，说："请先生一定不要辞让，此事非先生不可。"看到太子态度如此诚恳，荆轲答应了。

于是太子尊荆轲为上卿，居上舍。太子每天都登门拜访，山珍海味，珍奇珠宝，车骑美女，不断地进献，尽随荆轲所欲，顺其意。

过了许久，却不见荆轲有西行入秦的意思。这时，秦将王翦攻破赵国，俘虏赵王，尽占其地，军队已经进抵燕国边界。太子丹心中恐惧，于是上门请求荆轲说："秦兵旦暮就要渡过易水了，情形已很紧急，我想长期服侍先生也没有时间了，还是请先生赶紧行动吧！"荆轲说："臣正准备拜谒太子。我到秦国去如果没有信物进见，恐怕难以取信于秦王。樊将军是秦王赏千金、邑万家要捉拿的人，如果能够得到樊将军的首级和燕国督亢的地图，将其奉献给秦王，秦王一定会非常高兴地召见我，我才能见机行事，从而报效您的知遇之恩。"太子丹不同意这样做，他说："樊将军穷困潦倒来到燕国投奔我，我不忍心以自己的私心伤害他，请先生再想想别的法子。"

荆轲知道太子丹不忍心杀害樊将军，就自己私下里去见他，说："将军对秦国的仇恨一定很深，将军的父母宗族都被秦国所杀。如今听说秦国要悬赏千金、邑万家，来购买将军的首级，不知您该怎么办？"樊於期仰天叹息，痛哭流涕地说："我樊於期每当想到此事，常常痛入骨髓，只是想不出好的计策报仇罢了！"荆轲说："如今有一计，既可解救燕国，又可替将军报仇。"樊於期赶紧上前问道："怎么办？"

荆轲说："希望借将军的首级献给秦王，秦王一定愿意接见我，到时我左手抓住他的衣袖，右手用剑刺他的胸，那样将军的仇得报、燕国受的凌辱也得除，不知将军意下如何？"樊於期扼腕说道："杀死秦王，这是我日夜思虑、切齿痛恨所想要做的，如今总算有幸得到先生的指点。"说罢，便自刎而死。

太子丹听说此事后，赶紧驱车前往，伏在樊将军的尸体上大哭，悲痛欲绝。既然人死不能复生，事情已经无可挽回，只好命人将樊将军的首级用木匣子装殓，交给荆轲。

于是太子暗中访求天下锋利无比的匕首，最终选中了来自赵国徐夫人的匕首；又出资百金，要工匠将匕首用剧毒淬火。用这把匕首试人，被刺者无不立刻死掉。

武器选好后，还得选陪同前往的武士，结果访求到武士秦舞阳。据说此人 13 岁时就杀过人，人皆畏惧他，便让秦舞阳做荆轲的副手。荆轲还想等待一个友人一同前往，只是此人住得太远还没有赶到，所以没有动身。太子丹看到荆轲老不行动，以为他反悔了，便催他说："日子所剩不多了，荆卿何日能出发？要不丹请求先让秦舞阳入秦？"荆轲很不高兴，恼火地说："用不着太子来催促！我之所以还没走，是想再等一位朋友一同去。既然太子以为太迟了，那我荆轲就此辞别入秦吧！"

太子和门下宾客清楚荆轲等人是舍命入秦，便清一色地换上白衣、戴上白帽送行。送到易水之畔，高渐离击筑，荆轲和歌："风萧萧兮易水寒，壮士一去兮不复还！"歌声慷慨悲壮，众人初皆垂泪流涕，继而怒发冲冠。于是荆轲坐上车径直而去，再也没有回头看一眼。

到了秦国，荆轲拿出千金财货，贿赂秦王的宠臣中庶子蒙嘉。蒙嘉接受了礼物后，就对秦王说："燕王敬畏大王之威，不敢发兵抵抗，愿意举国做秦国之臣，贡职如同郡县，以奉先王的宗庙。燕王害怕，不敢亲自来陈述此意，谨斩樊於期的头，献上燕国督亢的地图，派使节拜送于王庭，唯大王之命是听。"秦王听后，大喜，赶紧穿上朝服，设九宾仪式，到咸阳宫召见燕国使者。

荆轲手捧着装有樊於期头颅的匣子，秦舞阳则手捧着装有地图的匣子，依次进宫。到了宫前台阶处，秦舞阳见到秦宫的阵势，因恐惧而脸色大变，秦国官员对燕使的失态不知就里。荆轲则镇定自若，回头对秦舞阳笑了笑，然后从容向前对秦王谢罪说："我等乃北方蛮夷之人，未曾见过天子，所以很恐惧。请大王不要怪罪。"秦王听这么一说，也就打消了疑虑，对荆轲说："请取来秦舞阳所持的地图。"荆轲便献上地图，秦王缓缓展开地图，荆轲在一旁装着指点。等到图卷翻到最后，图穷匕首见，秦王看见寒光闪闪的匕首，一下子惊呆了。

荆轲迅速向前将匕首抓在手中，左手去抓秦王的衣袖，右手中的匕首便猛刺过去。秦王大惊失色，用力挣脱，结果衣袖被扯断了，却有幸没有被匕首刺中。秦王赶紧一边跑，一边拔剑自卫，却因心急剑长，

图穷匕首见

一时拔不出来。于是秦王环绕着柱子跑，荆轲则环绕着柱子紧追。

事情太突然，朝堂上的官员不知所措，惶恐不已。而且按照秦律，群臣上朝是不能佩带武器的；而能带武器的秦兵列队于殿下，没有秦王的命令是不能上殿的。秦王慌张中没想到命令士兵上殿，所以才有了荆轲追逐秦王的一幕。此时秦王御医夏无且正随侍殿上，情急之下，就将手中药袋掷向荆轲。趁着荆轲躲闪的一刹那间，秦王在大臣们提醒下，拔出剑来回身反击。荆轲没有防备，一下子被刺中了左腿，瘫坐在地上，便赶紧将匕首扔向秦王，没击中秦王，却击中了柱子。秦王又用剑猛刺荆轲，荆轲身上八处受伤。荆轲知道大势已去，便靠在柱子上大笑，然后骂道："事情所以没有成功，是想生劫秦王，定下契约，以报答太子。"于是殿下士兵得令向前杀了荆轲，秦王很久才回过神来。

事后论功，群臣都有一份，夏无且受赐黄金二百镒，秦王说："夏无且忠心于我，所以能情急之下用药袋掷荆轲。"

荆轲行刺之举激怒了秦王，他立即向赵国境内增兵，命令王翦率军攻打燕国。燕王喜二十九年（前226）十月，秦军攻占燕都蓟城，燕王喜、太子丹率精兵退保辽东。这时，赵代王嘉派人送信给燕王喜，说："秦军之所以紧追不舍，都是因为太子丹的缘故。如今大王若杀了太子丹献给秦王，秦王必定会罢兵，燕国就能保全了。"燕王在无计可施的情况下，斩杀了太子丹，将他的首级献给秦国。然而秦国兵没有罢兵，而是继续追击。五年后，燕国被灭，燕王喜被俘。

公元前221年，秦王政统一天下，改号皇帝，是为秦始皇。为报当年被行刺之恨，秦始皇下令追捕太子丹、荆轲的门客，这些人都纷纷逃亡，隐名埋姓。荆轲的好友高渐离改名换姓藏身于宋子城（今河北赵县东北），为人作佣。因为太喜欢击筑了，所以听到主人击筑时，便不忍离去。结果主人知道了他是个击筑高手，将他奉为座上宾，高渐离于是干脆与主人一同击筑和歌。

高渐离善于击筑的名声很快便传到了秦始皇的耳里。秦始皇喜欢音乐，召见了他，结果被人认出是荆轲的好友。秦始皇欣赏高渐离的音乐才华，不忍心将他处死。便让人将他的双眼熏瞎，让他做了宫廷乐师。秦始皇常让高渐离为其击筑，时间长了，也就放松了警惕。终于有一天，高渐离趁着为秦始皇击筑靠近他的机会，奋力将筑砸向秦始皇，结果因眼睛看不见而没有击中。秦始皇大怒，诛杀了高渐离，从此再也不敢接触与旧诸侯有关的人。人们为高渐离的侠义精神所感动。

鲁句践听说了荆轲刺秦王失败的事情后，不禁暗暗叹息道："可惜啊，荆轲的剑术不精啊！我也太不识真人了，当初我在邯郸与他搏击，怒斥他，我以为他惧怕我，其实他是视我为不值得交往的人啊！"

【前事后鉴】

在《史记》记载的数位刺客当中，荆轲的事迹是最为感人的。"风萧萧兮易水寒，壮士一去兮不复还！"这是荆轲西入秦国行刺秦王前，与众好友告别时的和歌，此情此景此场面，是何等的悲壮！千百年来，荆轲的这句和歌，总是一直萦绕在人们的心头。

与一般刺客出于个人恩怨不同，荆轲刺秦王，既是对推荐自己的知己好友、名士田光的尊重，和对燕太子丹知遇之恩的感谢和报答，更是对秦国不断进攻东方六国，以暴取天下的不满。因此，他行刺秦王，并不仅仅是为燕国或太子丹雪恨，实际上也是替六国贵族做了做梦都想做而没有做的事情。

值得注意的是，从历史发展的眼光来看，战国末年秦国所进行的统一六国的战争，是顺应历史发展潮流的进步的战争。但是，历史评价决不是非此即彼的逻辑关系。我们在肯定秦统一的进步意义的同时，也应该看到秦对当时东方六国战争的侵略性和残暴性一面。也正因此，东方六国面对着暴秦的侵略，他们选择了抵抗。而他们这种誓死抵抗暴秦侵略，保卫自己国家的举动，其正义性当然是毋庸置疑的。

本故事中荆轲、燕太子丹、田光、高渐离等人所谋划、参与的刺秦王之事，便是这种反暴秦斗争的一种表现。尽管当时秦灭六国已是大势所趋，荆轲等义士的举动并不可能挽救当时的危局，但是他们毕竟进行了勇敢的抗争，他们所表现出的崇高气节和视死如归的精神，一直鼓舞着后人，被人们所称颂，并形成中华民族的一种精神力量。

【相关链接】

成语：

图穷匕首见——图，地图；穷，尽；见，现，暴露。战国末年刺客荆轲奉燕太子丹之命，入秦行刺秦王，以献燕国督亢地图为名，将匕首藏于地图中。秦王将地图全部展开，藏在地图里的匕首也就露出来了。后比喻事情发展到最后，真相也就暴露了。(《战国策·燕策》《史记·刺客列传》)

三十六、李斯崇老鼠哲学

李斯者，楚上蔡人也。年少时，为郡小吏，见吏舍厕中鼠食不洁，近人犬，数惊恐之。斯入仓，观仓中鼠，食积粟，居大庑之中，不见人犬之忧。于是李斯乃叹曰："人之贤不肖譬如鼠矣，在所自处耳！"

——《史记·李斯列传》

作为一代杰出的政治家，李斯在秦皇朝建立和巩固的历史上可谓居功至伟。他上《谏逐客书》，提出对东方六国各个击破的策略，对秦始皇统一六国起了很大作用；他反对分封制、主张郡县制，通过焚书坑儒以禁私学，加强了秦皇朝专制主义中央集权的统治。不过，秦始皇死后，他追随赵高，合谋伪造遗诏，迫令秦始皇长子扶苏自杀，立少子胡亥为二世皇帝；而秦二世的残暴统治，最终导致了秦皇朝的迅速覆灭。

饶有趣味的是，李斯的人生追求和日后在政治上的成功，竟然与他青年时期对老鼠遭遇的感悟，从而形成一种独特的老鼠哲学，有着密切的关系。

李斯是战国末年楚国上蔡（今河南上蔡西南）人。年轻时，他

李斯画像

曾经做过郡县小吏。有一次，他无意中看到待在茅厕中的老鼠吃着不干净的食物，见到人、狗进来后，便吓得赶紧逃窜，觉得这些老鼠处境也太悲惨了，茅厕本身就是个够肮脏的地方，居然还时常受到惊吓！后来他有事进入官家粮仓，正好又看见一些肥壮的老鼠，正在吃着官仓里的粮食。李斯颇有感慨：同样都是老鼠，为何官家粮仓里的老鼠就能待在大屋之中，悠闲地享受着官仓里的粮食，养得肥肥大大的，也没有人、狗去打扰它们呢！转而一想，李斯自言自语道："其实人与老鼠何尝不是一样呢！人有贤与不肖之分，也就是因为他们所处的地位不同罢了！"

当李斯体悟到这一人生哲理后，便再也无法安于做一名郡县小吏了。他听说楚国的荀卿学问很大，便决定投奔他，向他学习帝王之术。李斯学成之后，思虑楚王昏庸，不会有所作为；而当时的东方六国，国力都很虚弱。思来想去，觉得只有西方的秦国最强大，能使自己有所作为。于是他向荀卿辞行，对自己的老师说："方今天下大国相争，游士得到重用。秦王想吞并天下，这正是游说之士大展身手的好机会。卑贱是最大的污垢，穷困是最大的悲惨。甘愿居于卑贱、穷困之地，一生碌碌无为，这不是志士所愿意的。所以我李斯将要到西边去，游说于秦王了。"

于是李斯来到了秦国，正赶上秦庄襄王去世，他经人介绍做了秦相吕不韦的门客。吕不韦很赏识他，推荐他做了郎官。李斯因此得以向秦王嬴政进言，希望秦王抓住现在东方六国都很虚弱的大好机会，完成一统天下的帝王之业。秦王觉得李斯有政治眼光，是个可用之才，便让他做了客卿。

正当李斯仕途顺畅之时，公元前237年，秦国发生了韩国派间谍水工郑国去为秦国修渠，想以此消耗秦国国力的事件。秦宗室贵族建议驱逐各国宾客，李斯也在被逐之列。于是李斯上《谏逐客书》，陈述秦国逐客的危害。

《谏逐客书》首先以秦国过去的历史证明客对于秦国的强大所起的重要作用：秦穆公重用由余、百里奚、蹇叔、丕豹和公孙支，才得以称霸西戎；秦孝公重用商鞅变法，而使秦国富强；秦惠王用张仪之计，而散六国合纵；秦昭王用范雎，远交近攻，而蚕食诸侯。这些人都不是秦国人，却都没有负于秦国，反而大有功于秦国。接着李斯又以秦王所喜好的珠宝、美女、音乐等多来自异国这一事实，来论证一味排外的不合理性。最后李斯诚恳地向秦王指出："泰山不让土壤，所以能成其大；河海不择细流，所以能成其深；王者不拒绝众士，所以能明其德。事实已经证明，天下不产于秦国的宝物很多，不产于秦国的贤士成众。如果驱逐各国宾客，这是在帮助敌人，那样国家就危险了。"

秦王听取了李斯的建议，罢除逐客令。李斯也以进言有功，官迁廷尉，得到了秦王的重用。

秦统一之初，丞相王绾等人进言，希望秦始皇立诸皇子为王，以填补被灭六国的统治空缺。秦始皇下令让群臣商议此事。廷尉李斯说："周文王、周武王分封子弟为诸侯，后来却是诸侯之间相互攻伐，周天子也无可奈何。现在海内一统，应该设置郡县，这是一种最易行的统治办法。"秦始皇赞同李斯的观点，也说："天下刚刚安定，又要设置封国，这是在树敌啊！廷尉说得对。"于是乎，秦皇朝的郡县制度就这样确立了。

然而，由于分封制早已被人们视为一种当然的政治制度，尽管秦朝确立了郡县制度，朝中大臣对此还是有不同意见的，主张分封制的势力还是很大。秦始皇三十四年（前213），在咸阳宫大摆宴席。博士淳于越乘机进言说："我听说商、周统治千余年，分封子弟功臣作为支辅。如今陛下统一海内，而子弟只是匹夫，一旦有齐国田常、晋国六卿那样的祸患发生，将如何相救呢？事情不以古为师而能够长久的，我还没有听说过。"

对于淳于越的"师古"之论，已经做了丞相的李斯立即予以反驳，他说："五帝、三代的统治都不相同，他们推行的制度总是随时而变。如今陛下建立了万世功业，三代的故事怎么能值得效法呢？"明确主张当今实行郡县制度的必要性。

当然，这场关于分封与郡县的论战的结果，自然是分封的观点再一次被秦始皇所否定。同时，争论还直接引发了一场大规模的禁私学、焚私书运动，而事件的肇端者正是李斯。李斯认为，主张分封的人，是"师古"以"害今"。如今天下统一，就应该要"别黑白而定一尊"，禁绝私学。于是他上书秦始皇，请求将《秦纪》之外的史书、私家《诗》《书》及百家之语，统统加以焚毁。李斯的主张得到了秦始皇的赞同，秦始皇、李斯君臣要用暴力来压制博士儒生的"是古非今"之论。

焚书坑儒图

　　李斯在禁私学、焚私书的同时，出于巩固统一国家的需要，又提出在统一国家中实行"书同文"，以小篆为标准来整理文字。

　　这时期的李斯可谓志得意满，他作为统一国家的丞相，位极人臣；他的治国思想与政治理念与秦始皇非常一致，深得秦始皇的信任和倚重。李斯家族也可谓荣耀至极，他的长子李由做了三川郡守；诸子皆娶公主为妻，诸女皆嫁与秦诸公子。每次长子李由从三川郡回到咸阳，李斯在家摆酒席，百官都前来祝贺，府前停的车以千数。李斯颇为感叹道："唉！我过去听荀卿说，万物忌讳太盛。我李斯原先只是上蔡一布衣，居于闾巷一百姓，皇上不知我的愚昧，将我超拔做了丞相。如今人臣没有在我之上的，可以说得上是富贵至极了。物极则衰，真不知道将来会怎样！"

　　秦始皇三十七年（前210），秦始皇出巡会稽（今属浙江）返回途经沙丘（今河北平乡县东北）时，竟然一病不起。李斯经不住中车府令赵高的劝说，与赵高合谋伪造秦始皇遗诏，迫令秦始皇长子扶苏自杀，立少子胡亥为二世皇帝。

秦二世即位后，重用赵高，朝中事无巨细，皆由赵高决断。赵高以严刑酷法惩治群臣和诸公子，致使人人自危。此时的李斯，由于有赵高的阻隔，根本无法面见二世进言，实际上已经无所作为了。后来赵高又借吴广起义军进入三川，而郡守李由不能禁止之事，来要挟李斯。李斯怕秦二世治他的罪，为了保全爵禄，只好事事顺着赵高。从此以后，赵高的气焰更加嚣张了。

李斯很清楚，陷于他如此尴尬处境的，都是赵高所为。为了改变这种处境，李斯上书秦二世，力揭赵高之短。然而秦二世却对赵高深信不疑，反而责备李斯不该怀疑他。秦二世担心李斯会将赵高杀掉，便将李斯的上奏告诉了他。赵高仗着秦二世对他的信任，便挑拨说："丞相所担心的只有我赵高一人，如果我死了，丞相就可以像当年田常那样取而代之了。"于是秦二世说："就由郎中令来审查李斯吧！"

于是赵高立即将李斯逮捕入狱，斥责他们父子的谋反罪状，李氏宗族及宾客皆收捕入狱。赵高对李斯动用酷刑，李斯疼痛难忍，表示服罪。他的本意是想拖延时间，因为他自以为善辩，又有大功于秦，加上本来就没有反心，所以还是抱着侥幸的心理，希望上书秦二世，表明心迹，或许秦二世醒悟过来会赦免了他。于是他便从狱中上书，历数自己对秦的功劳。哪知赵高根本就没有将他的上书呈给秦二世，等到秦二世派人来查验李斯的罪状时，自然得到了他的服罪口供。秦二世大喜，说："如果不是赵高，几乎要被丞相给卖了。"

秦二世二年（前208），李斯被腰斩于咸阳，此前他的长子已被项梁起义军杀死。李斯临受刑前，拉着次子的手说："我想与你等牵着黄犬到上蔡东门外追逐兔子，也不可能遂愿了。"说完，父子抱头痛哭。曾经位极人臣的李斯，终于应验了"物极则衰"那句古话，被夷灭三族。

【前事后鉴】

李斯是中国历史上有重要影响的政治人物。在秦国统一以前，他的一篇《谏逐客书》，对秦国的人才政策产生了重要影响，使它回到了正确的用人路线上；他建议对东方六国采取各个击破的政策，对于秦国最终完成天下统一，产生了积极的影响。秦始皇统一中国后，朝廷为实行封建制还是郡县制进行了一场争论，李斯不但极力主张实行郡县制，而且为反对儒者师古，建议将除去医药卜筮种树之外的一切私家书籍都加以焚毁，他的建议被秦始皇采纳，于是便有了秦朝郡县制度的建立和焚书事件的发生。

李斯的人生哲学引人深思。他由不同处境的老鼠的不同遭遇，想到了人生的不同际遇，这一老鼠哲学确实揭示了人生的部分真谛。在现实社会当中，人与人之间的贵贱、贫富等等的不同，往往与人们所处的不同环境是密切相关的。不过，李斯的老鼠哲学并没有让人们安于现状。在他看来，人的处境是可以通过自身的努力而加以改变的，人们应该去追求一种好的境遇，所以他要学帝王之学，要到有前途的秦国去施展自己的抱负，追求人生的最大价值。因此可以说，李斯的老鼠哲学是一种积极向上的哲学。

李斯的政治观和历史观，既有进步的东西，也有糟粕的成分。他强调随时而变，主张"师今"，反对"师古"，这种历史观无疑是进步的。用这种历史观点来考察政治制度，李斯反对遵循三代分封制度，而主张实行郡县制度，这一建议被秦始皇采纳，它对中国古代专制主义中央集权体制的建立有着重要影响。同时，李斯主张在统一国家中实行"书同文"，以小篆为标准来整理文字，对于我国文字的统一有一定的贡献。不过，李斯为反对"师古"，而禁私学、焚私书，则是一种彻头彻尾的思想文化专制。

李斯的人才观则是积极的。《谏逐客书》的中心思想可以概括为四个字，那就是"有容乃大"。李斯希望秦王能够以海纳百川的气度，来重用各国的人才，以成就秦国的统一事业。这种有容乃大的人才观，即使在今天也是有非常重要的现实意义的，它有助于人们打破狭隘的观念、封闭的心态，而以一种开放的胸怀去面对世界，去吸纳八方人才。

【相关链接】

制度：

郡县制度——由春秋、战国到秦朝逐渐形成的地方政权组织。春秋时，秦、晋、楚等国在边地设县，后逐渐在内地推行。春秋末年以后，各国开始在边地设郡，面积较县为大。战国时在边郡分设县，逐渐形成县统于郡的两级制。秦统一中国后，分全国为三十六郡，后增加到四十多郡，郡下设县；郡、县长官均由中央政府任免，成为专制主义中央集权政权组织的一部分。(《史记·秦始皇本纪》《史记·李斯列传》)

事件：

焚书坑儒——秦始皇三十四年(前213)，博士淳于越反对郡县制，主张根据古制分封子弟。丞相李斯予以驳斥，主张禁止儒生以古非今、以私学诽谤朝政。秦始皇采纳了他的建议，下令焚毁《秦纪》以外的列国史记、私藏的《诗》《书》及百家之学。第二年，卢生、侯生等方士、儒生攻击秦始皇，秦始皇派御史查究，将460余名方士、儒生坑杀于咸阳。历史上将这一事件称作"焚书坑儒"。(《史记·秦始皇本纪》《史记·李斯列传》)

郑国渠事件——公元前246年，秦王嬴政刚即位，韩桓惠王为了使秦国把人力物力消耗在水利建设上，无力进行东伐，派水工郑国到秦国执行"疲秦"之计。郑国给秦国设计兴修了引泾水入洛河的灌溉工程。在施工过程中韩王的计谋暴露，秦要杀郑国，并且还引发了秦国逐客事件。郑国则对秦王说，水渠修成，对于韩国不过是延缓几年寿命，对于秦则是有万世之功。秦王觉得郑国说得对，就让他继续主持兴修。该渠共费时十年，总长300华里，灌溉面积约合现在200多万亩。因设计和主持施工的都是郑国，人们便称其渠为"郑国渠"。郑国渠的修成，使得灌区成为土壤肥沃的原野，对秦国农业发展和国力的增强，都有重要的影响。(《史记·李斯列传》)

三十七、阉赵高指鹿为马

> 李斯已死，二世拜赵高为中丞相，事无大小辄决于高。
> 高自知权重，乃献鹿，谓之马。二世问左右："此乃鹿也？"
> 左右皆曰"马也"。二世惊，自以为惑，乃诏太卜，令卦之。
>
> ——《史记·李斯列传》

宦官专权乱政，先秦已经有之。像春秋时期竖刁乱齐、尹戌祸宋，都是典型事例。然而能专擅政权，指鹿为马者，秦朝宦官赵高可谓是中国历史上的第一人。

赵高之所以能专擅政权，得从他与丞相李斯合谋矫旨，拥立秦二世胡亥说起。秦始皇三十七年（前210），秦始皇出巡会稽（今属浙江），丞相李斯、中车府令赵高兼行符玺令事，随同出巡。当时秦始皇的二十多个皇子当中，除了长子扶苏被派到上郡守将蒙恬那里去监军，只有秦始皇所溺爱的小儿子胡亥随同前往。

这年秋天，秦始皇返回途经沙丘（今河北平乡县东北）时，竟一病不起。弥留之际，命令赵高修书一封给长子扶苏，让他将兵权交给蒙恬，到咸阳主丧。然而信还没有派使者送出，秦始皇就死了。当时这封书信和玉玺都在赵高手里，而秦始皇的死也只有李斯、胡亥、赵高及几个受宠信的宦官知道。李斯之所以秘不发丧，是考虑到皇帝死在外地，而当时尚未有太子，怕引起诸子争立，局势混乱。就将秦始皇的尸体放置在辒凉车里，每天进食和百官奏事都如往常一样。

赵高私下里对胡亥说："皇上驾崩前，唯独赐书长子扶苏。长子回到咸阳，自然立为皇帝，却没有您的尺寸之地，您打算怎么办？"胡亥说："确实如此。我听说明君了解大臣，明父了解其子。父亲去世了，没有封立诸子，还能说什么呢？"赵高说："不是这样的。如今天下大权，是掌握在您、我赵高还有丞相的手里，希望您考虑考虑。况且做人家的臣子与让人家做自己的臣子，统治人与受人统治，怎么能够同日而语呢？"胡亥说："废弃兄长而立其弟，这是不义；不奉父诏而怕死，是不孝；才气平庸却贪人之功，是无能。这三者都是违背道德的，会使天下人心不服，自己身死国亡的。"赵高说："我听说商汤、周武王弑杀他们的主子，天下人却称赞他们仁义，没有说他们不忠的；卫国国君杀掉他的父亲，而卫国人称赞他的德行，孔子也表彰他，没有人说他不孝。所以说大的举动不顾及小节，大的德行不必要谦让。如果顾小节而忘大举动，必有祸患；犹豫不决，必然会后悔。决断而勇敢地行事，鬼神都会回避的，终将会取得成功。希望您能做出决断。"胡亥叹息道："现在父皇的丧事还没有办，这个时候与丞相说这件事恐怕不妥吧！"赵高说："时不我待，必须赶紧决断。至于丞相那里，由我去说。"胡亥表示同意。

赵高见到丞相李斯，对他说："皇上驾崩，赐长子书信，让他到咸阳主丧、即皇帝位。书信还没发出，皇上就驾崩了，没有人知道此事。皇上所赐长子的书信和符玺都在胡亥那里，定立太子就由君侯您和我赵高说了算了，您看这事怎么办？"李斯说："你怎么能说出这种亡国的话！这不是做人臣的所能议论的事。"赵高说："君侯自问您的才能与蒙恬比如何？功劳与蒙恬比如何？深谋远虑与蒙恬比如何？无怨于天下与蒙恬比如何？与长子的亲信关系与蒙恬比如何？"李斯说："这五个方面我都不如蒙恬。"赵高说："我赵高只是个在宫中打杂的人，有幸靠着会写公文做了近臣，管事二十多年，还没有见到朝中丞相功臣能够安保两代的，下场都是被诛杀。皇上有子二十多人，这都是您所知道的。长子刚毅而勇武，深得人心，一旦即位，必然会用蒙恬做丞相，到时君侯恐怕不能怀揣着通侯之印老归故乡了。我赵高受诏教习胡亥，让他学习法律已有数年，没有见他有何过错。他为人仁慈厚道，轻财重士，心明口拙，礼贤下士，在秦诸公子中是绝无仅有的，可以即位。希望您尽早拿定主意。"

赵高的话，打动了李斯。为了弄清楚赵高的真实意图，李斯故意反问道："我李斯奉主之诏，听天之命，还考虑拿定什么主意？"赵高说："安全可以转为危险，危险也可以转向安全。安危不定，怎么能够尊贵？"李斯说："我李斯从前只是上蔡（今属河南）地方的一个普通百姓，有幸被皇上超拔做了丞相，封为通侯，子孙都位尊禄厚，并将国家存亡安危托付于我，我怎么可以辜负皇上呢！忠臣不避死亡就可以了，孝子不勤劳就危险，人臣各守其职罢了。请您不要再说了，那样会使我有罪过的。"赵高说："我听说圣人随时应变，见末知本，哪有什么固定不变的法则？"李斯说："我听说过去晋国更换太子，三世不得安宁；齐桓公兄弟争位，身死受戮；商纣暴杀亲戚，不听劝谏，国家成了废墟。这三件事都是忤逆天意，所以宗庙遭毁。我只是个庸人，怎么可以定此大计！"赵高看到李斯态度已软，便进而说："上下合同，可以长久；中外若一，事无表里。您听我的计策，就可以常有封侯；如果不愿听从此计，必然会祸及子孙，我实在是为您担心啊！聪明的人能转祸为福，您究竟何去何从呢？"于是李斯仰天长叹，流着眼泪说："唉！遭逢乱世，既然不能以死报国，又怎能做托命之臣呢！"便听从了赵高的计谋。赵高得到李斯的准信后，便立即报告给了胡亥。

于是赵高与李斯相互计谋，诈称丞相受秦始皇诏命，立胡亥为太子。又假借秦始皇之命修诏书一封，赐予长子扶苏，说："朕巡游天下，祷告名山大川及四方诸神，来延长我的寿命。如今扶苏与将军蒙恬率军数十万屯边已有十多年，不但没有尺寸之功，还屡次上书诽谤我的所为，以没有诏命为太子而日夜怨望。扶苏为人臣不忠，就地赐死，将兵权交给裨将王离。"诏书盖上皇帝玉玺，派胡亥的亲信送往上郡。

扶苏接到诏书后，便要自杀。蒙恬劝阻说："陛下在外，又没有立太子，让我率三十万大军守边，公子监军，这是天下的重任。如今一个使者送来诏书，就要自杀，怎么知道其中没诈呢？请再作请示，然后再死也不迟！"扶苏平素为人忠厚，他对蒙恬说："父亲赐我死罪，有何再请示的！"说罢，便自杀了。蒙恬不肯，使者让军吏将他囚禁在阳周。

使者还报后，胡亥、李斯、赵高大喜。于是回到咸阳，为秦始皇发丧，太子胡亥立为二世皇帝，赵高为郎中令，开始居中专权。

有一次，秦二世对赵高说："人生在世，如同白驹过隙。我已经君临天下，很想能够悉耳目之好，穷心志所乐，安宗庙而乐百姓，常有天下，延年益寿，有什么办法能够做到呢？"赵高说："这是贤主所能做到，而混乱之主所做不到的。请让我冒死进言：沙丘之谋，诸公子和大臣们都有疑虑。诸公子都是陛下的兄长，诸大臣又都是先帝所任，如今陛下刚刚即位，这些人心皆不服，恐有变乱。虽然蒙恬已死，可他的弟弟蒙毅在外统兵，这是我最担心的，陛下怎么还能够贪图享乐呢？"秦二世问："这如何是好？"赵高说："使用严刑酷法，让有罪的人连坐族灭，灭大臣而疏远骨肉；让贫者富裕，贱者高贵。铲除先帝的旧臣，安置陛下亲信的近臣。这样群臣受到恩泽，陛下便可高枕无忧、肆意享乐了。"秦二世认为赵高说得对，开始推行严刑酷法。

于是，群臣、诸公子纷纷被赵高治罪，连坐者不可胜数，大臣蒙毅也被杀。由于法律严苛，群臣人人自危。秦二世又作阿房宫，修直道、驰道；聚敛天下财富，役使天下百姓。秦二世、赵高的倒行逆施，终于激起戍卒陈胜、吴广起义。

其间，丞相李斯几次想劝谏秦二世，秦二世不但不听，反而责让李斯。加上当时李斯的儿子李由为三川郡守，而此地吴广的起义军活动频繁，李由不能镇压，李斯害怕秦二世会因此责怪他，便只好随着二世的心意行事。

赵高得知内情后，便计谋着如何排挤这位当年的同谋者。于是他面见李斯，说："关东盗贼四起，如今皇上还增发徭役修阿房宫，聚敛无用之财物。我想进谏，碍于地位卑贱。这是君侯您的事情，为什么不劝谏呢？"李斯说："我早就想劝说了，只是如今皇上不坐朝，只居深宫，我想劝说也说不上话。"赵高说："您真想劝谏，我可以为您说与皇上。"

赵高等到秦二世正与后宫欢娱在兴头上时，派人告诉丞相说："现在皇上正闲着，可以上朝奏事了。"李斯不知是计，便上朝奏事。

这样一连好几次，秦二世大怒，说："我闲着的时候丞相不来，我一与宫女欢娱他就来奏事，是存心跟我过不去。"赵高趁机在一旁煽风点火，说："当年沙丘之谋，丞相参与其中。如今陛下已立为帝，而丞相并没有得到加封，他是希望能裂土称王啊！况且陛下不问臣，臣也不敢说。丞相的长子李由为三川郡守，楚人强盗陈胜等人就是丞相旁县的人，因为这个原因，这些强盗出入三川郡，守城士兵都不肯出击。我听说他们之间有文书往来，但不知其内容。如今丞相居外，他的权势已经超过陛下了。"

秦二世认为赵高说得对，便派人查验三川郡守与楚强盗往来之事。后来又将李斯逮捕入狱，夷灭三族。

李斯死后，秦二世拜赵高为中丞相，朝中事无大小，皆由他决断。赵高想检验一下他的权势究竟有多大，便向秦二世献一头鹿，却说是一匹马。秦二世问左右之人："这不是鹿吗？"左右之人为奉承赵高，都说是马。二世大吃一惊，以为是自己看错了，赶紧诏令太卜卜卦，说是需要斋戒。于是秦二世便到上林苑斋戒，整日里打猎，有一

指鹿为马

次竟将误入上林的过路人给射死。赵高进谏说："天子无故射杀无辜，这是上帝所禁、鬼神不享之事，天要降大祸了，应该避于远宫以免除灾祸。"于是秦二世出居望夷之宫。

秦二世三年（前207），赵高劫杀了秦二世。本想自佩玉玺称帝，无奈百官不从，便只好将玉玺授予子婴。然而，子婴虽然即位了，却害怕赵高会谋害他，称病不朝，私下里却在谋划着杀死赵高。后来子婴指使宦官韩谈将赵高刺死，夷灭三族，赵高就此结束了自己的罪恶一生。而子婴即位仅三个月，刘邦的军队打进了咸阳城，秦皇朝也就此灭亡了。

【前事后鉴】

宦官乃古代宫廷侍奉之官，由阉人（又称太监）充任。由于宦官的特殊身份和接近帝王的便利条件，往往容易得到帝王的信任。在中国历史上，宦官当中确实也出现了一些有为之士，像战国时期赵国的缪贤荐举蔺相如出使秦国，得以完璧归赵，可谓有识人之贤；东汉蔡伦改进造纸术，对中国古代文化事业作出了贡献；明代著名的航海家郑和，更是一个伟大的和平使者，向世界传播中华文明，如此等等。同时，宦官由于生理缺陷而导致心理变态，加上因亲近帝王而对帝王具有特殊的影响力，又往往容易弄权擅政，从而形成宦官专权的局面。在中国历史上，像汉、唐、明时期都出现了严重的宦官专权的局面，成为政治腐败的重要原因和表现。

秦朝并未形成宦官专权的局面，然而秦二世时期的宦官赵高，独断朝纲，指鹿为马，作为宦官的权势如此之大，气焰如此嚣张，在此前的中国历史上是从未有过的。赵高的所作所为，还直接影响到秦二世的统治和秦朝的历史命运。正是在赵高的怂恿下，秦二世采取严刑酷法进行统治，推行大兴徭役的苦民政策，导致了陈胜、吴广秦末农民起义的爆发，秦皇朝也因此而迅速溃灭。

宦官专权的危害尽人皆知，而深究起宦官专权局面的成因，则不得不指向专制体制。首先，宦官的产生是专制统治的一种需要。专制帝王们出于纯洁血缘的考虑，需要被阉割的宦官来侍奉他们及后宫的日常生活。其次，正是这种日久相处，从而使帝王们逐渐形成了对宦官的依赖和亲信，宦官往往成为沟通帝王与外朝大臣之人，一旦帝王荒淫昏庸，就自然为宦官专权提供机会。赵高的专权，便是一个很好的例子。

【相关链接】

典故：

鲍鱼乱臭——说的是赵高、李斯掩盖秦始皇死讯之事。秦始皇最后一次出巡病死于沙丘，丞相李斯和近臣赵高恐怕公子扶苏和天下有变，便对秦始皇的死秘不发丧，而将他的棺材放在辒凉车里，每天进食和百官奏事都如往常一样，随行人员中只有李斯、赵高、胡亥和宠幸宦官五六个人知情。由于此时天已很热，尸体腐臭，李斯等人便命令随从官员在车上放置一堆臭鲍鱼，以混淆臭味。（《史记·秦始皇本纪》）

指鹿为马——说的是秦二世时宦官赵高专权的故事。赵高想检验一下自己的权威，就向秦二世献上一只鹿，却说是马。秦二世笑着说，丞相说错了，这是一只鹿。又问左右大臣，大臣们有的默不作声，有的顺从赵高说是马，秦二世反倒怀疑起自己的眼睛了，以为是自己看错了，赶紧诏令太卜卜卦，说是需要斋戒。后比喻公然歪曲事实，颠倒黑白。(《史记·秦始皇本纪》《史记·李斯列传》)

三十八、陈胜大泽乡起义

二世元年七月，发闾左谪戍渔阳，九百人屯大泽乡。陈胜、吴广皆次当行，为屯长。会天大雨，道不通，度已失期。失期，法皆斩。陈胜、吴广乃谋曰："今亡亦死，举大计亦死，等死，死国可乎？"

——《史记·陈涉世家》

公元前209年，以陈胜、吴广为首的九百戍卒起义于蕲县大泽乡（今安徽宿县东南刘村集），由此揭开了中国历史上第一次农民大起义——秦末农民大起义的序幕。

起义的主要领导人陈胜，字涉，阳城（今河南登封东南）人。陈胜是一个贫苦雇农，却胸怀大志。青年时期，与别人一起耕地，每当田间休息时，总是怅恨不已。他对在一起耕作的同伴们说："假如哪一天我们中间有人富贵了，不要忘了伙伴们。"他的同伴听后，都笑话他，说："我们这些替人耕地的人，哪还有什么富贵呀！"于是陈胜叹息道："唉！燕雀哪里知道鸿鹄的志向！"

秦二世元年（前209）七月，朝廷征调闾左贫民屯戍渔阳（今北京密云西南），有戍卒900人走到蕲县大泽乡，赶上大雨，道路不通，无法按期到达戍地。按照秦朝的法律，过期不能到达，就要被斩首。陈胜、吴广也在这一批戍卒当中，都担任屯长。他们相互商议说："如今的情况，逃亡是死，举大计起义也是死，与其等死，不如起来反秦。"

陈胜又说："秦朝赋役繁重，刑法残暴，老百姓早就不满了。我听说秦二世是小儿子，不应该即位，长子扶苏才应该当皇帝。因扶苏常常进谏的缘故，秦始皇派他到外监军。如今听说他并没有过错，秦二世却将他杀了。老百姓都知道他很贤明，却不知道他已经死了。项燕是楚国的将领，有大功于楚国，又非常爱护士兵，老百姓都拥护、爱戴他。人们有的认为他已经死了，有的认为他逃亡了。如今我们诈称公子扶苏、楚将项燕，如果振臂一呼，天下便会闻风响应的。"吴广认为他说得对。

举事之前，陈胜、吴广让人卜了一卦。占卜的人对他们占卜的动机也心领神会，就说："事情都能成功，你们再去问问鬼神吧！"陈胜、吴广听后大喜，知道要想发动大家一起起事，还必须让他们明白这是天意。于是找来丝帛，在上丹书"陈胜王"三个字，然后将其塞进鱼腹之中。等到戍卒买来鱼烹食，发现鱼腹中的丹书，都觉得非常奇怪。随后陈胜又让吴广夜间在军营附近点燃篝火，装出野狐发出的声音，呼叫着"大楚兴，陈胜王"。睡梦中的戍卒们都感到十分惊恐。第二天，戍卒们都在传说着一连出现的这些奇怪的事情，大家都把目光投向陈胜。

陈胜、吴广看到大家对他们带头举事心理上已有了认同，便开始制造事端，正式发动起义。吴广平素为人忠厚，深得戍卒拥戴。这一天，带兵的将尉喝醉了，吴广故意当着他的面说要逃跑，想以此惹恼了将尉。果不其然，将尉恼羞成怒，要鞭打吴广，这下激怒了众戍卒。在戍卒们的拥护下，吴广夺下将尉手中的剑，将他杀死。陈胜赶紧帮忙，又一连杀了两个尉官。

于是乎，陈胜召集众戍卒，对大家说："我等因遭大雨，已经无法按期到达戍地，按照法律，过期就得杀头。即使侥幸不被杀头，将来死于戍地的人也占十之六七。壮士不死则罢，死就应该要举大事、成大名而死，王侯将相难道还有种吗?"大家都说："我们听从你的命令。"

于是陈胜将大家组织起来，诈称是扶苏、项燕的军队，皆袒露右臂，号称"大楚"。设坛订盟，用将尉的首级来祭祀。陈胜自立为将军，吴广为都尉。大军出发，首先攻占了大泽乡和蕲县。

陈胜、吴广的军队攻克蕲县后，又派符离（今安徽符离集）人葛婴统兵攻打蕲县以东地区，大军连战皆捷，势力发展到兵车六七百辆、士卒数万人。很快大军就进抵陈县（今河南淮阳），一举攻克。

大泽乡起义

在这里，陈胜一方面休整队伍，一方面约见当地三老、豪杰议事。三老、豪杰们都说："将军披坚执锐，讨伐无道，诛灭暴秦，光复楚国，凭功劳应当称王。"于是陈胜开始称王，建立"张楚"政权。

张楚政权建立后，天下郡县人民因长期受秦之苦，此时都纷纷杀死长吏，响应陈胜起义。于是陈胜以吴广为假王监诸将向西攻打荥阳，命令武臣、张耳、陈余等人经略赵地，让邓宗率军攻打九江郡。这个时候，楚国人数千人相聚一起起事的队伍，可以说是不可胜数。

随着反秦浪潮的兴起，陈胜决定派周文率领主力进攻关中。周文的军队一路不断吸收兵员，打到关前时，已经有兵车千乘，士卒数十万。秦将章邯为了抵挡周文的军队，将役徒、奴隶也都组织起来，从而取得了兵力上的优势。在章邯大军的疯狂反扑之下，周文的军队被打败，退出关外。章邯紧追不舍，大破起义军，周文也自刎而死。

这时，原先被陈胜派往赵地的武臣攻占邯郸后，自立为赵王，以陈余为大将军，张耳、召骚为左右丞相。陈胜很气愤，本想诛杀武臣等人的家属，人劝其不要多树敌，陈胜只好派使者前去祝贺。燕国人韩广看到天下大乱，陈胜难以约束各部，也自立为燕王。此外还有田儋自立为齐王，陈胜任命魏国之后故宁陵君咎为魏王等。

这时将军田臧矫令诛杀西路监军吴广，陈胜便派人赐予田臧楚令尹印，封他为上将，统领军队抵抗章邯的秦军。于是田臧派部将李归等坚守荥阳城，自己则带领精兵向西迎战秦军于敖仓。结果，田臧战败被杀，章邯的军队进而攻克荥阳，李归等战死。

章邯的军队一路连败陈胜的起义军，已经兵临陈县。陈胜亲自率军抵抗，失利后被迫退至下城父（今安徽涡阳东南），被自己的车夫庄贾杀害。

陈胜称王前后共六个月。在此期间，他过去一同耕作的伙伴来见他，大家一同谈起过去的往事。有人劝陈胜说："这些客人愚昧无知，讲话不注意分寸，恐怕损害您的威望。"陈胜却将此人斩杀了。这些过去的伙伴听说后，都向陈胜辞行而去。从此以后，陈胜身边再也没有自己亲近的人了。

陈胜虽然死了，由他任命的那些侯王将相们最终还是推翻了秦皇朝。从这个意义上说，陈胜对于推翻暴秦，是有首先发难之功的。也正因此，刘邦建汉后，便在陈胜在砀地的墓旁置户 30 家，为其守墓。想见人们还是肯定陈胜的历史作用的。

【前事后鉴】

公元前 221 年，秦始皇统一中国，建立了前所未有的大一统的中央集权制的封建国家。然而，历史仅仅过了 14 年，这个曾经不可一世的帝国，便在秦末农民大起义中土崩瓦解了；而最先敲响帝国丧钟的，便是平民出身的陈胜。

陈胜大泽乡起义，从其称王，到建立张楚政权，再到在下城父被杀，前后总共只有六个月时间。对于陈胜个人的王侯事业而言，他是个失败者；而究其失败的原因，司马迁认为是疏远故旧和御将无方所致。然而，对于推翻暴秦事业而言，陈胜又是个成功者。正是陈胜大泽乡振臂一呼，得到了天下豪杰的群起响应，从而揭开了秦末农民大起义的序幕；而陈胜所封的那些王侯将相们，在陈胜被杀之后，继续进行着反秦战争，并且最终将秦皇朝推翻了，从而结束了暴秦的苦民政治。

对于陈胜反抗暴秦的首创精神，史家司马迁给予了充分肯定，他说："桀、纣失其道而汤、武作，秦失其政，而陈涉发迹"（《太史公自序》），将陈胜领导的农民起义与儒家极力推崇的"汤武革命"相提并论。也正是出于这种卓越见识，司马迁将这位农民起义领袖列入到"世家"中，让他与那些王侯将相们平起平坐。这也足可告慰追求王侯事业的陈胜的在天之灵了。

同时，作为中国历史上第一次大规模农民起义的领袖，陈胜的鸿鹄之志和"王侯将相宁有种乎"的豪言壮语，也曾经激励着无数的中华民族的仁人志士去奋发有为。

【相关链接】

典故：

鱼腹丹书——这是秦末陈胜、吴广准备发动起义的一种取信于戍卒的迷信办法。陈胜、吴广事先在丝帛上丹书"陈胜王"三个字，然后将其塞进鱼腹之中。等到戍卒买来鱼烹食，发现鱼腹中的丹书，以为陈胜举事称王乃有天意。（《史记·陈涉世家》）

篝火狐鸣——这是陈胜、吴广为取信于戍卒的又一迷信办法。"鱼腹丹书"事件之后，陈胜让吴广夜间在军营附近点燃篝火，装出野狐发出的声音，呼叫着"大楚兴，陈胜王"。睡梦中的戍卒们都感到十分惊恐，从而更加相信了天意要陈胜称王、光复楚国。（《史记·陈涉世家》）

释词：

闾左——秦朝居于里门之左的贫苦人民。据《史记索隐》："凡居于富强为右，贫弱为左，秦役戍多，富者役尽，兼取贫弱者也。"

三十九、楚霸王四面楚歌

项王军壁垓下，兵少食尽，汉军及诸侯兵围之数重。夜闻汉军四面皆楚歌，项王乃大惊曰："汉皆已得楚乎？是何楚人之多也！"

——《史记·项羽本纪》

公元前 202 年，西楚霸王项羽被他自己所封的汉王刘邦与韩信、彭越合兵，紧紧地围困在垓下（今安徽灵璧南），持续四年的楚汉战争，进入了最后的决战时刻。

说起西楚霸王项羽，也算是英雄一世。

项氏世代为楚将，项羽可谓是名将之后。少年时期，项羽就豪迈不群。他曾经跟随叔叔项梁学书、学剑，结果都不成，项梁责怪他，他却对项梁说："学书只是会写姓名而已，学剑也只是与一人相斗，我要学能对付万人的学问。"项梁听后，觉得这孩子很有志气，就开始教他兵法。不过，项羽对于兵法也只是粗通，不肯深究。

秦始皇巡游会稽时，项梁带着项羽正赶上看到秦始皇渡浙江的壮观场面。然而，小小年纪的项羽却对此不屑一顾，竟发出"彼可取而代之"的狂言。项梁吓得赶紧捂住项羽的嘴，轻声对他说："可不要乱讲，这是要灭族的！"不过，项梁心中却是暗暗称奇，觉得这个侄子非同一般。

陈胜、吴广大泽乡起义后，天下闻风响应，项梁与项羽也在会稽起兵。随后便率江东八千子弟渡江西去，抗击暴秦。由于项氏在楚地的威望，很多豪杰都带着队伍投奔到项梁军中，其中就有名将黥布。项梁的军队渡过淮河，驻扎于下邳时，已经发展到六七万人，成为反秦的一支重要力量。

居巢（今安徽巢湖市）人范增虽年已 70，却颇有计谋。他来到项梁军中，劝说项梁立楚王之后，说："陈胜该当失败。当年秦灭六国，楚国最无辜。楚怀王被骗到秦国客死秦地，楚人至今还怜悯他，所以楚南公说：'楚虽三户，灭秦必楚。'如今陈胜首义，不立楚王之后而自立为王，所以难以长久。您起兵于江东，楚人蜂拥归附，是因为您家世代为楚将，一定能重新拥立楚王的后代。"项梁觉得他说得在理，就在民间访求到正为人放羊的楚怀王的孙子熊心，拥立他为楚怀王，陈婴为上柱国，自己则称号武信君，定都盱眙（今江苏盱眙县）。

公元前 208 年，秦将章邯派兵围攻赵国的巨鹿（今河北平乡），楚怀王任命宋义为上将军、项羽为次将，率军前往救援。主将宋义畏敌，迟迟不肯出兵，被项羽斩杀于军中，楚怀王便改以项羽为上将军。于是项羽率领大军，破釜沉舟，勇往直前，以一当十，大破秦军。在项羽率军与秦兵交战时，前来救援的诸侯的军队因为畏惧而作壁上观；当项羽大败秦军后，诸侯们一个个跪着向前，不敢仰视。从此以后，项羽被推举为"诸侯上将军"，成为反秦斗争中叱咤风云的英雄和领袖。

就在项羽巨鹿大捷时，公元前 207 年，刘邦的起义军攻破了秦都咸阳，秦皇朝灭亡。刘邦占领咸阳后，宣布废除秦的苛法，与关中父老"约法三章"——杀人者死，伤人及盗抵罪。关中的秩序因此而得到了稳定，刘邦也得到了关中人民的支持。刘邦进驻咸阳后，将秦朝的珍宝府库封闭后，又退军霸上（今陕西西安市东南）。

这边项羽听说刘邦的军队已经进入咸阳，想到自己的军队在巨鹿与秦军浴血奋战，却被他抢了头功，好不气恼。便赶紧率军直扑函谷关，进驻鸿门（今陕西临潼东），摆出一副与刘邦决战的架势。当时，项羽拥兵40万，号称100万；刘邦有军队10万，号称20万。刘邦知道寡不敌众，便采纳谋士张良的建议，主动亲自到鸿门向项羽卑辞言好。项羽设宴招待了刘邦一行，这便是历史上著名的"鸿门宴"。鸿门宴上，谋士范增几次示意杀掉刘邦，项羽犹豫不决，使得刘邦在樊哙的保护下乘机逃走。鸿门宴上项羽放虎归山，这是项羽最终走向失败的开始。

鸿门宴后，项羽进入咸阳城。他杀死秦王子婴，焚烧秦宫，然后发号施令，分割天下。他先是尊楚怀王为义帝，接着又杀了义帝，自立为西楚霸王，都于彭城。封刘邦为汉王，居巴蜀汉中；又三分关中，封秦降将章邯等三人为王，以牵制刘邦。另外还分封了一些自己的亲信和旧贵族，总共有18王。于是乎，诸侯林立的局面又重新出现了。

鸿门宴

项羽的分封，引起了很多拥兵自重的将领的不满，特别是那些未受封的更是怀恨在心。如刘邦，按照当初楚怀王的约定，先入关者为王，此时却被项羽赶到汉中去做王，自然心中不满；又如拥有重兵的田荣，竟然未被封王。正是这个田荣，在项羽分封后不久，就首先在齐地起兵反抗项羽；接着刘邦明修栈道，暗度陈仓，乘机进兵关中。于是乎，项羽与刘邦持续四年之久的楚汉战争由此开始。

刘邦趁项羽在东面对付齐地田荣之机，很快攻入关中，占领咸阳。仅用了三个月时间，关中三秦王之地尽归刘邦。刘邦随即率军东向与项羽争天下。公元前 205 年夏，刘邦攻占了项羽的都城——彭城，正在齐地作战的项羽闻讯后，迅速回师，刘邦的军队受到重创，他的父亲和妻子也都成了项羽的俘虏，刘邦只好退回到荥阳（今河南荥阳东北）、成皋（今河南巩县）一带。次年，项羽又攻占荥阳、成皋，刘邦节节败退。正在这时，刘邦的部将韩信抄项羽的后路占领了赵地，九江王英布降汉，萧何从关中征发兵丁补充军队，从而使汉军得以重整旗鼓。

公元前 203 年，楚、汉两军相持于成皋一带，项羽想与刘邦决战，刘邦却按兵不动。项羽怕后援不继，便与刘邦讲和，以鸿沟为界，中分天下，以东属楚，以西属汉。项羽罢兵东归。刘邦本想引兵向西，张良、陈平却力劝刘邦乘势灭楚，不要给项羽喘息的机会。于是刘邦封韩信为齐王，并答应封彭越为梁王，让他们挥师南下，对项羽形成围攻之势。

公元前 202 年，刘邦与各路大军约 40 万人，全力围攻进击项羽。项羽连战皆败，退至垓下。此时的楚军已是粮尽援绝，外面则被汉军重重包围，形势十分危急。到了夜深人静之时，汉军一起唱起了楚歌，项羽大惊，心想：难道刘邦已经占有楚地？为何楚人有这么多呢？项羽再也无法入睡，便在帐中饮起酒来，他的宠姬虞姬则在一旁侍候着。项羽喝着喝着，不禁悲从心头来，慷慨悲歌道：

> 力拔山兮气盖世，
>
> 时不利兮骓不逝。
>
> 骓不逝兮可奈何，
>
> 虞兮虞兮奈若何！

唱着唱着，项羽止不住潸然泪下。左右的人也都跟着哭泣，不敢正视他。于是项羽骑上马，率领八百余壮士乘黑夜从南面突围而去。

天亮时，汉军发现项羽已经突围，刘邦便命令灌婴率领 5000 骑兵追赶。项羽一路飞速前进，渡过淮河时，只有一百余骑跟上来。赶到阴陵时，迷了路，被一老者指向左边沼泽地里，结果被汉军追赶上了。于是项羽又掉转马头向东，到东城时，只剩下 28 骑，而后面汉军的追兵却有数千人。

项羽知道已经无法逃脱，便对手下人说："我从起兵到现在已有八年，身经七十余战，战无不胜，称霸天下。如今竟然受困于此，这不是我打仗无能，是天要亡我啊！"于是将 28 骑分成四队，面向四方，迎战从四面包围上来的汉军。项羽大呼一声，汉军被吓倒一片。项羽等人杀死上百汉军后，冲出重围向东，准备渡过乌江。

吴江亭长正划着一支小船在江边等着，他对项羽说："江东虽小，却也地方千里，人口数十万，足可以据此称王了，希望大王赶快渡江。"项羽却笑道："天要亡我，我还渡江干什么呢！况且我当年带领江东子弟八千人渡江西去，如今没有一人回来，即使江东父老可怜我让我做王，我哪有脸面去见他们呢？即使他们嘴上不说，我心里难道没有愧疚吗?"于是又对亭长说:"我知道您是一个忠厚长者,我将这匹好马送给您。"便下马步行,与汉军短兵作战。项羽杀死汉军数百人,自己也身受十余处伤,然后自刎而死。

持续四年的楚汉战争,到此终于落下帷幕。

【前事后鉴】

项羽是中国古代一个叱咤风云的悲剧英雄。说他是英雄,因为他从小就豪迈不群,志向远大。在秦末反秦战争中,正是他率军破釜沉舟,勇往直前,取得巨鹿之战这一反秦战争的决定性的胜利;与之形成鲜明对比的是,当时各路诸侯只是作壁上观,对胜利后的项羽"莫敢仰视"。巨鹿之战,项羽的果敢、神威和英雄气概得到了充分的展现。垓下被围后,楚霸王挥泪别虞姬,英雄柔情尽显无遗;而面对追兵,项羽却依然豪气冲天;因不愿独生去见江东父老,项羽最终选择了自刎而死。然而,项羽又终究是个悲剧英雄。他至死也没有弄明白自己失败的原因,竟然还发出"时不利"的感叹和"天亡我"的呼号。

项羽的悲剧,应该说是他自己的个性与缺乏政治智慧所导致的。从个性特点来看:项羽自小虽然豪迈超群,却也表现出性情粗疏的一面,这为他以后的失败埋下了祸根。项羽残暴好杀。巨鹿之战,项羽竟将章邯率领投降的 20 万秦兵一夜之间悉数活埋于新安城南,从此关中人人与项羽为敌。项羽刚愎自用。刘邦后来一些重要功臣如韩信、陈平、黥布等人,原来都是项羽的部下,后来一个个都离开项羽而投奔刘邦了,而韩信则恰恰是后来在军事上置他于死命的人。始终忠心于他而又智谋过人的谋臣范增,居然也让陈平的反间计给逼走了。项羽还优柔寡断。鸿门宴上,正是项羽的妇人之仁,优柔寡断,最终使刘邦得以安然走脱。这种放虎归山的做法，成了项羽最终事业失败的转折点。

从政治智慧而言：首先，项羽没有强烈的帝王观念，也根本没有一个统一全国的想法。从项羽青年时表现出的对帝王不屑的态度，可以看出他帝王观念淡薄，起码对帝王之业没有羡慕感和神圣感；后来他参加反秦斗争，其目的也只是希望回到四分五裂的战国局面，他本人的志向只是当个西楚霸王而已。其次，项羽先立后杀义帝，是个重大政治失策，这为当时各方政敌反项提供了一个很好的借口，刘邦就利用这一点大做文章，从而赢得了民心。

项羽的故事留给后人的启示是，英雄可以是成功者，也可以是失败者；可以是喜剧式的，也可以是悲剧式的。不过要想成为政治上的成功者，个性与政治智慧无疑是非常重要的。项羽是一面镜子，人们可以通过它来观照自己。

【相关链接】

成语：

取而代之——秦始皇游会稽、渡浙江时，项羽与他的叔叔项梁一同前往观看。项羽见秦始皇的车马仪仗场面盛大，便说："彼可取而代也。"项梁赶紧捂住他的口，却也因此更赏识他。"取而代之"本意即指夺取别人的权力而代替他，也泛指一种事物取代另一种事物。（《史记·项羽本纪》）

作壁上观——"壁"，指军队的营垒。"作壁上观"，指在营垒上观看别人交战。秦末，赵王被秦军困于巨鹿，各路反秦诸侯发兵救赵。项羽率领军队以一当十，英勇拼杀，取得大捷。而其他诸侯的军

队都各自筑起营垒，不敢出兵，只是作壁上观。比喻置身事外，坐观成败。(《史记·项羽本纪》)

沐猴而冠——指像猴的性格一样很急躁，没有恒久心。项羽入咸阳后，尽收宝物妇女东去，有人劝项羽定都关中以称霸天下，项羽却说："富贵不归故乡，就像穿着锦缎夜间行走一样，有谁能知道呢?"此人便对人说："人家都说楚人沐猴而冠，现在看来果然如此。"项羽大怒，将那人烹杀了。(《史记·项羽本纪》)

项庄舞剑，意在沛公——项羽和刘邦在鸿门宴会见，项羽的谋臣范增要项庄舞剑助兴，乘机杀死刘邦。刘邦的谋士张良对樊哙说："现在项庄舞剑，用意却在沛公。"比喻说话或行动的真实意图别有所指。(《史记·项羽本纪》)

诗词：

"生当做人杰，死亦为鬼雄。至今思项羽，不肯过江东。"——李清照《夏日绝句》

责任编辑：汪　逸
封面设计：周方亚
责任校对：吕　飞

图书在版编目（CIP）数据

大风起兮：先秦经典故事课／汪高鑫 编著 . —北京：人民出版社，
　2020.1
（"二十五史"经典故事课丛书）
ISBN 978－7－01－021538－9

I. ①大… 　II. ①汪… 　III. ①中国历史－先秦时代－通俗读物
　IV. ① K220.9

中国版本图书馆 CIP 数据核字（2019）第 259685 号

大风起兮——先秦经典故事课
DAFENG QIXI XIANQIN JINGDIAN GUSHIKE

汪高鑫　编著

人民出版社 出版发行
（100706　北京市东城区隆福寺街 99 号）

北京汇林印务有限公司印刷　新华书店经销

2020 年 1 月第 1 版　2020 年 1 月北京第 1 次印刷
开本：710 毫米 ×1000 毫米 1/16　印张：18.25
字数：225 千字

ISBN 978－7－01－021538－9　定价：59.00 元

邮购地址 100706　北京市东城区隆福寺街 99 号
人民东方图书销售中心　电话（010）65250042　65289539